Les États du monde

EUROPE

ISLANDE

NORVÈGE SUÈDE FINLANDE

LETTONIE ESTONIE Moscou RUSSIE

ROYAUME-UNI 4 10 BIÉLORUSSIE

IRLANDE 5 8 POLOGNE

Londres 6 7 11 UKRAINE KAZAKHSTAN MONGOLIE

Paris 9 13 12 14 15 16 23 Istanbul 44 47 49 Beijing (Pékin)

FRANCE 17 18 19 20 21 22 TURQUIE 45 46 48 50 CHINE

PORTUGAL ESPAGNE ITALIE GRÈCE 24 39 40 41 43 42 SYRIE Téhéran AFGHANISTAN

MAROC TUNISIE le Caire IRAK IRAN 51 52 53 54 Delhi BHOUTAN

ALGÉRIE LIBYE ÉGYPTE ARABIE SAOUDITE OMAN PAKISTAN Karachi NÉPAL 55 Dhaka

MAURITANIE MALI NIGER TCHAD SOUDAN ÉRYTHRÉE YÉMEN Bombay INDE Calcutta BIRMANIE LAOS VIÊT-NAM

SÉNÉGAL 25 26 GUINÉE 28 31 NIGERIA 30 29 DJIBOUTI ÉTHIOPIE SRI LANKA THAÏLANDE CAMBODGE BRUN

SIERRA LEONE 27 CÔTE D'IVOIRE CAMEROUN 32 CENTRAFRIQUE SOMALIE SINGAPOUR MALAISIE

GABON RÉP. DÉMO. DU CONGO 34 33 KENYA Jakar

CONGO 35 TANZANIE océan

Atlantique ANGOLA ZAMBIE 36 Mayotte (F) Indien

AFRIQUE MAURICE

NAMIBIE ZIMBABWE MADAGASCAR Réunion (F)

BOTSWANA MOZAMBIQUE

AFRIQUE DU SUD 37 38

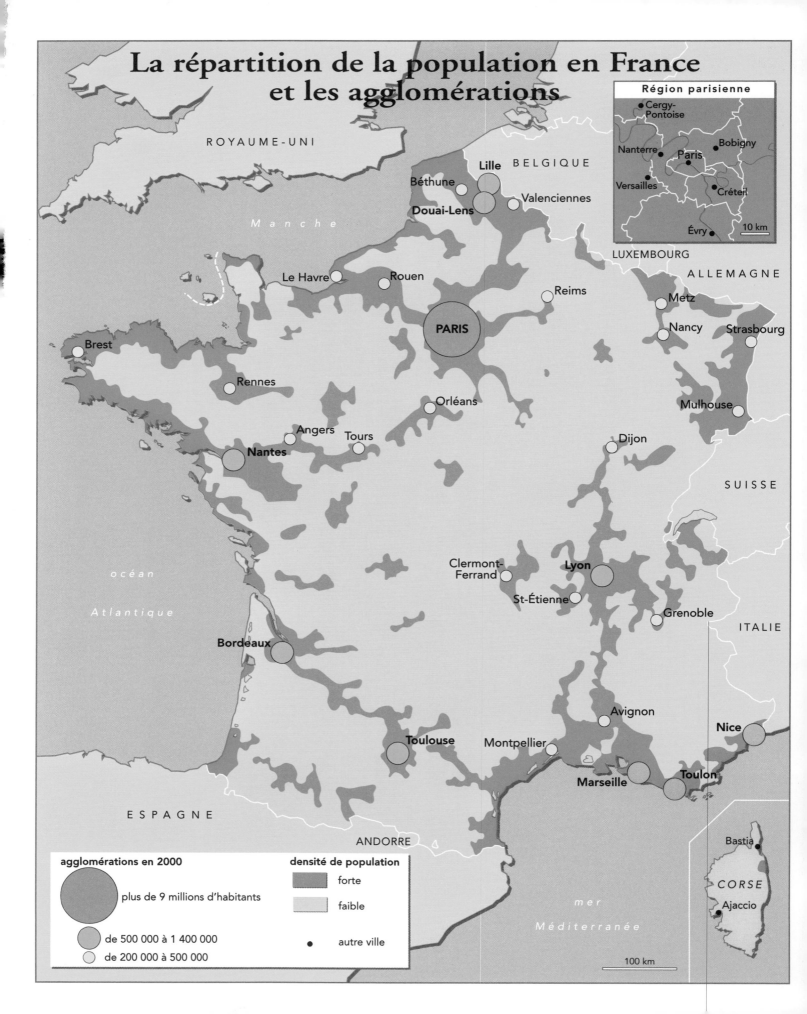

La répartition de la population en France et les agglomérations

Région parisienne

Cergy-Pontoise
Nanterre
Bobigny
Paris
Versailles
Créteil
Évry

10 km

ROYAUME-UNI

BELGIQUE

LUXEMBOURG

ALLEMAGNE

SUISSE

ITALIE

ESPAGNE

ANDORRE

Manche

océan Atlantique

mer Méditerranée

Lille
Béthune
Valenciennes
Douai-Lens
Le Havre
Rouen
Reims
Metz
Nancy
Strasbourg
PARIS
Brest
Rennes
Orléans
Mulhouse
Angers
Tours
Dijon
Nantes
Clermont-Ferrand
Lyon
St-Étienne
Grenoble
Bordeaux
Avignon
Nice
Toulouse
Montpellier
Marseille
Toulon

Bastia
CORSE
Ajaccio

agglomérations en 2000

plus de 9 millions d'habitants

de 500 000 à 1 400 000

de 200 000 à 500 000

densité de population

forte

faible

• autre ville

100 km

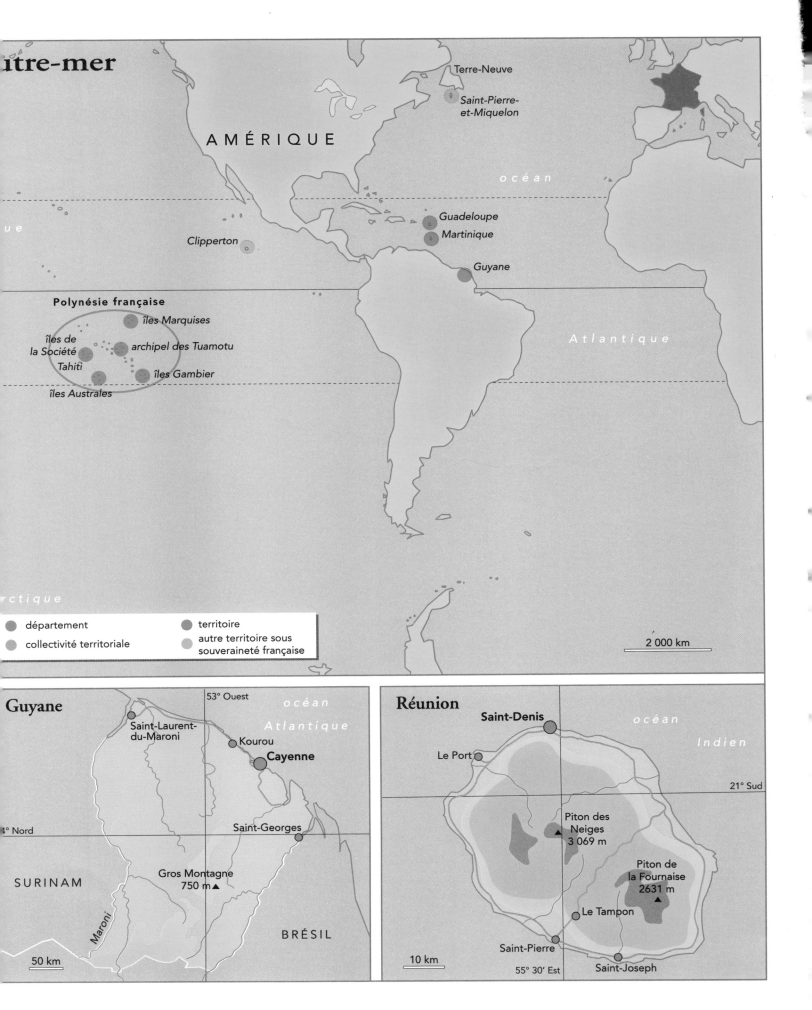

utre-mer

AMÉRIQUE

océan

Terre-Neuve

Saint-Pierre-
et-Miquelon

Guadeloupe
Martinique

Clipperton

Guyane

Atlantique

Polynésie française

îles Marquises

îles de
la Société
Tahiti

archipel des Tuamotu

îles Gambier

îles Australes

rctique

- département
- collectivité territoriale
- territoire
- autre territoire sous
  souveraineté française

2 000 km

Guyane

53° Ouest

océan

Atlantique

Saint-Laurent-
du-Maroni

Kourou

Cayenne

1° Nord

Saint-Georges

SURINAM

Gros Montagne
750 m ▲

Maroni

BRÉSIL

50 km

Réunion

Saint-Denis

océan

Indien

Le Port

21° Sud

Piton des
Neiges
3 069 m ▲

Piton de
la Fournaise
2631 m ▲

Le Tampon

Saint-Pierre

10 km

55° 30' Est

Saint-Joseph

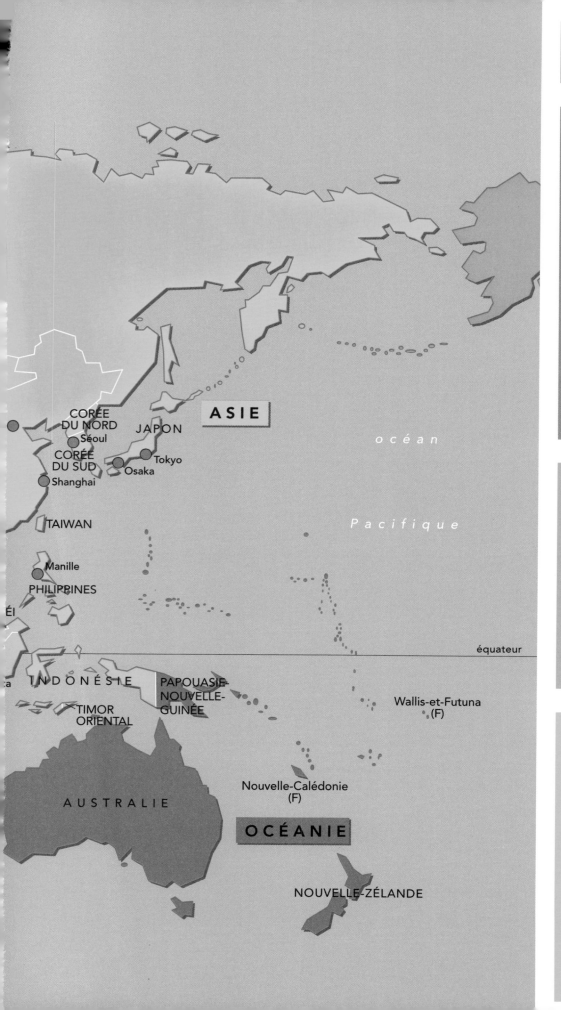

ASIE

CORÉE
DU NORD
JAPON
Séoul
CORÉE
DU SUD
Osaka   Tokyo
Shanghai

TAIWAN

Manille
PHILIPPINES

ÉI

INDONÉSIE
TIMOR
ORIENTAL

PAPOUASIE-
NOUVELLE-
GUINÉE

AUSTRALIE

OCÉANIE

NOUVELLE-ZÉLANDE

océan

Pacifique

équateur

Wallis-et-Futuna
(F)

Nouvelle-Calédonie
(F)

1 BELIZE
2 HONDURAS
3 JAMAÏQUE

4 DANEMARK
5 PAYS-BAS
6 BELGIQUE
7 LUXEMBOURG
8 ALLEMAGNE
9 SUISSE
10 LITUANIE
11 RÉPUBLIQUE TCHÈQUE
12 SLOVAQUIE
13 AUTRICHE
14 HONGRIE
15 ROUMANIE
16 MOLDAVIE
17 SLOVÉNIE
18 CROATIE
19 BOSNIE-HERZÉGOVINE
20 SERBIE-ET-MONTÉNÉGRO
21 MACÉDOINE
22 ALBANIE
23 BULGARIE
24 MALTE

25 GAMBIE
26 GUINÉE-BISSAU
27 LIBERIA
28 BURKINA FASO
29 GHANA
30 TOGO
31 BÉNIN
32 GUINÉE-ÉQUATORIALE
33 OUGANDA
34 RWANDA
35 BURUNDI
36 MALAWI
37 SWAZILAND
38 LESOTHO

39 CHYPRE
40 LIBAN
41 ISRAËL
42 TERRITOIRES AUTONOMES
   DE PALESTINE
43 JORDANIE
44 GÉORGIE
45 ARMÉNIE
46 AZERBAÏDJAN
47 OUZBÉKISTAN
48 TURKMÉNISTAN
49 KIRGHIZSTAN
50 TADJIKISTAN
51 KOWEÏT
52 BAHREÏN
53 QATAR
54 ÉMIRATS ARABES UNIS
55 BANGLADESH

Les Ateliers Hachette présentent :

LE FRANÇAIS
à la découverte de l'histoire-géographie

Manuel de français

Sylvie COTE
Professeur des écoles

Anne-Marie LANGEVIN
Professeur des écoles

Carole ROUSSELOT
Professeur des écoles

 HACHETTE
Éducation

- **Responsables de projet :** S. CHARBONNEL-BOJMAN,
V. DE FINANCE-CORDONNIER
- **Création de la maquette de couverture :** Laurent CARRÉ
- **Illustration de la couverture :** Alain BOYER
- **Exécution de la couverture :** MÉDIAMAX
- **Création de la maquette intérieure :** Caroline RIMBAULT
- **Mise en page des pages d'histoire, de géographie
et de « projet d'écriture » :** Caroline RIMBAULT
- **Mise en page des pages de français :** TYPO-VIRGULE
- **Recherche iconographique :** S. CHARBONNEL-BOJMAN,
V. DE FINANCE-CORDONNIER, M.-T. MATHIVON,
V. SÉGUINAUD
- **Dessins de l'ouvrage :** Sylvie SERPRIX
- **Fonds en parchemins :** Nathalie DESVERCHÈRE
- **Cartographie et frise chronologique :** Cartographie
HACHETTE-ÉDUCATION

ISBN : 2.01.11.6469.9

© Hachette Livre 2005, 43, quai de Grenelle, 75905 Paris Cedex 15.

PRÉSENTATION DE L'OUVRAGE

Une démarche dynamique

La démarche de l'ouvrage consiste à placer systématiquement l'enfant en situation de recherche aussi bien dans les leçons d'histoire et de géographie que dans celle de français.

Un manuel transversal

Toutes les activités de découverte du fonctionnement de la langue orale et écrite s'articulent autour de documents et de textes variés portant sur des thèmes d'histoire et de géographie.

Cette transdisciplinarité permet de couvrir les programmes des trois disciplines et de donner du sens à l'apprentissage du français.

Une structure claire

• Les modules ont tous la même structure :
– 2 pages d'ouverture introduisent le thème d'histoire ou de géographie qui sert de fil conducteur au module ;
– 4 pages de leçons de français (vocabulaire, orthographe, grammaire, conjugaison) contextualisées avec le thème des pages d'ouverture, établissent un lien entre l'histoire ou la géographie et l'étude de la langue. Ces pages proposent également des textes d'auteurs pertinents au regard de la notion abordée.

• Tous les deux modules, une double page de méthodologie, « Projet d'écriture », mobilise les connaissances des élèves autour d'un type d'écrit.

Une sensibilisation progressive à l'écrit

L'acquisition progressive de la maîtrise de la langue se fait par le biais de situations variées qui impliquent toujours l'élève : lecture, langue orale, analyse réflexive, production d'écrit.

Les pages « Projet d'écriture » ont un caractère méthodologique ; elles constituent un pont vers tous les écrits qui entourent l'enfant. L'élève approfondit ses connaissances sur :

• le fonctionnement des supports : chronologie, carte, plan, tableau, fiche documentaire…
• les différents types d'écrit : récit, poème, description, lettre…
• la présentation des textes : découpage en paragraphe, dialogue, lien avec les illustrations…

Enfin l'élève prend conscience de l'importance du contexte et du lien permanent qui s'établit entre le français et l'histoire-géographie.

Une double page d'ouverture
sur un thème d'histoire ou de géographie

Une piste de **recherche** collective

Une entrée par un **questionnement**

Des documents variés accompagnés de questions

Des textes simples et clairs

Un lexique

Un **texte littéraire**

Une rubrique pour **susciter la curiosité**

Un encadré pour **retenir l'essentiel**

Un **texte** littéraire ou documentaire

Un document iconographique en rapport avec le texte

4 pages
de français
contextualisées

Une piste de **recherche** collective

Des exercices de difficulté croissante

Un encadré pour **retenir l'essentiel**

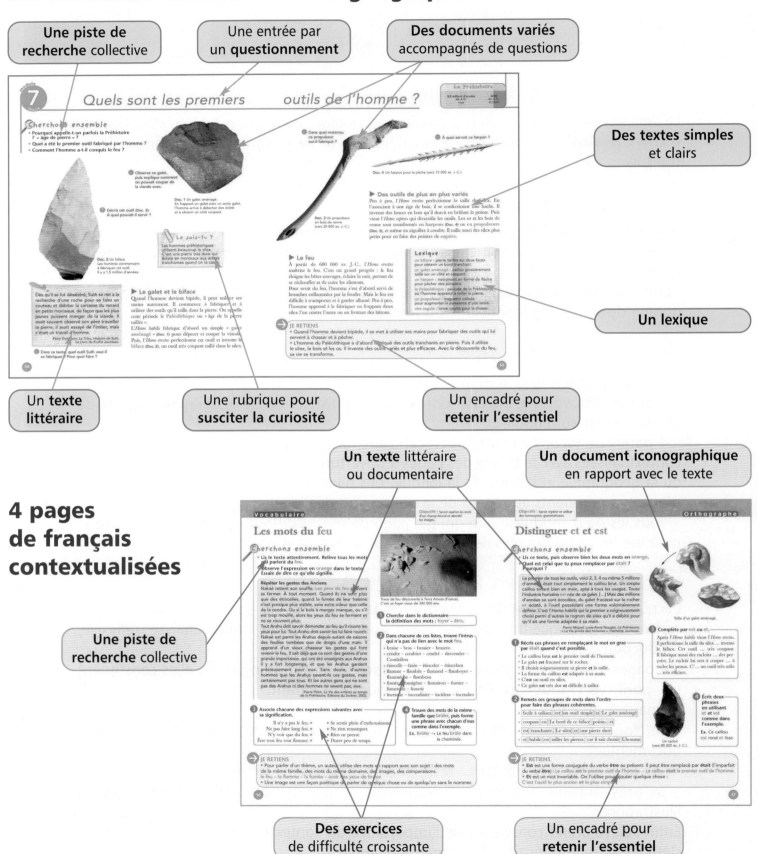

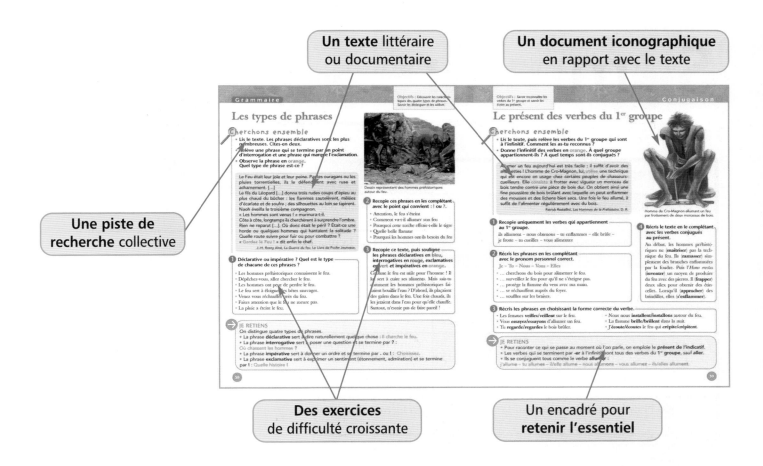

Un texte littéraire ou documentaire

Un document iconographique en rapport avec le texte

Une piste de recherche collective

Des exercices de difficulté croissante

Un encadré pour retenir l'essentiel

Une double page de méthodologie centrée sur un projet d'écriture

Une piste de recherche collective

Un texte littéraire ou documentaire

Des exercices progressifs

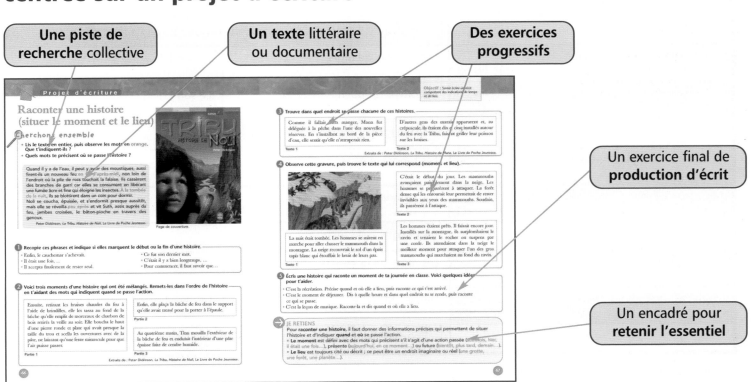

Un exercice final de production d'écrit

Un encadré pour retenir l'essentiel

Sommaire

FRANÇAIS, HISTOIRE ET GÉOGRAPHIE

H Histoire **G** Géographie

Sommaire

FRANÇAIS, HISTOIRE ET GÉOGRAPHIE

Sommaire

Histoire et Géographie

Comment se repérer dans

Cherchons ensemble

- **Quand commence un nouveau jour ?**
- **Quels instruments utilises-tu pour te repérer dans la journée ?**
- **À quoi sert un calendrier ?**

Doc. 1 Une montre.

? Quelle heure indique cette montre (Doc. 1) ?

? Peux-tu savoir si c'est le jour ou la nuit ?

Septembre 2005

Lundi	Mardi	Mercredi	Jeudi	Vendredi	Samedi	Dimanche
			1 St Gilles	**2** Ste Ingrid	**3** ● St Grégoire	**4** Ste Rosalie
5 Ste Raïssa	**6** St Bertrand	**7** Ste Reine	**8** Nativité de N.-D.	**9** St Alain	**10** Ste Inès	**11** ◑ St Adelphe
12 St Apollinaire	**13** St Aimé	**14** La Ste Croix	**15** St Roland	**16** Ste Édith	**17** St Renaud	**18** ○ Ste Nadège
19 Ste Émilie	**20** St Davy	**21** St Matthieu	**22** AUTOMNE	**23** St Constant	**24** Ste Thècle	**25** ◑ St Hermann
26 SS. Côme, Damien	**27** St Vincent de Paul	**28** St Venceslas	**29** St Michel	**30** St Jérôme		

Doc. 2 Le mois de septembre du calendrier de l'année 2005.

? De quelle année est ce calendrier (Doc. 2) ?

? Combien y a-t-il de jours dans ce mois ?

? Que se passe-t-il le 22 septembre ?

▶ L'heure et la date

Pour se repérer dans la journée, il faut connaître l'heure. Aujourd'hui, on dispose d'instruments, comme la montre (Doc. 1), qui permettent de mesurer le temps avec précision en indiquant l'heure, les minutes et même les secondes.

Pour se repérer dans l'année, on utilise le **calendrier** (Doc. 2) qui permet de fixer des **dates**. Dans un calendrier, l'année est découpée en 12 mois, 52 semaines ou 365 jours. Tous les quatre ans, il y a une **année bissextile** de 366 jours.

… Et si je me servais d'une formule magique pour faire venir demain tout de suite ? Vous voulez bien ?
Alors écoutez-moi :
Qu'il soit midi, qu'il soit minuit,
Que nous cessions d'être aujourd'hui !
Viennent le soir et le matin,
Que nous soyons déjà demain !

Pierre Gripari, *Contes de la rue Broca*, © Éditions La Table Ronde, 1967.

? Trouve dans ce texte les mots qui permettent de se repérer dans le temps.

le temps ?

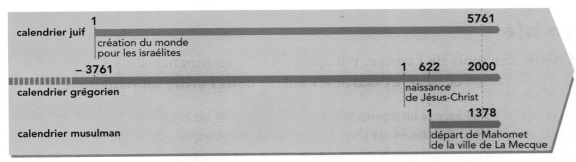

? À quelle date commence le calendrier juif selon le calendrier grégorien ?

? Quel événement marque le début du calendrier musulman ?

Doc. 3 Les différents points de départ des calendriers.

Le sais-tu ?

Le siècle représente une période de 100 ans. Le Iᵉʳ siècle commence le 1ᵉʳ janvier de l'an 1 et se termine le 31 décembre de l'an 100. Le XXIᵉ siècle commence le 1ᵉʳ janvier 2001.

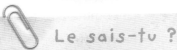

Doc. 4 Frise chronologique courte.

? Observe la frise (Doc. 4). En quelle année l'enfant a-t-il commencé à marcher ?

▶ La représentation du temps en histoire

Pour se repérer dans la succession des années, les historiens construisent un schéma : la **frise chronologique**. C'est une ligne qui représente le temps qui passe. Ils y marquent les dates des événements importants dans l'ordre où ils se produisent. La frise chronologique peut représenter une période courte (Doc. 4) ou une période longue : un siècle, un **millénaire**.

▶ Les calendriers

Pour situer les **événements** dans le temps, tout le monde utilise un calendrier. Mais il en existe plusieurs qui n'ont pas tous le même point de départ (Doc. 3).

En France, on se sert du calendrier grégorien qui commence l'année de la naissance de Jésus-Christ (l'an 1). Mais le calendrier juif commence bien avant (en 3761 av. J.-C.) tandis que le calendrier musulman débute plus tard (en 622 ap. J.-C.).

Lexique

une année bissextile : année qui a 366 jours, c'est-à-dire un jour de plus (le 29 février) qu'une année normale.

un calendrier : tableau où sont inscrits les jours, les semaines et les mois d'une année.

une date : moment précis (jour, mois, année).

un événement : ce qui arrive (une naissance, une guerre, une invention).

une frise chronologique : ligne où sont inscrits les événements dans l'ordre où ils se produisent.

un millénaire : période de 1 000 ans.

→ JE RETIENS

• L'histoire est un voyage dans le passé. Pour effectuer celui-ci, nous avons besoin de nous repérer dans le temps.

• Pour situer les événements dans le temps, on utilise la date et le calendrier. La succession des dates forme la chronologie. La frise chronologique indique l'ordre dans lequel se déroulent les événements.

L'ordre alphabétique

Cherchons ensemble

- **Lis le texte. Relève les noms des mois de l'année. Par quelle lettre commencent-ils ?**
- **Élimine les mois de** mai, juin, juillet **et** août, **et classe les autres dans l'ordre alphabétique.**

Voici les douze mois :
Ils marchent trois à trois !

Avec son blanc chapeau de neige,
Janvier mène le cortège.

Et Février, sur le même rang,
A honte d'être si peu grand.

À ses côtés, c'est Mars le fantasque,
Le nez mouillé par la bourrasque.

Voici les douze mois,
Ils marchent trois à trois !

Admirez Avril qui s'avance,
Son bonnet de fleurs se balance.

Mai joyeux lui donne le bras,
Vêtu de rose et de lilas.

Et Juin, les tempes vermeilles,
A des cerises aux oreilles.

Voici les douze mois,
Ils marchent trois à trois !

Sur le chemin sec, Juillet trotte,
Il a du foin dans chaque botte,

Août s'en va couronné de blé
Et par la chaleur accablé.

Et Septembre titube et joue
Avec des grappes sur la joue.

Voici les douze mois,
Ils marchent trois à trois !

Octobre porte sur sa tête
La pomme à cidre et la noisette,

Novembre, dans ses maigres bras,
Tient un tas de vieux échalas,

Et Décembre ferme la marche,
Triste et froid comme un patriarche !

Salut aux douze mois
Qui marchent trois à trois !

Octave Aubert, *Le Livre qui chante*,
D. R.

1 **Range chaque série de lettres dans l'ordre alphabétique.**
VRYS – OLRED – JCWUI – MQLA – TBGVR

2 **Range ces mots dans l'ordre alphabétique.**
calendrier – événement – fête – jour – printemps – vendredi

3 **Mets les mots de chacune de ces listes dans l'ordre alphabétique.**
- automne – annuel – autrefois – année – anniversaire
- dimanche – demain – décembre – douze – décimal
- mois – mercredi – minute – millénaire – mensuel
- siècle – seconde – samedi – saison – semaine
- trimestre – trois – triple – trimestriel – trio

La moisson. Détail d'un vitrail de la cathédrale Notre-Dame de Paris (XIIIe siècle) illustrant le mois de juillet.

→ JE RETIENS

- **L'alphabet** est l'ensemble des **26 lettres** que l'on utilise pour écrire des mots.
- Ces lettres sont toujours rangées dans le même ordre : **l'ordre alphabétique**.

a b c d e f g h i j k l m n o p q r s t u v w x y z
A B C D E F G H I J K L M N O P Q R S T U V W X Y Z

Objectif : Savoir repérer l'existence des syllabes dans un mot.

La syllabe

Cherchons ensemble

- **Lis le texte, puis observe les mots en orange.**
  Combien comptes-tu de syllabes dans chaque mot ?

> L'une des plus anciennes horloges mécaniques a été construite en Chine, il y a neuf cents ans. Elle mesurait environ dix mètres de haut. L'heure était indiquée par une grande roue qui tournait grâce à l'écoulement d'un réservoir d'eau. Les premières horloges à aiguilles sont apparues en Europe une centaine d'années plus tard. Elles ne fonctionnaient plus à l'eau, mais grâce à un système de contrepoids.
>
> Daniel Alibert-Kouraguine, *Les Grandes Inventions*, Hachette Jeunesse.

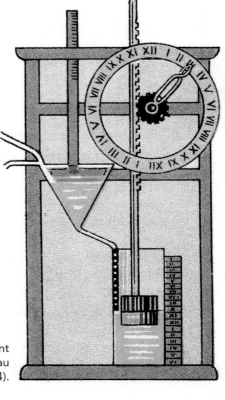

Schéma représentant une horloge à eau ou clepsydre (1924).

1 **Recopie ces mots et sépare chaque syllabe par une barre verticale.**

une – heure – tard – écoulement – centaine – environ – mesure – grande – année – eau

2 **Remets les syllabes dans l'ordre.**

- te/mi/nu : ...
- ge/lo/hor : ...
- con/se/de : ...
- ler/fi/dé : ...
- no/tre/mè/chro : ...
- con/poids/tre : ...
- du/pen/le : ...
- tru/ment/ins : ...
- mi/ryth/que : ...
- ter/é/cou : ...

3 **Récris ces mots en les complétant avec la syllabe qui convient.**

tre – cier – tion – tè – ne – den

- sys...me
- balan...
- ca...ce
- son...rie
- inven...
- con...temps

4 **Recopie les mots en orange et sépare-les en syllabes par des barres verticales. Donne le nombre de syllabes qui les compose.**

Le temps l'horloge

L'autre jour j'écoutais le temps
qui passait dans l'horloge.
Chaînes, battants et rouages
il faisait plus de bruit que cent
au clocher du village
et mon âme en était contente.

J'aime mieux le temps s'il se montre
que s'il passe en nous sans bruit
comme un voleur dans la nuit.

Jean Tardieu, *Formeries*,
© Éditions Gallimard.

→ JE RETIENS

- Un mot est composé d'**une ou plusieurs syllabes**. Dans chaque syllabe écrite, il y a une voyelle : temps (une syllabe) – heu/re (deux syllabes) – hor/lo/ge (trois syllabes).
- **Pour couper un mot en fin de ligne, on met un tiret entre deux syllabes**. Pour les consonnes doubles, la coupure s'effectue entre les deux consonnes : une an-née.

Reconnaître la phrase

Cherchons ensemble

- **Lis le texte. Observe les lettres et les signes en orange.**
  Quelles places occupent-ils dans la phrase ?
- **Compte le nombre de phrases dans ce texte. Comment as-tu fait ?**

Les hommes ont toujours cherché à se repérer dans le temps. Mais comment ont-ils fait pour y arriver ?
D'abord ils ont observé la position des astres dans le ciel et ils ont étudié l'alternance du jour et de la nuit. Ils ont ainsi pu établir des calendriers. Puis, ils ont aussi observé la course du Soleil pendant la journée et ils ont inventé le cadran solaire, un instrument qui fonctionnait grâce à l'ombre faite par le Soleil. Malheureusement quand il faisait nuit ou qu'il y avait des nuages, on ne pouvait plus lire l'heure !

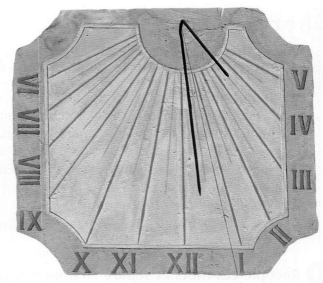

Un cadran solaire.

1 **Recopie ces phrases, mets la majuscule au début de la phrase et entoure le point à la fin.**

- le jour succède à la nuit.
- combien y a-t-il de minutes dans une heure ?
- quelle belle journée !
- quelle heure est-il ?
- il y a 60 secondes dans une minute.
- le soleil n'est pas encore levé.

2 **Recopie la phrase uniquement lorsqu'elle est correctement écrite.**

- la lune brille dans la nuit.
- Il est déjà minuit !
- Le soleil est caché par un nuage
- C'est un beau cadran solaire.
- comment s'appelle cette étoile ?
- quel beau soleil aujourd'hui

3 **Remets ensemble le début et la fin de ces phrases pour qu'elles soient correctes.**

Pourquoi la lune n'est-elle	que les nuits en été.
Quel beau	Le soir, je me couche
vers 9 heures.	pas ronde tous les jours ?
aujourd'hui ?	Quel jour sommes-nous
Les jours sont plus longs	ciel plein d'étoiles !

4 **Recopie ce texte en mettant les majuscules et les points là où il faut. Tu dois trouver 7 phrases.**

la Terre tourne sur elle-même et autour du Soleil ainsi, il fait tantôt jour, tantôt nuit mais quand nous sommes sur la Terre, nous avons l'impression que c'est le Soleil qui bouge le matin, il se lève à l'Est le midi, il est au plus haut le soir, il se couche à l'Ouest c'est la course du Soleil

→ JE RETIENS

Une **phrase** commence par une **majuscule** et se termine par un **point** (. ? !).
Les hommes ont inventé le cadran solaire. – Quelle heure est-il ? – Quelle belle journée !

Objectifs : Reconnaître les deux parties d'un verbe (radical, terminaison) et distinguer les personnes de la conjugaison.

Les personnes, le radical et les terminaisons

Cherchons ensemble

- **Lis ce texte et observe les verbes en** orange. **Qu'indique le mot placé devant le verbe ?**
- **Utilise ces verbes en mettant** nous **devant. Que remarques-tu ?**

> Alice poussa un soupir de lassitude.
> – Je crois que vous pourriez mieux employer votre temps, déclara-t-elle, que de le perdre à poser des devinettes dont vous ignorez la réponse.
> – Si tu connaissais le Temps aussi bien que moi, dit le chapelier, tu ne parlerais pas de le perdre. Le Temps est un être vivant.
> – Je ne comprends pas ce que vous voulez dire, répondit Alice.
>
> Lewis Carroll, *Alice au pays des merveilles*,
> trad. Jacques Papy, Société Nouvelle des Éditions Pauvert.

« Montre de poche avec nuages » (image en 3D du XXe siècle).

1 **Recopie le tableau et place dans chaque colonne les différents éléments des phrases ci-dessous. Aide-toi de l'exemple.**

Ils croient. – Tu connais. – Nous parlons. – Vous voulez. – Je comprends. – Il ignore.

Ex. Ils passent.

Personne	Radical	Terminaison
Ils	pass-	-ent

2 **Recopie les phrases en les complétant avec le verbe qui convient.**

s'écoulent – passe – comptent – arrive

- Elle … en avance.
- Les heures … lentement.
- Ils … les minutes.
- La journée … vite.

3 **Recopie en associant le verbe avec la personne qui convient.**

Nous – Elle – Tu – Vous – Ils

- … perdez votre temps.
- … mettent du temps à venir.
- … gagnes du temps.
- … passe son temps à rêver.
- … prenons notre temps.

4 **Recopie les verbes. Entoure le radical et souligne la terminaison des verbes.**

- Ils arrivent à temps.
- Nous partons pendant quelque temps.
- Elle regarde sa montre de temps en temps.
- Vous attendez la suite depuis longtemps.
- Tu bouges tout le temps.

JE RETIENS

- Dans un verbe, il y a deux parties :
- **le radical**. C'est la partie qui indique le sens du verbe : Le temps **pass**e. – Les minutes **pass**ent.
- **la terminaison**. C'est la fin du verbe, la partie qui change : Je pass**e**. – Nous pass**ons**.
- Quand la personne change, la terminaison change : on dit que **le verbe se conjugue**. Il y a trois personnes au singulier : je – tu – il/elle/on, et trois personnes au pluriel : nous – vous – ils/elles.

Pourquoi la Terre s'appelle la

Cherchons ensemble

- **Pourquoi les astronautes ont-ils surnommé la Terre la « planète bleue » ?**
- **Quels océans ou quelles mers connais-tu ?**
- **Quel est le nom du continent où tu habites ?**

Doc. 1 Un coin de la Terre vu d'une navette spatiale. L'atmosphère de la Terre apparaît bleutée car l'air arrête la lumière bleue qui vient du Soleil.

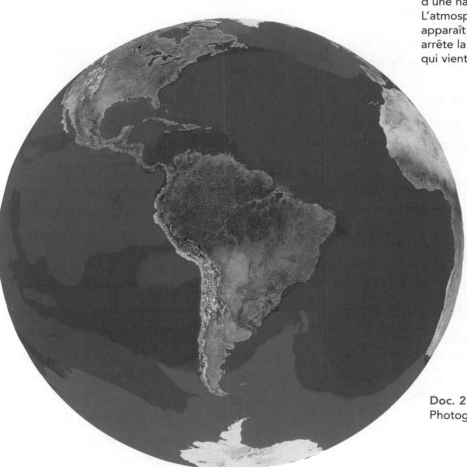

? Qu'observes-tu au pôle Sud, en bas de la photographie ?

? Que voit-on le plus sur cette photo : la terre ou la mer ?

? Retrouve cette partie de la Terre sur un globe dans ta classe.

Doc. 2 La Terre vue de l'espace. Photographie prise par un satellite.

Le sais-tu ?

Le pôle Nord se situe sur la banquise qui recouvre l'océan Glacial Arctique. Le pôle Sud est sur la terre d'un continent : l'Antarctique.

▶ Les océans

La Terre est une planète ronde **(Doc. 2)**. Les **océans** et les mers recouvrent les deux tiers de sa surface. Il y a cinq océans : l'océan Pacifique, l'océan Indien, l'océan Atlantique, l'océan Arctique et l'océan Antarctique. Le plus grand est l'océan Pacifique. Les mers sont beaucoup plus petites que les océans mais elles sont nombreuses : mer Méditerranée, mer Baltique, mer de Chine…

« planète bleue » ?

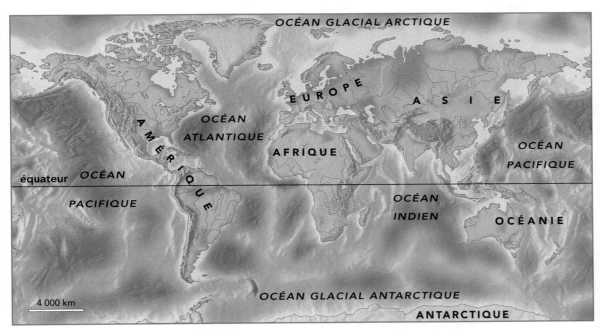

Doc. 3 Représentation de la Terre sous forme de carte à plat ou planisphère. Les surfaces en vert et en marron représentent les continents, les surfaces en bleu les océans.

? Combien comptes-tu de continents ? Nomme-les.

? Repère l'équateur. Quels continents traverse-t-il ?

? Où se trouve l'océan Pacifique ? Que remarques-tu ?

Qu'elle est belle la terre !

Qu'elle est belle, la terre, avec ses vols d'oiseaux
Qu'on entrevoit soudain à la vitre de l'air,
Avec tous ses poissons à la vitre de l'eau !
La peur les force vite à chercher un couvert
Et l'homme reste seul derrière le rideau.

Qu'elle est belle, la terre, avec ses animaux,
Avec sa cargaison de grâce et de mystère !
Le poète se tient à la vitre des mots.
Cette beauté qu'il chante, il la donne à son frère
Qui se lave les yeux dans le matin nouveau.

P. Menanteau, « Bestiaire pour un enfant poète »,
in *Pour un enfant poète*, coll. « Fleurs d'encre »,
Hachette Jeunesse.

? Pourquoi le poète trouve-t-il que la Terre est belle ?

▶ Les continents

À la surface de la planète, il y a aussi de grandes étendues de **terres émergées** : les **continents**. Ces six continents sont : l'Asie, l'Amérique, l'Afrique, l'Europe, l'Antarctique et l'Océanie (**Doc. 3**). Les continents ne sont pas répartis de manière égale de chaque côté de l'**équateur**. La surface des continents est plus grande que celle des océans dans l'**hémisphère** Nord. C'est l'inverse dans l'hémisphère Sud.

Lexique

un continent : vaste étendue de terre émergée.
l'équateur : ligne imaginaire qui partage la Terre en deux hémisphères : Nord et Sud.
un hémisphère : moitié du globe.
un océan : immense étendue d'eau salée.
une terre émergée : terre plus haute que la mer.

→ JE RETIENS

Notre planète, la Terre, est surnommée la « planète bleue » car les océans et les mers occupent plus de surface que les continents.
- Les cinq océans sont : l'océan Pacifique, l'océan Indien, l'océan Atlantique, l'océan Arctique et l'océan Antarctique. Le plus grand est l'océan Pacifique.
- Les six continents sont : l'Asie, l'Amérique, l'Afrique, l'Europe, l'Antarctique et l'Océanie.

Les mots de la planète

Cherchons ensemble

- **Observe ce globe et ce planisphère.**
- **Quels sont les continents que tu vois sur le planisphère mais que tu ne vois pas sur le globe ?**
- **Nomme les cinq océans.**

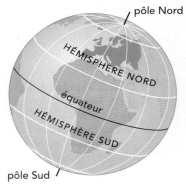

Doc. 1 Le globe terrestre.
La Terre a la forme d'un globe aplati aux pôles.

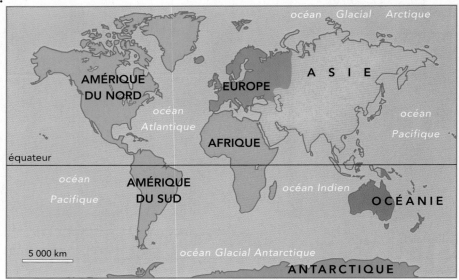

Doc. 2 Un planisphère.
Cette carte est une représentation à plat de la surface de la Terre.

---

1 **Parmi la liste de mots ci-dessous, recopie ceux qui appartiennent à la famille du mot terre.**

terrasse – terrible – territoire – terrain – terrier – terrifiant – enterrer – terreur

2 **Cherche l'intrus qui n'appartient pas à la famille du mot en vert (aide-toi du dictionnaire si nécessaire).**

- **planète** : planétarium – planer – planétaire – planétologie
- **plan** : planter – planisphère – planification – planeur
- **espace** : spatial – espèce – spacieux – espacement

3 **Cherche dans un dictionnaire les autres sens du mot carte.**

- **Carte** : représentation à plat d'un espace géographique.
- **Carte** : …

4 **Trouve deux mots de la même famille que géographie.**

5 **Associe à chaque mot de la liste n° 1 un mot de la liste n° 2 qui appartient à la même famille.**

- **Liste n° 1** : continent – Amérique – océan – globe – Asie – pôle – Europe
- **Liste n° 2** : global – polaire – continental – asiatique – européen – océanique – américain

---

→ **JE RETIENS**

- **La géographie est une science qui étudie la Terre, ses paysages et ses habitants.**
- **Les géographes utilisent des mots précis pour décrire l'espace terrestre :** un océan, un continent, un pôle, l'équateur…

Les sons [p] et [b]

Cherchons ensemble

- Lis le texte et repère les mots où tu entends le son [p] et ceux où tu entends le son [b]. Que constates-tu ?
- Observe le mot en vert. Que remarques-tu ?

> Le 30 octobre
> Bonjour les Terriens,
> La Terre est toujours aussi belle vue de l'espace, mais attention, elle est fragile et il faut donc la préserver. Depuis la Station, je vais observer encore une fois les cinq autres planètes que nous pouvons voir d'ici : Mercure, Vénus, Mars, Jupiter et Saturne. On les distingue plus clairement que depuis la Terre puisqu'il n'y a pas d'atmosphère.
>
> Claudie Haignère, *Carnet de bord Andromède*, PEMF.

Des planètes dans le système solaire, image de synthèse.

1 **Recopie le tableau et classe ces mots.**

l'espace – beaucoup – une planète – surprendre – briller – parler – un globe – un tube – l'apesanteur – une combinaison

On entend le son [p]	On entend le son [b]
....	....

2 **Recopie le tableau et classe ces mots.**

une sphère – pacifique – paisible – une photographie – une phase – un pôle – un hémisphère – répartir

On entend le son [p]	On n'entend pas le son [p]
....	....

3 **Recopie et complète ces mots avec p ou b.**

s...atial – nom...reux – Ju...iter – ...iloter – assem...ler – ...rès – em...arquer

4 **Connais-tu ces pays ? Recopie et complète-les avec la lettre qui convient.**

la ...elgique – la ...ologne – l'Es...agne – le ...ortugal – le Luxem...ourg – le ...érou – le ...résil – le Ja...on – la ...ulgarie

5 **Recopie et complète ces mots avec p ou pp.**

a...eler – a...rendre – un a...areil – un dé...art – a...ercevoir – attra...er

➜ JE RETIENS

- Le son [p] s'écrit **p** : une planète – la température.
Les mots commençant par **ap-** prennent deux p : appareiller – appliquer – appuyer...
Sauf quelques exceptions comme : apercevoir – aplatir...
- Le son [b] s'écrit **b** : bleu – débarquer.

Objectifs : Identifier les signes de ponctuation et comprendre leur emploi.

La ponctuation

Cherchons ensemble

- **Recherche les signes de ponctuation du texte et donne leur nom.**

Phileas Fogg était tout d'abord monté à sa chambre, puis il appela : « Passepartout ! » [...]

« Passepartout », reprit Mr. Fogg sans élever la voix davantage. Passepartout se montra.

« C'est la deuxième fois que je vous appelle, dit Mr. Fogg.

– Mais il n'est pas minuit, répondit Passepartout, sa montre à la main.

– Je le sais, reprit Phileas Fogg, et je ne vous fais pas de reproche. Nous partons dans dix minutes pour Douvres et Calais. »

Une sorte de grimace s'ébaucha sur la ronde face du Français. Il était évident qu'il avait mal entendu.

« Monsieur se déplace ? demanda-t-il.

– Oui, répondit Phileas Fogg. Nous allons faire le tour du monde. »

Jules Verne, *Le Tour du monde en 80 jours*.

Dessin de la Terre représentant l'hémisphère Nord.

2 **Recopie ce texte en y plaçant les signes de ponctuation qui manquent (. : ,).**

Pour faire leur tour du monde □ Phileas Fogg et Passepartout ont utilisé tous les moyens de locomotion à leur disposition □ paquebots □ chemins de fer □ voitures □ yachts □ bâtiments de commerce □ traineau □ éléphant □

1 **Recopie ce texte et rétablis les majuscules qui manquent.**

en 1872, Phileas Fogg parie la moitié de sa fortune qu'il fera le tour du monde en quatre-vingts jours. c'est accompagné de son valet Passepartout qu'il quitte Londres pour une course contre la montre. quelle belle aventure !

3 **Recopie ce dialogue en mettant les signes de ponctuation qui manquent (« – » . ? , ! ...).**

La porte s'ouvrit, et l'impassible gentleman parut. □ Qu'y a-t-il □ Passepartout □ □ Ce qu'il y a □ monsieur □ Il y a que je viens d'apprendre à l'instant □ □ Quoi donc □ □ Que nous pouvions faire le tour du monde en soixante-dix-huit jours seulement □ □

Jules Verne, *Le Tour du monde en 80 jours*.

JE RETIENS

- **À la fin d'une phrase**, on ponctue avec un point (.), un point d'interrogation (?), un point d'exclamation (!), des points de suspension (...).
- **À l'intérieur d'une phrase**, on ponctue avec une virgule (,), un point-virgule (;), deux-points (:), des parenthèses (()).
- **Dans un dialogue**, le tiret (–) indique qu'une personne parle. Les guillemets (« ») encadrent le dialogue.

Objectifs : Savoir ce qu'est un verbe et reconnaître son infinitif.

Conjugaison

Le verbe et son infinitif

Cherchons ensemble

- **Lis attentivement ce texte et observe les verbes en** orange**. À quelle forme sont-ils ?**
- **Donne l'infinitif des verbes en** vert**.**

> Le Petit Prince s'assit sur une pierre et leva les yeux vers le ciel :
> – Je me demande, dit-il, si les étoiles sont éclairées afin que chacun puisse un jour retrouver la sienne. Regarde ma planète. Elle est juste au-dessus de nous… Mais comme elle est loin !
> – Elle est belle, dit le serpent. Que viens-tu faire ici ?
> – J'ai des difficultés avec une fleur, dit le Petit Prince.
> – Ah ! fit le serpent.
> Et ils se turent.
>
> Antoine de Saint-Exupéry, *Le Petit Prince*, © Éditions Gallimard.

Photographie de la Terre vue de la Lune.

1 Recopie ces phrases et entoure les verbes à l'infinitif.

- Les astronomes essaient de découvrir de nouvelles planètes.
- Un télescope sert à observer les étoiles.
- Pour étudier le fond de cet océan, ils ont utilisé un sous-marin.
- Il a envie de devenir géographe.
- Grâce aux satellites, on peut savoir tout ce qui se passe sur la Terre.

2 Lis ces phrases. Indique si les verbes en vert **sont à l'infinitif ou s'ils sont conjugués.**

- Je cherche l'Europe sur le planisphère.
- Tu as raison de prendre tes jumelles.
- Nous revenons d'un voyage sur la planète Mars.
- Il prend l'avion pour aller en Chine.
- Il faut chercher pour trouver.
- Nous aimerions revenir l'année prochaine.

3 Récris ces phrases en utilisant la forme correcte du verbe.

- Vous **être/êtes** en plein rêve.
- Nous allons **faire/faisons** le tour de la Terre.
- Ils **avoir/ont** observé la Lune.
- Tu **venir/viens** avec moi **voir/vois** le coucher du Soleil.

4 Recopie tous les verbes de ce texte. Lorsque le verbe est conjugué, donne son infinitif.

Plus tard, je veux être astronaute pour pouvoir aller dans l'espace. J'ai envie de marcher sur la Lune et même de voyager jusqu'à la planète Mars. Mais je sais bien qu'il est impossible d'atteindre le Soleil…

JE RETIENS

- Pour désigner un verbe, on utilise son **infinitif** : écouter – découvrir – faire – vouloir. Dans le dictionnaire, on trouve les verbes à l'infinitif.
- Le verbe **se conjugue**. Cela veut dire qu'il change de forme en fonction du temps ou de la personne qui fait l'action : Je cherche l'océan. – **Vous** cherchez l'océan. – J'habite en France. – J'habitais en France.
- Il exprime une action ou un état : Il se lève (action). – Il est levé (état).

Lire et construire une frise chronologique

L'ordre chronologique

Cherchons ensemble

• **Observe ces quatre documents qui sont classés dans l'ordre chronologique. Lis attentivement leurs légendes. Regarde bien les dates. Que remarques-tu ?**

Doc. 1 Statue-menhir de Saint-Sernin (France), vers **3300 av. J.-C.**

Doc. 2 Coupe au sanglier (Grèce), **570 av. J.-C.**

Doc. 3 Jeanne d'Arc à cheval. Illustration d'un manuscrit, **1505**.

Doc. 4 Un décime. Pièce de monnaie sous Napoléon Ier, **1815**.

① Classe les dates suivantes dans l'ordre chronologique, de la plus ancienne à la plus récente.

| 1540 | 75 av. J.-C. | – 645 | 1534 | 2004 | 58 |

Le sais-tu ?

Pour écrire la date d'un événement qui s'est passé avant la naissance de Jésus-Christ, on met **av. J.-C.** après la date ou bien on met le signe **moins** devant cette date (ex. : 200 av. J.-C., ou – 200).

② Regarde ces personnages. Associe chacun d'eux à l'époque à laquelle il appartient, puis classe-les dans l'ordre chronologique.

• L'Antiquité (– 3200 → 476)

• La Préhistoire (– 3,5 millions d'années → – 3200)

• L'Époque contemporaine (1789 → aujourd'hui)

• Les Temps modernes (1492 → 1789)

• Le Moyen Âge (476 → 1492)

La frise chronologique

Cherchons ensemble

Observe cette frise chronologique, puis réponds aux questions.

- **En quelle année Nathalie est-elle née ? À quel âge est-elle entrée au collège ? Que lui est-il arrivé en 1985 ?**
- **Les événements les plus récents se trouvent-ils à droite ou à gauche de la frise ? Pourquoi ?**

1 Observe la frise chronologique. Regarde l'exemple et écris à ton tour des phrases pour décrire les trois autres événements.

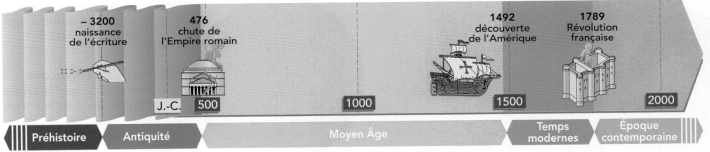

Ex. : Les hommes ont inventé l'écriture vers 3200 avant Jésus-Christ.

2 Recopie la frise chronologique ci-dessous, puis place les informations au bon endroit.

1940 : invention du stylo à bille
1982 : apparition du CD (compact disc)
2002 : mise en circulation de l'euro
1969 : premier homme sur la Lune

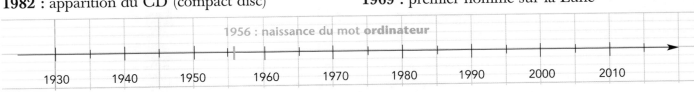

1956 : naissance du mot **ordinateur**

JE RETIENS

- Pour représenter les événements dans le temps, on utilise la **frise chronologique**. C'est une ligne sur laquelle on indique les événements importants dans l'ordre où ils ont eu lieu pendant une période donnée : une année, un siècle, un millénaire…
- Le **point de repère** qui a été choisi pour mesurer le temps qui passe est la naissance de Jésus-Christ, l'an 1, même si la vie des hommes a débuté bien avant !

Quelles sont les sources de

Cherchons ensemble

- **Comment connaît-on l'histoire ?**
- **Y a-t-il un monument ancien dans ta ville ou ton village ?**
- **Comment les historiens ont-ils des informations pour écrire l'histoire ?**
- **Qu'est-ce qu'un archéologue ?**

? Que fait ce plongeur (**Doc 1**) ?

? L'objet qu'il étudie est un vestige qui date de 1300 av. J.-C. En quel matériau est-il ?

Doc. 2 Statuette féminine. Cette sculpture préhistorique, trouvée en Autriche, a plus de 25 000 ans.

? Pourquoi peut-on dire que cette statuette (**Doc. 2**) et cette pièce de monnaie (**Doc. 3**) sont des traces du passé ?

Doc. 3 Pièce de monnaie avec le portrait du roi Louis XIV (1701).

Doc. 1 Un plongeur au travail sur un chantier de fouilles sous-marines au large d'Alexandrie en Égypte.

? Observe le **Doc. 4**. De quel type de source s'agit-il ?

? Sur quel support est imprimé ce livre ?

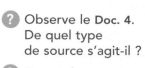

▶ Les sources de l'histoire

Les **sources** de l'histoire sont variées. Ce sont :
- les **vestiges** (objets (**Doc. 3**), outils, monuments, sculptures (**Doc. 1 et 2**)…) ;
- les sources écrites (textes gravés sur de la pierre, textes écrits (**Doc. 4**) ou images). Elles forment les archives qui sont classées et conservées dans des bibliothèques ou des musées ;
- les sources orales (**témoignages**).

Doc. 4 Page d'une Bible imprimée par Gutenberg (vers 1452).

l'histoire ?

? Observe cette photographie. Que font ces archéologues ?

? À quoi sert le quadrillage fait sur le sol et sur la paroi rocheuse ?

Doc. 5 Fouilles sur un site archéologique en Chine.

Ville historique

Le temps a rendez-vous
avec l'ombre qui joue
sur des siècles de pierre,
quand les rues se souviennent,
mêlant la vie d'hier
aux rythmes d'aujourd'hui ;
et l'on aime flâner
dans ce cœur de mémoire
où l'Histoire a laissé
son empreinte accrochée
aux murs gris des façades.

Jehan Despert, in *Jacques Charpentreau, La Ville des poètes*, coll. « Fleurs d'encre », Hachette Jeunesse.

▶ La recherche archéologique

L'**archéologue** cherche des vestiges. Il fouille le sol avec précaution et il note soigneusement chaque étape de sa recherche. Il utilise un quadrillage sur le sol pour se repérer (Doc. 5). Les objets trouvés sont dégagés délicatement. Ils sont ensuite nettoyés, parfois consolidés et très souvent reconstitués. Puis ils sont datés et classés. Certains objets iront au musée, où ils seront exposés. Pour repérer de nouveaux sites archéologiques, on utilise parfois la photographie aérienne et l'exploration sous-marine (Doc. 1).

Lexique

un archéologue : chercheur qui étudie les vestiges du passé.

l'humanité : ensemble des hommes qui vivent sur la Terre.

une source : document dont se sert l'historien pour étudier et écrire l'histoire.

un témoignage : récit d'un événement donné par des personnes vivantes.

un vestige : ce qui reste des choses du passé (monument, objet, ossement).

▶ Le travail de l'historien

L'historien date les documents, établit leur origine, vérifie leur authenticité. À partir de ses sources, il écrit l'histoire.

L'histoire est vivante : elle raconte l'évolution de l'**humanité** et elle change chaque fois que les historiens trouvent de nouveaux documents.

→ JE RETIENS

Pour comprendre le passé, l'historien cherche et étudie toutes les traces laissées par l'homme : ce sont ses sources. Lorsqu'il étudie des vestiges, il fait de l'archéologie, mais il se sert aussi de documents écrits et oraux. Il mène une enquête pour expliquer aux hommes d'aujourd'hui, comment vivaient les hommes d'autrefois. L'histoire, c'est la mémoire de l'humanité.

Trouver un mot dans le dictionnaire

Cherchons ensemble

- Voici une page de dictionnaire. Quel est le premier mot de la page ?
- Comment sont rangés les mots ? Trouve le mot archéologie.
- À quoi sert le mot en haut à droite de la page ?
- Quel mot est illustré par une photographie ?

---

archet

▸ **arbre** (nom masculin)
1. Grande plante fixée en terre par des racines dont le tronc porte des branches. *Le tilleul, l'érable, le cyprès, le pommier sont des arbres.* 2. Tige de métal qui transmet aux roues le mouvement du moteur. *L'arbre de transmission d'une automobile.* • **Arbre généalogique** : schéma qui montre les liens de parenté entre tous les membres d'une même famille. ☺ Famille du mot : arborescent, arboricole, arboriculteur, arboriculture, arbrisseau, arbuste.

▸ **arbrisseau, eaux** (nom masculin)
Synonyme d'arbuste.

▸ **arbuste** (nom masculin)
Petit arbre. *L'églantier et le lilas sont des arbustes.*

▸ **arc** (nom masculin)
1. Arme servant à lancer des flèches. *Certains Indiens d'Amazonie utilisent des arcs de 3 mètres de haut.* 2. Portion de cercle. *Dessine avec ton compas un arc de cercle de 90 degrés.* 3. Ligne courbe d'une voûte. • **Arc de triomphe** : monument voûté construit pour célébrer une victoire. ☺ Famille du mot : arcade, arc-boutant, s'arc-bouter, arc-en-ciel.

▸ **arcade** (nom féminin)
• **Arcade sourcilière** : endroit du visage où poussent les sourcils. ➡ p. 263. ▹ arcades (nom féminin pluriel) Galerie couverte, dont les piliers sont reliés par des arcs. *Il fait bon se promener à l'ombre des arcades autour de la place.*

▸ **arc-boutant** (nom masculin)
Construction en forme d'arc, qui soutient un mur de l'extérieur. *Les arcs-boutants d'une cathédrale gothique.* ➡ p. 178. → Pluriel : des arcs-boutants.

▸ **s'arc-bouter** (verbe) ☺ conj.n°3
Pousser de tout son corps pour résister à une pression. *Laure s'arc-boutait contre la porte pour empêcher Kevin d'entrer.*

▸ **arceau, eaux** (nom masculin)
Petit arc de métal. *Au croquet, on doit faire passer les boules sous des arceaux.*

▸ **arc-en-ciel** (nom masculin)
Phénomène lumineux en forme d'arc, qui se produit quand le soleil paraît après une averse. *Le violet, l'indigo, le bleu, le vert, le jaune, l'orange et le rouge sont les sept couleurs de l'arc-en-ciel.* → Pluriel : des arcs-en-ciel.

▸ **archaïque** (adjectif)
Qui est très ancien et n'a plus cours aujourd'hui. *L'invention de la machine à laver a fait de la lessiveuse un objet archaïque.* (Syn. périmé. Contr. moderne.) → Prononciation [aʀkaik].

▸ **arche** (nom féminin)
Voûte en forme d'arc, soutenue par des piliers. *L'aqueduc romain de Ségovie a 128 arches.*

la Grande **Arche** de la Défense, près de Paris

▸ **archéologie** (nom féminin)
Science qui étudie les civilisations anciennes. ➡ p. 919. → Prononciation [aʀkeɔʒi]. ☺ Famille du mot : archéologique, archéologue.

▸ **archéologique** (adjectif)
Qui concerne l'archéologie. *Des fouilles archéologiques sous-marines.* → Prononciation [aʀkeɔʒik].

▸ **archéologue** (nom)
Spécialiste d'archéologie. → Prononciation [aʀkeɔlɔg].

▸ **archer** (nom masculin)
Tireur à l'arc.

▸ **archet** (nom masculin)
Baguette tendue de crins qui sert à jouer du violon ou du violoncelle.

67

a b c d e f g h i j k l m n o p q r s t u v w x y z

Dictionnaire Hachette Junior, Hachette Livre.

---

1 Où trouveras-tu les mots suivants dans le dictionnaire ci-contre : avant cette page, sur cette page, après cette page ?
bibliothèque – vestige – arcade – parchemin – alphabet – musée – affiche – archéologique – sculpture

2 Range ces mots dans l'ordre alphabétique.
ruine – ossement – document – témoignage – fouille – journal – trace – livre – monument

3 Dans chacune de ces listes, trouve le mot qui n'est pas dans l'ordre alphabétique.
- arc – arceau – archer – archet – arche
- pierre – pilier – pièce – piller – piocher
- historien – histoire – historiette – historique

4 Range chacune de ces listes de mots dans l'ordre alphabétique.
- antique – ancien – antécédent – antiquité – ancêtre – antérieur
- archéologue – archives – architecture – archaïque
- autrefois – auteur – authentique – autographe – autrement

➡ JE RETIENS

- Le mot qui se trouve en haut de page dans le dictionnaire est le **mot-repère**. Dans cette page de dictionnaire, le mot-repère est archet.
- Si les premières lettres sont semblables, comme dans arcade et arceau, on observe la lettre qui suit pour voir lequel des deux mots sera avant l'autre : le **a** de arcade est avant le **e** de arceau, donc le mot arcade sera avant le mot arceau dans le dictionnaire.

Objectifs : Connaître et utiliser les différentes graphies du son [wa].

Orthographe

Le son [wa]

Cherchons ensemble

- Lis le texte. Quel son entends-tu dans tous les mots en orange ?
- Avec quelles lettres ce son est-il formé ?

> Au fond, le mur tout entier était couvert de petits dessins, que Khay croyait être de l'écriture, mais qu'il n'aurait su déchiffrer. Au centre de ce mur, on voyait, entre deux statues de taille humaine, un espace lisse.
> Les quatre hommes se mirent à frapper cet endroit dégagé avec de lourds marteaux de bois. Le mur se fissura. Peu à peu, un trou s'ouvrit dans la paroi, donnant accès à une salle plus petite…
>
> Évelyne Brisou-Pellen, *La Vengeance de la momie*, Le Livre de Poche Jeunesse.

Fouilles archéologiques de la cité de Nécropolis (vers 250 av. J.-C.) en Égypte.

1 Recopie le tableau, puis classe les mots ci-dessous.

une fouille – une pointe – étroit – une passion – autrefois – moins – une poignée – loin – ployer – un poing – éloigner – effroyable

On entend le son [wa]	On n'entend pas le son [wa]
………	………

2 Recopie les mots du texte où tu entends le son [wa], puis entoure les lettres qui correspondent à ce son.

Quelle joie ! Nous avons enfin découvert les ruines d'un palais royal. Nous montons un escalier de pierre avec précaution. Puis, nous suivons un immense couloir. Au fond, dans un coin, se trouve un joli coffre en ivoire. Nous soulevons le couvercle avec soin. C'est incroyable, le coffre est rempli de joyaux !

3 Recopie ces mots en complétant avec oi ou oy.

un gratt…r – un tém…gnage – un r… – s…eux – parf…s – l'hist…re – adr…t – s…gneusement – une arm…re – un f…er – un p…ds – nett…er

4 Lis les mots ci-dessous et utilise chacun d'eux pour écrire une phrase.

moi/un mois – toi/un toit

JE RETIENS

- Le son [wa] s'écrit toujours **oi** : un endroit – une paroi, sauf quand il est suivi du son [j]. Il s'écrit alors **oy** : royal.
- Très rarement, on trouve aussi le son [wa] écrit **wa** : un wapiti.

Grammaire

Objectif : Comprendre l'importance de la place des mots dans la phrase pour obtenir du sens.

La phrase (l'ordre des mots)

Cherchons ensemble

- **Lis les textes A et B, puis compare-les. Que constates-tu ?**

Nettoyage au pinceau d'un sarcophage sur un site égyptien.

Texte A : Et dans le quatrième de granit sarcophage se trouve de bois noir un sarcophage. Il n'est plus la forme mais épouse rectangulaire du corps humain. Il une immense poupée de bois ressemble à représentant Pharaon.

Texte B : Et dans le sarcophage de granit se trouve un quatrième sarcophage de bois noir. Il n'est plus rectangulaire mais épouse la forme du corps humain. Il ressemble à une immense poupée de bois représentant Pharaon.

Odile Weulersee, *Les Pilleurs de sarcophages*, Le Livre de Poche Jeunesse.

1 **Recopie uniquement les suites de mots qui ont un sens.**

- Un fait fouilles archéologue des.
- Ce sarcophage est recouvert d'or.
- Où ce trouvé as-tu vase ?
- Comme cette momie est belle !

2 **Remets ces suites de mots dans l'ordre pour faire des phrases correctes.**

- sur le mur ? | ce dessin | Que représente
- nous avons découvert | un sarcophage. | Hier,
- dans une pièce | Nous entrons | sombre et humide.

3 **Place les mots qui manquent au bon endroit pour que le texte ait du sens.**

tombeaux – pharaons – pierres – ans – masque – pyramides

Les grandes ... d'Égypte ont été construites il y a plus de 3000 ... . Les pyramides étaient les ... des pharaons. L'un des plus célèbres ... d'Égypte est Toutankhamon. Il est très connu parce qu'un magnifique ... en or massif incrusté de ... précieuses a été retrouvé dans sa tombe.

Masque du pharaon égyptien Toutankhamon (vers 1350 av. J.-C.).

4 **Remets ces mots dans l'ordre pour former deux phrases correctes.**

- le | a | archéologue | trouvé | du | . | sarcophage | Un | pharaon
- découverte | Quel | de | belle | ! | une | faire | plaisir

→ JE RETIENS

- **La phrase** est une **suite ordonnée de mots**. C'est l'ordre des mots dans la phrase qui lui donne son sens : Ce sarcophage est en granit.
- Parfois, il est possible de changer l'ordre des mots dans la phrase sans qu'elle perde son sens : **Dans le sarcophage** se trouve **une momie**. → **Une momie** se trouve **dans le sarcophage**.

Objectifs : Savoir repérer et utiliser les trois moments de la conjugaison : passé, présent et futur.

Passé, présent et futur

Cherchons ensemble

- Lis le texte et observe les mots en orange.
- Quels sont les verbes qui indiquent une action passée, une action qui dure toujours, une action qui se produira plus tard ?

Les textes écrits sont des sources très importantes pour l'historien, car ils lui apportent beaucoup d'informations.
Autrefois, les hommes copiaient les textes à la main sur des parchemins. Ceux-ci étaient donc rares. Puis, vers 1450, Gutenberg a inventé l'imprimerie et il a eu l'idée d'utiliser comme support le papier, une nouvelle matière plus pratique. Ainsi, le nombre de livres a augmenté rapidement. Aujourd'hui, on imprime des millions de livres chaque année. Mais peut-être que demain il y aura moins de livres et qu'on ne lira certains textes que sur des écrans d'ordinateur.

La Bible de Gutenberg, un des premiers livres imprimés (vers 1452).

1 Complète ces phrases avec hier, aujourd'hui ou demain.

- ..., on utilise du papier pour imprimer les livres.
- ..., ce chercheur a découvert un manuscrit très ancien.
- ..., l'historien a de nombreux documents à sa disposition.
- ..., j'irai acheter un nouveau livre.
- ..., la bibliothèque était fermée.

2 Recopie ces phrases. Entoure le mot ou le groupe de mots qui indique à quel moment se passe l'action et souligne le verbe.

- Ce livre a été imprimé il y a 300 ans.
- Autrefois, on écrivait à la plume.
- Plus tard, je serai historienne.
- Je lis un livre passionnant en ce moment.
- Bientôt, on fabriquera des livres électroniques.

3 Recopie ces phrases et indique si elles sont au passé, au présent ou au futur.

- De nos jours, on publie des millions de livres.
- Gutenberg a inventé l'imprimerie vers 1450.
- La peau de mouton servait à fabriquer les parchemins.
- L'ordinateur remplacera-t-il le livre ?
- Un manuscrit est un texte écrit à la main.

4 Relève les verbes du texte et indique s'ils expriment le passé, le présent ou le futur.

L'imprimerie est une technique qui permet de reproduire un texte autant de fois que l'on veut. À l'époque de Gutenberg, l'impression se faisait à la main avec une presse à vis. De nos jours, on utilise des machines. Dans quelques années, le procédé sera sans doute encore plus perfectionné.

JE RETIENS

Pour situer un événement, on peut utiliser des mots comme : hier – aujourd'hui – maintenant – demain – bientôt – autrefois – plus tard... Ce sont des **adverbes de temps**.
- Ce qui se passe **avant** le moment où l'on parle est le **passé** : Autrefois, on écrivait à la plume.
- Ce qui se passe **au moment où** l'on parle est le **présent** : Aujourd'hui, tu écris avec un crayon.
- Ce qui se passe **après** le moment où l'on parle est le **futur** : Demain, il écrira avec un stylo électronique.

Cherchons ensemble

- Qu'est-ce qu'un planisphère ?
- Situe le pôle Nord et le pôle Sud sur le globe de ta classe.
- Cite les quatre points cardinaux.

? Quel est l'avantage du planisphère (Doc.1) par rapport au globe (Doc. 2) ?

? Quels sont les continents qui te paraissent déformés (Doc. 1) ?

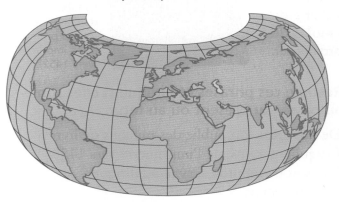

Doc. 1 Le planisphère en écorce d'orange.

? Trouve sur un globe le nom de trois villes traversées par l'équateur en Asie, en Amérique et en Afrique.

Doc. 2 Un globe terrestre.

« Alors ? interrogea le géographe.
– Oh ! chez moi, dit le petit prince, ce n'est pas très intéressant, c'est tout petit. J'ai trois volcans. Deux volcans en activité, et un volcan éteint. Mais on ne sait jamais.
– On ne sait jamais, dit le géographe.
– J'ai aussi une fleur.
– Nous ne notons pas les fleurs, dit le géographe.
– Pourquoi ça ! c'est le plus joli !
– Parce que les fleurs sont éphémères.
– Qu'est-ce que signifie « éphémère » ?
– Les géographies, dit le géographe, sont les livres les plus sérieux de tous les livres. Elles ne se démodent jamais. Il est très rare qu'une montagne change de place. Il est très rare qu'un océan se vide de son eau. Nous écrivons des choses éternelles. »

Antoine de Saint-Exupéry, *Le Petit Prince*, © Éditions Gallimard.

? Pourquoi le géographe dit-il que les géographies ne se démodent jamais ?

▶ **Les représentations de notre planète**

La Terre est une **sphère**. Le globe (Doc. 2) est la représentation de la Terre la plus juste, mais il ne permet pas de l'observer en totalité. C'est pourquoi on utilise le **planisphère** (Doc. 1) qui donne une image d'ensemble de la Terre mais en la déformant un peu. Il existe plusieurs sortes de planisphères (Doc. 1, 3 et 4). En France, on utilise celui où l'Europe est située au centre (Doc. 3).

la Terre ?

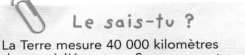

Doc. 3 Planisphère représentant le monde vu d'Europe.

? Dans quel hémisphère se situe l'Europe ? l'Océanie (Doc. 3) ?

? Quel continent est situé à l'est de l'Europe ? au sud de l'Europe (Doc. 3) ?

▶ Les principaux points de repère

Pour se repérer sur une carte, on a inventé plusieurs lignes imaginaires : l'équateur, les **tropiques**, les **cercles polaires**. Une carte comporte toujours une échelle qui donne la taille de la représentation et parfois une rose des vents qui indique les quatre points cardinaux : Nord, Sud, Est, Ouest.

? Quel continent a-t-on représenté au centre de ce planisphère (Doc. 4) ?

? Où est située l'Europe (Doc. 4) ?

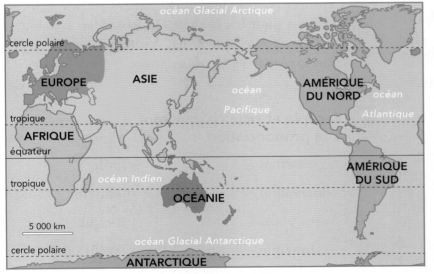

Doc. 4 Planisphère représentant le monde vu d'Asie.

Lexique

un cercle polaire : ligne imaginaire autour des pôles.

un planisphère : carte qui représente « à plat » le globe terrestre dans son ensemble.

une sphère : une boule.

un tropique : ligne imaginaire parallèle à l'équateur (il y a deux tropiques).

→ JE RETIENS

• Le globe et le planisphère sont des représentations de notre planète. Pour mieux se repérer, les géographes ont inventé des lignes imaginaires qui forment comme un quadrillage.

• Il est très important de connaître les points cardinaux pour se situer : le Nord, le Sud, l'Est et l'Ouest.

Comprendre un article de dictionnaire

Cherchons ensemble

- Observe ce texte. Qu'est-ce qu'un article de dictionnaire ?
- Repère la définition du mot boussole au sens propre.
- Relève les mots que tu ne comprends pas.

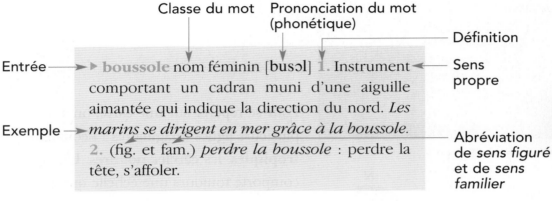

Classe du mot   Prononciation du mot (phonétique)

           Définition

Entrée → ▶ **boussole** nom féminin [busɔl] 1. Instrument ← Sens propre
comportant un cadran muni d'une aiguille aimantée qui indique la direction du nord. *Les marins se dirigent en mer grâce à la boussole.*

Exemple → 2. (fig. et fam.) *perdre la boussole* : perdre la tête, s'affoler.

Abréviation de *sens figuré* et de *sens familier*

Une boussole.

1 Cherche ces mots dans ton dictionnaire et copie leur définition.

étoile – hémisphère – équateur – globe

2 Indique ce que signifient ces abréviations.

masc.– fém. – sing. – pl. – fam. – fig. – v. – N. – E.

3 Cherche les abréviations des mots suivants.

contraire – adjectif – nom masculin – adverbe

4 Attribue à chaque mot l'abréviation qui lui convient.

Ex. géographie : **n. fém.**
masc. – fém. – n. – v. – adj. – pl.
planisphère – cardinal – imaginaire – indiquer – planète – monde – représenter – géographies

5 Lis cette définition du mot explorer.
Quelle sorte de mot est-ce ?
Écris une phrase en utilisant ce mot au sens propre puis au sens figuré.

Explorer v. [ɛksplɔʀe] 1. Parcourir des lieux inconnus pour les étudier. *Des scientifiques explorent les terres du pôle Sud.* 2. fig. Visiter en détail. *Cet enfant explore le contenu de ses poches.*

6 Recopie et relie chaque mot à sa prononciation.

cadran •	• [pol]
orientation •	• [kadʀɑ̃]
pôle •	• [tʀɔpik]
tropique •	• [ɔʀjɑ̃tasjɔ̃]

→ **JE RETIENS**

- Dans le dictionnaire, on trouve la **définition** de noms (n.) féminins (fém.) ou masculins (masc.), d'adjectifs (adj.) au singulier (sing.), de verbes (v.) à l'infinitif (inf.) et de mots invariables (inv.).
- Un dictionnaire, c'est un réservoir de mots. On l'utilise pour découvrir ou pour préciser le sens ou les sens d'un mot. On l'utilise aussi pour vérifier l'orthographe ou chercher un synonyme.

Objectif : Savoir orthographier
les différentes graphies du son [ɔ̃].

Le son [ɔ̃]

Cherchons ensemble

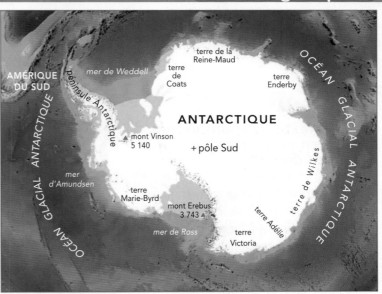

L'Antarctique vu du pôle Sud.

- Lis le texte. Quel son entends-tu quand tu lis les mots en vert ?
- Trouve d'autres mots du texte qui contiennent ce son.

L'Antarctique est le nom du continent situé au pôle Sud. Il est entouré par la banquise et il comprend plusieurs zones. Ce continent est recouvert d'une glace très profonde : en moyenne 2 000 mètres d'épaisseur. Il y fait si froid qu'aucun homme n'y habite. Seuls quelques savants y étudient le climat. Il fait – 45 °C pendant plus de 250 jours par an ! Le plus gros animal terrestre retrouvé en Antarctique est un moucheron sans aile d'environ quatre millimètres de long.

1 Lis les mots à voix haute et note-les dans la colonne qui convient.

le monde – un baromètre – une zone – commencer – fondre – nombreux – une donnée – long – une personne – l'horizon

On entend le son [ɔ̃]	On n'entend pas le son [ɔ̃]
....	....

2 Recopie ces mots et entoure la lettre qui suit le son [ɔ̃].

combien – tomber – un comptoir – rompre – se tromper – sombre

3 Recopie et complète les mots avec om ou on.

un c...tinent – une s...de – un m...t – un n...bre – le planct... – c...pter – c...struire – les f...ds – c...prendre – r...pre – p...per – des t...bes

4 Recopie les phrases et entoure les lettres qui font le son [ɔ̃] quand tu les entends dans les mots.

- La banquise est constituée d'eau de mer qui a gelé.
- Le béluga, connu sous le nom de « baleine blanche », vit dans l'océan glacial Arctique.
- Il se nourrit de poissons, de seiches et de crustacés. Ses ennemis sont l'homme, l'épaulard ou l'orque.

5 Complète les phrases avec la bonne graphie du son [ɔ̃].

- C...bien de temps dure la nuit polaire ?
- De n...breuses espèces animales sont adaptées au milieu arctique.
- Lorsque les ray...s du soleil f...t f...dre la neige, le pelage du renard arctique change.

JE RETIENS

- Le son [ɔ̃] à l'intérieur des mots s'écrit **on** : un continent – le monde, sauf devant **p** et **b**.
Il s'écrit alors **om** : un nombre – rompre.
- Le son [ɔ̃] à la fin des mots s'écrit **on** : le poisson. Mais il est souvent suivi d'une consonne muette :
-ont : un pont   **-ong** : long   **-ond** : rond   **-onc** : un tronc
Pour trouver la consonne qui se trouve à la fin du mot, on peut parfois s'aider du féminin de ce mot ou d'un mot de la même famille : long → longue.

Objectif : Savoir reconnaître les verbes dans la phrase.

Reconnaître le verbe

Cherchons ensemble

- **Lis le texte. Certains verbes sont en vert. Trouve les autres verbes du texte.**

Christophe Colomb **s'embarque** le 3 août 1492 à bord de la caravelle *Santa-Maria*. Ferdinand d'Aragon et Isabelle de Castille, les Rois Catholiques d'Espagne, **l'autorisent** enfin à **armer** trois navires. Il veut en effet atteindre les Indes, l'empire du Grand Khan qui regorge d'or et de pierres précieuses. Sachant que la Terre est ronde, Colomb décide de tenter la traversée par l'Ouest et non par l'Est, ce qui lui semble le plus court chemin.

Jean-Côme Noquies,
Le voyage inspiré, Le Livre de Poche Jeunesse.

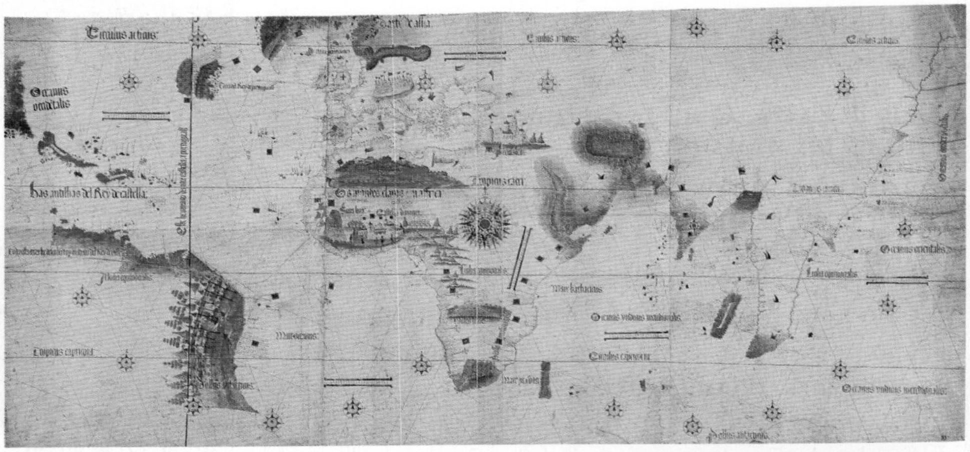

Planisphère portugais de 1502.

1 Lis ces phrases. Recopie-les en commençant par hier ou demain.

- Mon voyage en Alaska est très intéressant.
- Photographies-tu les phoques ?
- Ils découvrent des terres inconnues.
- Nous sommes de vrais explorateurs !
- Nous partons en Asie.
- Ils sont curieux de connaître le monde.

2 Recopie les phrases en remplaçant il par nous, puis par vous. Quel est le mot qui change ?

- Il revient d'une grande expédition.
- Il s'aventure sur l'océan Atlantique.
- Il rencontra des indigènes.
- Il a découvert le détroit qui va porter son nom.
- Il réussira à atteindre l'océan Pacifique par voie de terre.

3 Dans ce texte, des mots ont été enlevés. Recopie le texte en mettant chaque verbe à sa place.

détermine – permet – utilisent – indique

À l'époque des Grandes Découvertes, pour se repérer sur l'océan, les marins … la boussole qui … la direction du Nord, l'astrolabe qui … la latitude d'un point et le sextant qui … de calculer la hauteur d'un astre au-dessus de l'horizon.

JE RETIENS

- Le verbe est le mot ou groupe de mots qui change quand on commence une phrase par hier, demain ou aujourd'hui.
- **Le verbe se conjugue**, c'est-à-dire qu'il peut prendre plusieurs formes :
  – selon le temps : il **vient** – il **est venu** – il **viendra** ;
  – selon la personne : **je** prends – **nous** prenons.
- Le verbe indique comment est la personne, l'animal ou la chose dont on parle ou ce qu'elle (il) fait.

Les trois groupes

Cherchons ensemble

- Observe les trois verbes en vert. Donne leur infinitif, puis indique leur groupe.
- Indique le groupe des autres verbes du texte.

Le ballon, que le vent ne **cessait** d'entraîner vers le sud-ouest, **avait** depuis l'aube **franchi** une distance considérable, qui se chiffrait par centaines de milles, et une terre assez élevée **venait**, en effet, d'apparaître dans cette direction... Il ne fallait pas moins d'une grande heure pour l'atteindre, et encore à condition de ne pas dériver...

Jules Verne, *L'Île mystérieuse*.

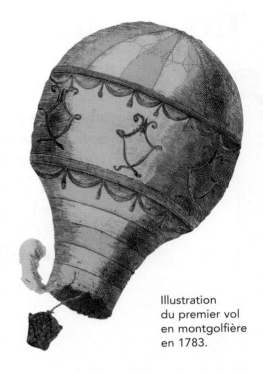

Illustration du premier vol en montgolfière en 1783.

1 **Trouve l'infinitif des verbes suivants.**

il fait – je voyage – nous avertissons – elle revient – tu prends – vous arrivez – je peux – ils connaissent

2 **Cherche l'infinitif du verbe associé à chacun de ces noms.**

Ex. un saut → **sauter**

la nourriture – un passage – la vue – le regard – une boisson – la fin – le début – une direction – un bord

3 **Conjugue chaque verbe à la 1re personne du pluriel, puis classe-les selon leur terminaison.**

Ex. accomplir → nous accompl**issons**

partir – lire – franchir – finir – choisir – revenir – découvrir – réussir – contenir – établir

4 **Relève les verbes de ces phrases et donne leur infinitif. Indique à quel groupe ils appartiennent.**

- Les hommes rêvent de terres inconnues.
- La montgolfière grossit à vue d'œil quand elle descend du ciel.
- Elle part en train quand il prend l'avion.
- Ils reviennent d'Égypte.
- Je voyage toujours avec mon fidèle compagnon.

→ JE RETIENS

Un verbe peut être conjugué ou à l'infinitif (comme dans le dictionnaire). On classe les verbes selon leur terminaison à l'infinitif :

- le **1er groupe** comprend tous les verbes réguliers en **-er** (voyager – se repérer) ;
- le **2e groupe** comprend les verbes en **-ir** (finir) qui se terminent en **-issons** à la 1re personne du pluriel au présent : finir → nous fin**issons** ;
- le **3e groupe** comprend tous les autres verbes (prendre – voir) et quelques verbes en **-ir** (venir) qui ne se terminent pas en **-issons** à la 1re personne du pluriel au présent : venir → nous ven**ons**.

Les verbes **être** et **avoir** n'appartiennent à aucun groupe.

La conjugaison du verbe **aller** (en **-er**) est irrégulière : je vais – nous allons.

Trouver des informations sur une carte

Cherchons ensemble

- Observe ce document. De quel type de carte s'agit-il ?
- Observe les mots en grosses majuscules. Que t'indiquent-ils ?
- Trouve le nom des différentes mers. Liste-les.

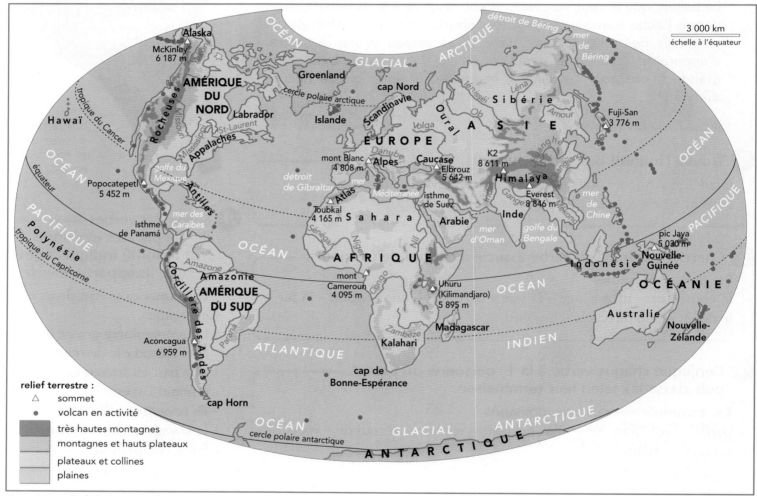

Doc 1 Le relief de la Terre.

1 Observe la carte ci-dessus et réponds aux questions.

- Lis la légende. Quels types d'informations vas-tu trouver sur cette carte ?
- Que trouves-tu sur la carte qui n'est pas sur la légende ?
- Où se situent les grandes chaînes de montagnes ? Note le nom des sommets et leur altitude, puis range-les dans l'ordre croissant.
- Sur quels continents y a-t-il le plus grand nombre de volcans ? Aide-toi de la légende.
- Trouves-tu des volcans uniquement sur les continents ?

2 Observe la carte ci-dessous, puis réponds aux questions.

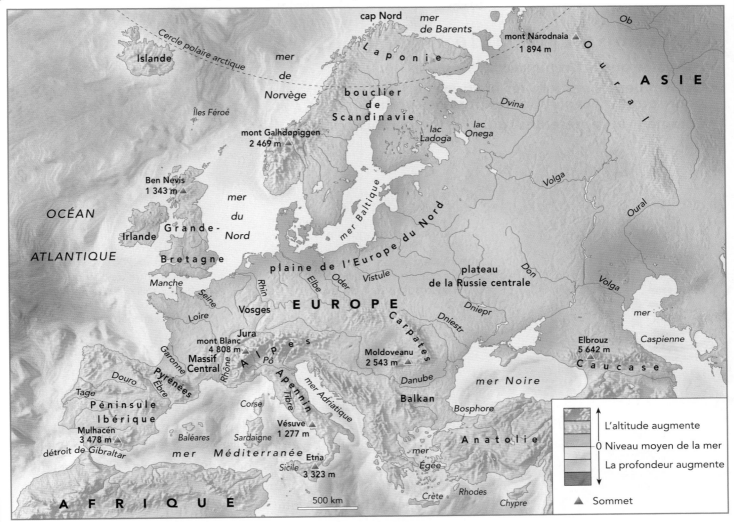

Doc 2 Le relief de l'Europe.

- Quels continents vois-tu sur cette carte ? Quel est celui que tu vois en entier ?
- Repère le plateau de Russie centrale, la plaine de l'Europe du Nord et les Pyrénées.
- Trouve et classe les plus hauts sommets d'Europe dans l'ordre décroissant.

3 Observe les deux cartes (Doc 1 et 2), puis réponds aux questions.

- Reprends les éléments que tu as trouvés dans l'exercice 2. Les vois-tu sur la carte p. 38 ? À ton avis pourquoi ?
- Trouve des éléments de la carte de la Terre (Doc. 1) qui ne figurent pas sur la carte de l'Europe (Doc. 2).
- Trouve sur le Doc 1 la place du Doc 2.

➡ **JE RETIENS**

Pour trouver des informations sur une carte et les noter, il faut :
- d'abord **trouver la carte** qui correspond à la recherche ;
- ensuite **classer les informations** pour mieux les traiter (les océans, les continents, les fleuves, les sommets…).

Quand l'homme est-il

Cherchons ensemble

- Qu'est-ce que la Préhistoire ?
- Quels types de vestiges les historiens utilisent-ils pour retracer l'évolution des hommes préhistoriques ?
- Comment te représentes-tu un homme préhistorique ?

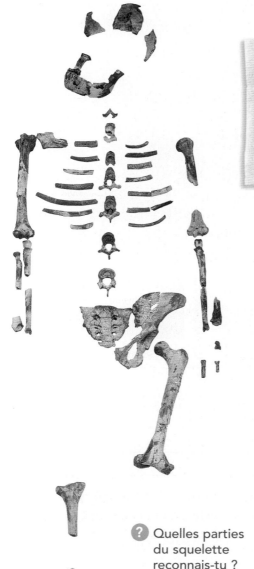

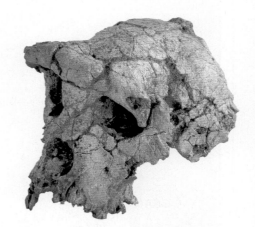

Le sais-tu ?

Tous les paléontologues ne sont pas d'accord sur la date à laquelle l'homme est apparu. Mais la plupart considèrent que son apparition coïncide avec la fabrication des outils car c'est la preuve d'un acte « intelligent ».

Doc. 1 Le crâne de Toumaï, découvert en 2001 au Tchad, dans le Centre de l'Afrique. Il est âgé de 7 millions d'années. Mais les paléontologues s'interrogent encore beaucoup à son sujet…

▶ Les ancêtres de l'homme

C'est grâce à la découverte de nombreux vestiges (ossements **(Doc. 1 et 2)**, outils) que notre connaissance de la **Préhistoire** progresse.

Les **paléontologues** pensent que les plus anciens ancêtres de l'homme sont les australopithèques. Ils vivaient en Afrique de l'Est, il y a environ 4 millions d'années. C'étaient des **bipèdes** qui se tenaient debout. Ils se nourrissaient surtout de plantes et de fruits. On a retrouvé de nombreux **fossiles** d'australopithèques. Le plus célèbre est le squelette d'une femme : Lucy **(Doc. 2)**.

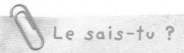 Quelles parties du squelette reconnais-tu ?

… Oum alors se mit en colère. Massif, puissant, il se dressa de toute sa hauteur, étendit ses bras interminables, frappa du poing sa poitrine velue. Sous ses arcades sourcilières énormes, ses petits yeux brillaient d'un éclat féroce. Il poussa son cri de chasse, ce cri qui épouvantait la plupart des animaux de la terre.

Jean-Luc Déjean, *La Nuit des temps* in *Histoires de la Préhistoire*, Le Livre de Poche Jeunesse.

Doc. 2 Le squelette de Lucy. Ce fossile est vieux de 3,5 millions d'années. Il a été découvert en Afrique de l'Est.

? Relève dans le texte les expressions qui décrivent Oum.

apparu sur la Terre ?

La Préhistoire

| 3,5 millions d'années av. J.-C. Lucy | 3200 av. J.-C. écriture |

? Que fait cet homme ?

Doc. 3 Reconstitution d'un *Homo habilis*.

▶ L'apparition de l'homme

Pendant plusieurs millions d'années, l'**espèce** évolue. Les premiers hommes apparaissent il y a environ 2,4 millions d'années en Afrique. Ils inventent des outils qu'ils taillent dans la pierre. On les appelle les *Homo habilis* (**Doc. 3**). Ce sont des **nomades** : ils se déplacent à la recherche d'animaux qu'ils chassent. Il y a 1,5 million d'années, ils arrivent en Europe (voir la carte à la fin du livre).

Lexique

un bipède : espèce humaine ou animale qui marche sur deux pieds.

une espèce : groupe composé d'êtres ayant les mêmes caractéristiques.

un fossile : débris de plantes, d'animaux ou d'hommes conservés dans des couches anciennes du sol.

un nomade : personne qui n'a pas d'habitat fixe.

un paléontologue : chercheur qui étudie les fossiles.

la Préhistoire : période de la vie de l'homme avant l'apparition de l'écriture.

▶ L'évolution des premiers hommes

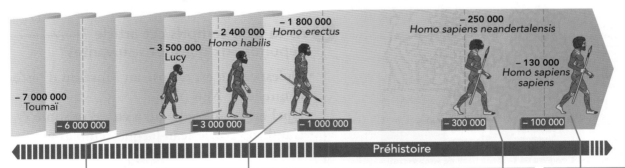

Homo habilis :
homme habile. Il mesure 1,40 m. Il taille des galets pour déchirer les peaux et couper la viande (**Doc. 3**).

Homo erectus :
homme debout. Il mesure 1,50 m. Il invente un silex taillé sur les deux faces qui lui sert d'outil. Il découvre le feu. Fossile : homme de Tautavel.

Homo sapiens neandertalensis :
homme sage neandertalien. Il mesure 1,60 m. Il vit en Afrique mais aussi en Europe et en Asie. Il enterre ses morts. Fossile : homme de Neandertal.

Homo sapiens sapiens :
homme deux fois sage. Il mesure 1,70 m. Il est notre ancêtre direct. Il peint. Fossile : homme de Cro-Magnon.

→ JE RETIENS

L'époque la plus ancienne de l'histoire des êtres humains s'appelle la Préhistoire. Les premiers hommes sont apparus il y a environ 2,4 millions d'années. Ils vivaient en Afrique. Ils se tenaient debout et utilisaient des outils en pierre. Ils étaient nomades.

Vocabulaire

Objectifs : Se repérer dans une page de journal et manipuler le vocabulaire adéquat.

La lecture d'un article de journal

Cherchons ensemble

- Observe cette page de journal.
- Qu'as-tu envie de regarder ou de lire en premier ? Pourquoi ?

À LA UNE

« **Le squelette de Neandertal est très résistant** »

Un squelette de l'homme de Neandertal a été entièrement reconstitué. Il est actuellement exposé à côté de celui d'un homme moderne, au Muséum d'histoire naturelle de New York (États-Unis).

Après 35 000 ans de séparation, l'homme de Neandertal et l'Homo sapiens sapiens sont de nouveau réunis. Les squelettes de ces 2 héros de la préhistoire sont actuellement exposés au Muséum d'histoire naturelle de New York (États-Unis). C'est la première fois qu'un squelette de Neandertal est reconstitué en entier. Pour cela, les scientifiques ont utilisé les os de 2 individus, l'un trouvé en Israël, l'autre dans le sud-ouest de la France.

Crâne étroit
« Cette reconstitution permet de bien faire la différence entre les 2 espèces, remarque l'anthropologue Jean-Jacques Hublin, qui est allé observer les squelettes aux États-Unis. Pour la plupart des spécialistes, il s'agit bien de 2 espèces distinctes. Neandertal a un squelette robuste et plus petit que celui de l'homme de Cro-Magnon. Il a un crâne étroit et un thorax très large. L'Homo sapiens sapiens, lui, a un front droit et un menton pointu ». L'homme de Neandertal est apparu en Europe il y a plus de 100 000 ans, sous des climats très rudes. Il avait peu de moyens pour lutter contre le froid. Son corps s'est alors adapté : sa masse musculaire s'est développée. Ses membres, plus petits, lui ont permis de ne pas se refroidir au contact de l'air. S. Bordet

PAUVRE TYPE ! VA POUSSER TON CHARIOT AU SUPERMARCHÉ !

SAUVAGE ! VA CHASSER DANS LES BOIS AVEC TON BÂTON !

AÏE ! CE N'ÉTAIT PEUT-ÊTRE PAS UNE BONNE IDÉE DE LES METTRE CÔTE À CÔTE CES DEUX-LÀ !

HOMME DE NEANDERTAL

HOMME MODERNE

L'énigme de la disparition de Neandertal
Homme de Neandertal et hommes de Cro-Magnon ont sans doute vécu au même moment en Europe, il y a environ 35 000 ans. Neandertal serait arrivé le premier. Suite à des changements climatiques, il se serait isolé et aurait évolué séparément, avant de disparaître. Est-ce parce qu'il n'a pas pu lutter contre les outils plus perfectionnés de l'homme de Cro-Magnon ? Les chercheurs n'ont pas encore de réponse.

Mon Quotidien, mardi 28 janvier 2003, p. 3 (dessin de Berth).

www.monquotidien.com

1 Quelles sont les différentes parties de cet article de journal ? Choisis la bonne réponse parmi les trois qui te sont proposées.

- Le titre de cet article est :
  - « Le squelette de Neandertal est très résistant »
  - « À la une »
  - « Crâne étroit »
- Le paragraphe en caractères gras qui se trouve sous le titre s'appelle :
  - une casquette – un chapeau – un encadré
- Le dessin qui accompagne le texte sert :
  - à expliquer l'article
  - à rendre l'article amusant
  - à apporter une information supplémentaire
- Le petit texte dans le rectangle violet s'appelle :
  - un encadré – une illustration – un paragraphe

2 As-tu bien compris cet article ? Réponds aux questions suivantes.

- Qu'est-ce qui est exposé au Muséum d'histoire naturelle de New York ?
- Quel est le squelette qui a été reconstitué ?
- L'anthropologue Jean-Jacques Hublin pense-t-il que ces deux squelettes appartiennent à la même espèce ? Pourquoi ?
- À quelle période a vécu l'homme de Cro-Magnon ?
- Quelles sont les caractéristiques physiques de l'homme de Neandertal ?

JE RETIENS

Dans un **article de journal**, on trouve :
- **un titre.** C'est une phrase ou un mot écrit en gros caractère qui indique de quoi parle l'article ;
- **un chapeau.** C'est un résumé de l'article. Il est placé sous le titre ;
- **un texte.** Il présente une information. Il est parfois accompagné d'un dessin ou d'une photographie.

Le son [ɛ̃]

Cherchons ensemble

- **Lis le texte, puis observe les mots en orange.**
- **Quel son entends-tu quand tu lis ces mots ?**

– 6 millions d'années : la forêt devient savane

[...] Certains paléontologues pensent que cette transformation de l'environnement est à l'origine de l'apparition des australopithèques. Une espèce de grands singes de forêt aurait alors évolué dans deux directions différentes. Les uns, restés à l'Ouest, auraient donné naissance aux chimpanzés et aux gorilles bien adaptés à la vie en forêt. Les autres seraient devenus bipèdes, s'accommodant alors à un milieu où il fallait se déplacer davantage pour trouver sa nourriture.

J.-B. de Panafieu et Donald Grant, *Les Hommes préhistoriques*, Hachette Jeunesse, 2001.

Reconstitution de Lucy,
un australopithèque qui vivait
il y a 3,5 millions d'années.

1 **Recopie le tableau ci-dessous. Lis les mots à voix haute, puis note-les dans la colonne qui convient.**

intelligence – animal – important – innombrable – primate – cousin – immobile – influence – simple

On entend le son [ɛ̃]	On n'entend pas le son [ɛ̃]
....	....

2 **Trouve le contraire de ces adjectifs en rajoutant in- ou im-.**

Ex. capable → incapable possible → impossible
connu – supportable – perméable – complet – suffisant – prudent

Une autre reconstitution de Lucy.

3 **Trouve dans chaque liste de mots l'intrus dans lequel tu n'entends pas le son [ɛ̃].**

- inventer – racine – fin – intérêt – chemin
- ancien – combien – plient – rien – vient
- demain – vaincre – humain – plaine – crainte
- moyen – différence – examen
- plein – teinture – sereine – feinte

4 **Recopie les mots du texte dans lesquels tu entends le son [ɛ̃] et entoure les lettres correspondant à ce son.**

Il y a 4 millions d'années, notre ancêtre devient bipède, mais il grimpe encore aux arbres. Il se nourrit de fruits et de graines : il est végétarien. Il ne fabrique encore rien de ses mains. On sait qu'il vivait sur le continent africain car on a retrouvé des ossements et des empreintes de ses pas.

JE RETIENS

- Le son [ɛ̃] s'écrit souvent **in** : singe, sauf lorsqu'il est placé devant **b** et **p**. Il s'écrit alors **im** : **im**battable – ch**im**panzé.
- Il existe aussi d'autres graphies : **ain** (hum**ain**) – **en** (végétari**en**) – **ein** (empr**ein**te).

Groupe sujet et groupe verbal

Cherchons ensemble

• **Lis le texte. Observe le groupe de mots en** vert **et celui en** orange**. Dans lequel y a-t-il un verbe ?**

• **Observe le verbe. Est-il au singulier ou au pluriel ? Pourquoi ?**

> Les premiers hommes vivaient en Afrique. Puis, sans doute à la suite d'un changement climatique, ils commencent à se déplacer pour gagner des régions plus hospitalières. Ainsi, il y a environ 1,5 million d'années, les *Homo erectus* arrivent en Europe. C'est au nord de l'Espagne, à Atapuerca, que les paléontologues ont découvert les fossiles humains les plus anciens d'Europe (1 million d'années). On pense qu'ensuite les hommes se sont dirigés vers l'Asie.

Les principaux sites préhistoriques d'Europe.

1 **Récris ces phrases en les complétant par le verbe qui convient.**

est – arrive – ont découvert – se sont dirigés – vivaient

• Les premiers hommes … en Afrique.
• L'*Homo erectus* … en Europe.
• Les paléontologues … un fossile humain.
• Atapuerca … au nord de l'Espagne.
• Ensuite, les hommes … vers l'Asie.

2 **Trouve le verbe de ces phrases et recopie le groupe verbal.**

• Les plus anciennes traces humaines se trouvent en Afrique.
• Les fossiles d'Atapuerca datent de 1 million d'années.
• Les *Homo erectus* ont quitté l'Afrique pour l'Europe.
• Le climat devient encore plus froid.
• Les hommes migrent vers l'Asie et le reste du monde.

3 **Récris ces phrases en les complétant avec le GS qui convient.**

Les paléontologues – Ce squelette – Le site de Tautavel – L'Europe

• … a été trouvé en Espagne.
• … compte de nombreux sites préhistoriques.
• … étudient la Préhistoire.
• … est situé en France.

4 **Recopie le texte, souligne les GV et entoure les GS.**

Il y a 1 million d'années, les hommes s'installent en Europe. De nombreux restes humains ont été découverts en Espagne et en France. Les sites préhistoriques les plus connus en France sont ceux de Tautavel et de Cro-Magnon. Le site de Neandertal se trouve en Allemagne.

JE RETIENS

Dans une phrase simple, il y a deux groupes de mots :
• le **groupe sujet (GS)** précise de qui ou de quoi on parle ;
• le **groupe verbal (GV)** contient le verbe et indique ce qu'est ou ce que fait le GS.

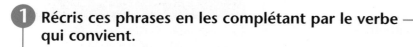

Les paléontologues	ont découvert des fossiles humains.
GS	GV

Objectifs : Identifier les verbes au présent et savoir les employer quand il faut.

Conjugaison

Utiliser le présent de l'indicatif

Cherchons ensemble

- **Lis le texte, puis observe les verbes en orange. Quel est celui qui raconte une action passée ?**
- **Quels sont ceux qui racontent une action présente ? un fait qui dure toujours ?**

En ce moment, en classe, nous étudions la Préhistoire. C'est une longue période qui raconte la vie de l'homme avant l'apparition de l'écriture. Aujourd'hui, notre professeur nous parle de l'homme de Neandertal. Il porte ce nom parce qu'au siècle dernier, en 1856, des chercheurs ont découvert son squelette dans la vallée de Neandertal en Allemagne. C'est un hominidé. Il était trapu et mesurait environ 1 m 60.

Reconstitution d'un *Homo sapiens neandertalensis*.

1 **Parmi ces phrases, recopie celles qui sont au présent.**

- L'homme de Neandertal appartient à l'espèce des *Homo sapiens*.
- Il y a très longtemps, les hommes étaient plus petits.
- Ce squelette a été trouvé en 1856.
- Neandertal est le nom d'un vallon.

2 **Recopie le tableau et classe les verbes de ces phrases.**

- *Homo sapiens* signifie « homme sage ».
- Il regarde la photographie de l'homme de Neandertal.
- L'*Homo sapiens* est un lointain ancêtre de l'homme.
- Le professeur raconte l'histoire des *Homo sapiens*.

Verbe qui raconte un événement actuel	Verbe qui énonce un fait qui dure toujours
....	....

4 **Récris ce texte en mettant les verbes à la forme qui convient.**

À la télévision, un journaliste (**interroger**) un paléontologue :
« Qu'(**observer**)-vous en ce moment ?
– J'(**étudier**) le squelette d'un *Homo sapiens*. On (**distinguer**) très bien les os de sa main. Mais il (**manquer**) ceux du pied droit. C'(**être**) un homme de Neandertal.
– Quel âge (**avoir**)-t-il ?
– Environ 100 000 ans, je (**penser**). »

3 **Récris ces phrases en choisissant la forme du verbe au présent.**

- Ce film **parle/parlait** des hommes préhistoriques.
- Un paléontologue **étudiera/étudie** les origines de l'homme.
- Aujourd'hui, nous **dessinons/avons dessiné** le squelette d'un *Homo sapiens*.
- Comme ce crâne **est/sera** bien conservé !

5 **Écris trois phrases au présent en utilisant chacun des mots ci-dessous.**

maintenant – aujourd'hui – en ce moment

→ JE RETIENS

On utilise **le présent** :
- pour raconter un événement qui se déroule au moment où l'on parle : Tu **étudies** la Préhistoire.
- et pour énoncer un fait qui dure : L'*Homo sapiens* ne nous **ressemble** pas.

Cherchons ensemble

- **Nomme un continent où il fait très chaud toute l'année.**
- **À quoi reconnaît-on un pays chaud ? un pays froid ?**
- **Que peux-tu dire du temps qu'il fait en France ?**

? De quelle couleur est représentée la zone chaude ? Comment s'appellent les lignes imaginaires qui la délimitent ?

? De quelle couleur est représentée la zone tempérée ? la zone froide ? Trouve une ville située dans chacune de ces zones.

? Dans quelle zone se trouve la France ?

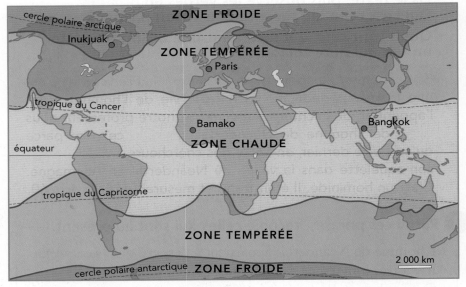

Doc. 1 Les zones de chaleur dans le monde.

Doc. 2 Paysage de l'Antarctique (pôle Sud).

Doc. 3 Paysage du Jura, France (Europe).

Doc. 4 Désert du Ténéré, Niger (Afrique).

? Observe chaque photographie (Doc. 2, 3 et 4), décris-les.

? À quelles zones de chaleur appartiennent-elles ?

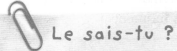

Le sais-tu ?

Aux pôles, dans l'année, six mois de jour alternent avec six mois de nuit.

▶ Les zones climatiques

Dans chaque hémisphère du globe, on observe trois grandes **zones de climats** (Doc. 1).

• La zone froide est située près des pôles. Il y fait froid toute l'année car le rayonnement du Soleil est faible. La température ne dépasse pas 10° C (Doc. 2).

• La zone tempérée est située :

– entre le tropique du Cancer et le cercle polaire arctique au Nord (c'est dans cette zone que se trouve l'Europe (Doc. 3)) ;

– entre le tropique du Capricorne et le cercle polaire antarctique au Sud.

• La zone chaude est située entre les deux tropiques. Toute l'année, le rayonnement du Soleil est fort. Il y fait toujours plus de 20° C (Doc. 4).

climats sur la Terre ?

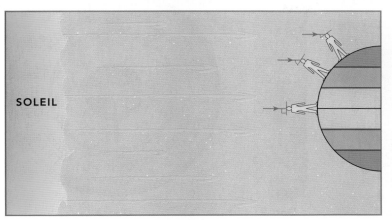

SOLEIL

Doc. 5 Le rayonnement du Soleil sur la Terre.

? Observe le **Doc. 1**. Retrouve sur le **Doc. 5** les différentes zones de chaleur. Retrouve l'équateur et les pôles.

? À ton avis, pourquoi le rayonnement du Soleil est plus fort à l'équateur qu'aux pôles ?

Météorologie

L'oiseau vêtu de noir et vert
m'a apporté un papier vert
qui prévoit le temps qu'il va faire.
Le printemps a de belles manières.

L'oiseau vêtu de noir et blond
m'a apporté un papier blond
qui fait bourdonner les frelons.
L'été sera brûlant et long.

L'oiseau vêtu de noir et jaune
m'a apporté un papier jaune
qui sent la forêt en automne.

L'oiseau vêtu de noir et blanc
m'a apporté un flocon blanc.

L'oiseau couleur du temps que
m'apportera-t-il ?

Claude Roy, in *Enfantasques*, © Éditions Gallimard.

? Quelles couleurs le poète a-t-il utilisées pour décrire chaque saison ? Pourquoi ?

▶ La zone tempérée

Dans chaque zone, il existe une grande variété de climats. Le Soleil (Doc. 5) mais aussi les **précipitations** modifient le climat au cours de l'année.

Dans la zone tempérée, il ne fait pas doux toute l'année. On distingue quatre **saisons** : le printemps, l'été, l'automne et l'hiver. Il fait chaud en été car les journées sont plus longues et le Soleil est plus fort. En hiver, il fait froid car les journées sont plus courtes et le Soleil brille moins. Il pleut toute l'année, mais il peut y avoir, dans certaines régions, des périodes de sécheresse en été.

Lexique

un climat : ensemble des phénomènes météorologiques (températures, ensoleillement, vent, précipitations…) qui caractérisent une zone géographique.

une précipitation : chute de pluie, de neige ou de grêle.

une saison : période de l'année au cours de laquelle les conditions climatiques (température et précipitations) changent.

une zone : espace, étendue.

→ JE RETIENS

Les trois grands climats de la planète sont :
- le climat froid, près des pôles. Le Soleil y brille peu ;
- le climat chaud, près de l'équateur. Le Soleil y brille fort toute l'année ;
- le climat tempéré. Ce climat varie au cours de l'année en fonction de la température et des précipitations. Il se découpe en quatre saisons : le printemps, l'été, l'automne et l'hiver.

Objectifs : Repérer les mots appartenant au champ sémantique de **la météo** et savoir les utiliser.

Les mots de la météo

Cherchons ensemble

- Observe ces différents instruments. Qu'ont-ils en commun ?

- Sais-tu à quoi ils servent ? Cherche la réponse dans un dictionnaire.

Doc. 1
Un pluviomètre.

Doc. 2
Un thermomètre.

Doc. 3
Un baromètre.

1 Recopie ces mots et entoure ceux qui ont un rapport avec la météorologie. (Aide-toi du dictionnaire si nécessaire.)

pluie – solarigraphe – sole – éclairs – tonnerre – poudre – température – tempête – éclaircie – tempo – temps – nage – billet – orageux – neige – doux – venter – nuage – rage – gelé – briller – tempéré – foudre – grêlon – soleil

2 Cherche l'intrus qui n'appartient pas à la famille du mot en vert. (Aide-toi du dictionnaire si nécessaire.)

- **pluie** : pluvieux – pluvier – pleuvoir – pleuvoter
- **neige** : neiger – enneigement – flocon – neigeux
- **soleil** : ensoleillé – solaire – sol – solarium
- **vent** : venteux – vente – venter – ventilateur

3 Trouve le nom des objets qui servent à se protéger de chacun des éléments ci-dessous. Qu'est-ce que ces mots ont en commun ?

vent – soleil – pluie – tonnerre – avalanche

4 Cherche dans le dictionnaire la définition du mot atmosphère et complète la phrase avec un mot de la même famille.

Des perturbations … ont retardé l'atterrissage de l'avion.

5 Écris un court texte sur les conditions météorologiques de la journée.

→ JE RETIENS

- **La météorologie** est une science qui étudie les phénomènes atmosphériques et qui permet de prévoir le temps.
- **Les météorologues** utilisent des mots pour décrire le temps :
  – des noms : neige – soleil – pluie – orage – foudre – grêle – cyclone…
  – des adjectifs : pluvieux – nuageux – venteux – ensoleillé…
  – des verbes : briller – venter – tonner – neiger – grêler…
  et se servent d'instruments de mesure précis pour l'étudier : le baromètre – le pluviomètre – le thermomètre – le solarigraphe…

Objectifs : Savoir différencier **a** et **à** et les utiliser à bon escient.

O r t h o g r a p h e

Distinguer **a** et **à**

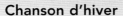 **Cherchons ensemble**

- Lis le texte et observe les mots en vert. Que remarques-tu ?
- Cherche les autres qui se cachent dans le poème.

Buisson enneigé.

Chanson d'hiver

Le soleil est en congé :
Comme il neige ! comme il neige !
Le soleil est en congé
(Joli temps pour voyager !)…
La froidure **a** délogé
Sous la neige, sous la neige,
La froidure **a** délogé
Les oiseaux du potager.

Le soleil est en congé :
Comme il neige ! comme il neige !
Le soleil est en congé
(Quelque part **à** l'étranger ?)…
Quant **à** moi, flocons légers,
Quand il neige, quand il neige,
Quant **à** moi, flocons légers,
J'aime **à** vous voir voltiger.

Le soleil est en congé :
Comme il neige ! comme il neige !
Le soleil est en congé
(S'il n'**a** pas déménagé !)…
Chacun de s'interroger,
Tant il neige, tant il neige,
Chacun de s'interroger,
Jusqu'**à** quand va-t-il neiger ?

Jean-Luc Moreau, « Le Carré de l'hypoténuse », *Poèmes de la souris verte*, Hachette Jeunesse.

1 **Recopie et transforme avec avait quand c'est possible. Que remarques-tu ?**

Ex. Il y **a** un orage qui se prépare. Il y **avait** un orage qui se préparait.

- La neige a enseveli toutes les maisons.
- Le soleil se lève à l'Est.
- Une tempête a fait rage.
- La brume a recouvert toute la vallée.
- Le vent sévit à l'Ouest.

2 **Recopie et complète ces phrases avec a ou à.**

- Le cyclone … dévasté l'île il y … trois ans.
- Une rafale de vent … atteint 70 … 80 kilomètres/heure.
- Le temps est … la pluie si les pommes de pin se resserrent.
- Le soleil … brillé tout l'été de juin … août.
- Qui prend le soleil … Noël … Pâques se gèle.

3 **Écris deux phrases dans lesquelles tu emploies a, et deux phrases dans lesquelles tu emploies à.**

4 **Réponds aux questions suivantes.**

- Où fait-on du ski en hiver ?
- À qui penses-tu quand tu es loin de chez toi ?
- Où vas-tu pour nager ?

 **JE RETIENS**

- **à**, avec un accent grave est un mot invariable : à l'Est.
- **a** sans accent est une forme conjuguée du verbe **avoir** au présent qui peut être remplacée par une autre forme conjuguée de ce verbe (**avait**) : Il y a (avait) de la pluie.

Le groupe sujet (GS)

 **Cherchons ensemble**

- **Observe les verbes en vert. Quel est le groupe sujet de ces verbes ?**
- **Par quel pronom personnel sujet peux-tu remplacer ces groupes sujets ?**
- **Procède de la même manière pour le second paragraphe.**

La neige
La neige naît dans les nuages. Les nuages sont faits de minuscules gouttelettes d'eau. Quand il fait 0 degré, ces gouttelettes se transforment en petits bâtons de glace qui se collent les uns aux autres et forment des flocons de neige.

La grêle
La grêle se forme dans les nuages qui provoquent aussi des orages. À l'intérieur de ces immenses nuages, il fait très froid. Les gouttes gèlent, et tourbillonnent dans le nuage en se recouvrant de plusieurs couches de glace, se transforment en grêlons parfois très gros.

Texte de Paul Martin. *Astrapi n° 587*, Bayard Jeunesse, 1er janvier 2004.

Nuages.

1 **Trouve et recopie le sujet (ou GS) de chaque verbe en gras. Réponds à la question « Qui est-ce qui... ? » ou utilise la formule « C'est... qui... ».**

Ex. Quand il fait froid, la pluie **se transforme** en neige.
→ **Qui est-ce qui** se transforme en neige ? La pluie.
→ **C'est la pluie qui** se transforme en neige.

- Le givre **se forme** sur une surface froide avec un air humide.
- Quand elle **gèle**, la pluie **se transforme** en verglas.
- Lorsque la température **descend** sous 0 °C, l'eau **se transforme** en glace.
- La glace, la neige et le givre **sont** de l'eau à l'état solide.
- Les nuages **sont** des amas de gouttelettes d'eau ; elles **flottent** dans le ciel.

2 **Trouve et recopie le sujet (ou GS) de chaque verbe en gras.**

- Quand l'eau **reste** suspendue autour de nous comme dans un nuage, c'est le brouillard.
- Quand il pleut, les gouttes d'eau **tombent** en pluie fine ou en grosse averse.
- Sous les tropiques, les orages **sont** souvent très violents.

3 **Trouve et recopie le sujet (ou GS) de chaque verbe.**

La glace se forme dans les flaques et les mares quand la température est inférieure à 0 degré. Mais il faut que la température soit bien plus basse pour que l'eau d'un fleuve ou d'une rivière gèle. Car s'il y a du courant, la glace apparaît plus difficilement. Même si l'air est à moins 10 degrés, la rivière peut ne pas être gelée.

Texte de Paul Martin,
Astrapi n° 587, Bayard Jeunesse, 1er janvier 2004.

→ **JE RETIENS**

- **Le sujet** commande l'accord du verbe (ou fait varier le verbe).
Le sujet peut être : – un groupe nominal : la pluie – l'eau du fleuve ;
 – un pronom : il – nous.
- Pour trouver le groupe nominal sujet, on se pose la question **Qui est-ce qui ?** ou **Qui ?**
ou on utilise la forme « **C'est** la pluie **qui** se transforme ». La pluie est le GS du verbe se transforme.

Objectif : Savoir conjuguer les verbes **être** et **avoir** au présent.

C o n j u g a i s o n

Le présent des verbes **être** et **avoir**

Cherchons ensemble

- **Observe les verbes en vert dans le texte et donne leur infinitif.**
- **À quel temps sont-ils conjugués ?**

C'**est** une grande étendue, ondoyante, avec de gros blocs de rochers sombres et des monticules de sable rouge et jaune. Tout **est** très lent, très calme. À l'est, la plaine **est** dominée par une falaise blanche qui étend son ombre noire. Entre les collines et les dunes, il y **a** une vallée qui serpente, descendant chaque niveau par une marche.

D'après J.-M. G. Le Clézio, *Les Bergers*, in *Mondo et autres histoires*, © Éditions Gallimard.

Le désert du Tassili en Algérie (Afrique).

1 **Recopie les phrases en attribuant à chaque groupe verbal le groupe sujet qui lui convient.**

Nous – Je – La savane – Les hommes – Il – Vous

- … est un des paysages typiques des régions tropicales.
- … sommes ici en pleine forêt équatoriale.
- … ont aménagé des palmeraies dans le désert.
- … suis le cyclone qui a soufflé à plus de 200 kilomètres à l'heure.
- … êtes dans l'hémisphère Nord.
- … y a quatre saisons bien distinctes dans la zone tempérée.

2 **Recopie les phrases en mettant les verbes en gras au présent.**

- Je (**être**) passionné de géographie.
- Vous (**avoir**) traversé un désert de sable.
- Aujourd'hui, les vents (**être**) violents dans le sud de l'île.
- Aux pôles, la végétation (**être**) très rare l'été : c'(**être**) la toundra.
- Ma sœur et moi (**avoir**) un livre sur les animaux des forêts tropicales.
- Tu (**avoir**) vu des guépards chassant des antilopes dans la savane africaine.

3 **Récris ce texte en complétant par le verbe avoir ou être au présent.**

Au niveau des tropiques, il y … des déserts chauds. La pluie qui tombe s'évapore immédiatement et les sols … arides. Le lit des rares cours d'eau … le plus souvent à sec. Les hommes … rares, ce … des nomades ou des éleveurs. La vie dans le désert s'organise autour des points d'eau. Ce … les oasis.

JE RETIENS

Être		Avoir	
je **suis**	nous **sommes**	j'**ai**	nous **avons**
tu **es**	vous **êtes**	tu **as**	vous **avez**
il/elle **est**	ils/elles **sont**	il/elle **a**	ils/elles **ont**

Être et **avoir** sont des verbes irréguliers qui sont utilisés comme auxiliaires pour les temps composés :
Nous **avons** visité ce musée. – Nous **sommes** partis sous les tropiques.

Écrire le résumé d'une leçon

Cherchons ensemble

- Lis d'abord le texte ci-dessous à gauche.
Quel est le titre du texte de la leçon ? Combien y a-t-il de paragraphes dans cette leçon ? Donne le titre de chacun d'eux.
- Lis ensuite le texte du résumé de la leçon ci-dessous à droite. Compare-le avec le texte de la leçon.
- Dans le 1er paragraphe, trouve les mots de la leçon qui sont repris dans le résumé.
- Dans le 2e et le 3e paragraphes, quels sont les mots et les phrases de la leçon qui ne sont pas utilisés dans le résumé ?

Crâne de l'homme de Tautavel (450 000 av. J.-C.).

Texte de la leçon

LES PREMIERS HOMMES

Qu'est-ce que la Préhistoire ?

La Préhistoire est une très longue période pendant laquelle les hommes ne connaissent pas l'écriture.
Nos plus vieux ancêtres connus à ce jour sont apparus en Afrique entre sept et trois millions d'années avant Jésus-Christ. En France, le plus ancien crâne d'homme a été découvert à Tautavel. Il date de 450 000 avant Jésus-Christ.

Les hommes de Tautavel, Neandertal et Cro-Magnon

La première partie de la Préhistoire s'appelle le Paléolithique. Elle se divise en trois périodes auxquelles correspondent trois types d'hommes différents : l'homme de Tautavel (*Homo erectus*), il utilisait des galets aménagés dont le tranchant lui servait à découper. L'homme de Neandertal (*Homo sapiens*), c'est lui qui a commencé à ensevelir les morts. L'homme de Cro-Magnon (*Homo sapiens sapiens*), il ignorait l'écriture mais il savait sculpter, jouer de la musique et peindre : c'était un artiste.

Les premiers hommes sont des chasseurs

Les hommes préhistoriques vivent aux dépens de la nature. Ils ne sont pas cultivateurs, et se déplacent souvent. Pour se nourrir et se vêtir, ils chassent les animaux et cueillent les fruits sauvages. Quoique bons chasseurs, ils préfèrent toujours attaquer des animaux peu dangereux, faibles ou malades.

André Bendjebar, Martine Besnier, « Histoire », *Multilivre CM1*, Édition Istra, © Hachette Livre, 2003.

Résumé

LES PREMIERS HOMMES

La Préhistoire est une très longue période qui commence avec l'apparition des premiers hommes en Afrique il y a plus de 3 millions d'années. Ces hommes ne connaissaient pas l'écriture.

La première partie de la Préhistoire s'appelle le Paléolithique. Pendant cette période, trois types d'hommes se succèdent : l'*Homo erectus*, l'*Homo sapiens* et l'*Homo sapiens sapiens*. Ils font de grands progrès.

Les hommes préhistoriques vivent de chasse et de cueillette. Ils se déplacent souvent.

Objectif : Apprendre à rédiger une synthèse pour retenir l'essentiel de ce qui a été vu au cours d'une leçon.

1 Choisis la phrase qui résume le mieux le texte ci-dessous.

Lucy
Elle vivait il y a trois millions d'années en Éthiopie, dans le massif du Harar. En 1974, les archéologues ont retrouvé son squelette presque complet. On a pu en déduire que cet ancêtre des hommes mesurait 1,10 mètre, qu'elle pesait environ 30 à 40 kg.

André Bendjebar, Martine Besnier, « Histoire », *Multilivre CM1*, Édition Istra, © Hachette Livre, 2003.

- **Phrase 1 :** Lucy vivait en Éthiopie et mesurait 1,10 mètre.
- **Phrase 2 :** Lucy est un ancêtre de l'homme qui vivait en Éthiopie il y a trois millions d'années.
- **Phrase 3 :** C'est en 1974 que des archéologues ont retrouvé le squelette de Lucy.

2 Recopie le résumé de ce texte en le complétant avec les mots qui manquent.

Toumaï
En langue africaine, Toumaï veut dire « enfant né à la saison sèche ». Des chercheurs estiment que le crâne de Toumaï est celui du plus vieil homme de la Terre. Il a été découvert au Tchad (Afrique). On pense que Toumaï a vécu il y a sept millions d'années.

André Bendjebar, Martine Besnier, « Histoire », *Multilivre CM1*, Édition Istra, © Hachette Livre, 2003.

Le … de Toumaï a été découvert en Afrique. Il a vécu il y a 7 … d'années. On estime que c'est le plus … homme de la Terre.

3 Observe les mots en orange dans le texte ci-dessous, puis utilise-les pour écrire le résumé du texte.

Selon les paléontologues, l'**Afrique** est le « berceau de l'humanité », car c'est là qu'ont été trouvés **les vestiges** des **plus vieux ancêtres de l'homme**, les **australopithèques**. Le plus célèbre d'entre eux, le **squelette de Lucy**, a été découvert à l'Est de l'Afrique. Il est **vieux de trois millions d'années**. Il s'agit **d'une femme**. Elle savait grimper aux arbres, mais pouvait aussi se mettre debout sur ses deux pieds.

4 Lis le texte ci-dessous, puis note les mots importants. Écris en deux phrases un résumé de ce texte.

Dans les grottes de l'Arago, près du village de Tautavel (Pyrénées-Orientales), les archéologues ont découvert les traces des hommes qui vivaient il y a 450 000 ans. [...] Les hommes de Tautavel, appelés « Homo erectus » (homme qui marche en se tenant debout), vivaient et chassaient en groupe.

André Bendjebar, Martine Besnier, « Histoire », *Multilivre CM1*, Édition Istra, © Hachette Livre, 2003.

JE RETIENS

- **Résumer** une leçon, c'est écrire en peu de mots ce qu'il y a d'**essentiel** à savoir.
- Pour faire le résumé d'une leçon, il faut :

– bien lire la leçon en entier ;
– repérer le titre de la leçon et éventuellement les titres des différentes parties pour comprendre comment est organisé le texte ;
– lire chaque paragraphe l'un après l'autre et trouver pour chacun une phrase principale qui dit l'essentiel. Cela veut dire qu'on doit supprimer les détails et les précisions.

Quels sont les premiers

Cherchons ensemble

- Pourquoi appelle-t-on parfois la Préhistoire l' « âge de pierre » ?
- Quel a été le premier outil fabriqué par l'homme ?
- Comment l'homme a-t-il conquis le feu ?

? Observe ce galet, puis explique comment on pouvait couper de la viande avec.

Doc. 1 Un galet aménagé.
En frappant un galet avec un autre galet, l'homme arrive à détacher des éclats et à obtenir un côté coupant.

? Décris cet outil (**Doc. 2**). À quoi pouvait-il servir ?

Doc. 2 Un biface.
Les hommes commencent à fabriquer cet outil, il y a 1,5 million d'années.

Le sais-tu ?

Les hommes préhistoriques utilisent beaucoup le silex. C'est une pierre très dure qui éclate en morceaux aux arêtes tranchantes quand on la casse.

Dès qu'il se fut désaltéré, Suth se mit à la recherche d'une roche pour se faire un couteau et débiter la carcasse du renard en petits morceaux, de façon que les plus jeunes puissent manger de la viande. Il avait souvent observé son père travailler la pierre, il avait essayé de l'imiter, mais c'était un travail d'homme.

Peter Dickinson, *La Tribu, Histoire de Suth*,
Le Livre de Poche Jeunesse.

? Dans ce texte, quel outil Suth veut-il se fabriquer ? Pour quoi faire ?

▶ Le galet et le biface

Quand l'homme devient bipède, il peut utiliser ses mains autrement. Il commence à fabriquer et à utiliser des outils qu'il taille dans la pierre. On appelle cette période le **Paléolithique** ou « âge de la pierre taillée ».

L'*Homo habilis* fabrique d'abord un simple « **galet aménagé** » (**Doc. 1**) pour dépecer et couper la viande. Puis, l'*Homo erectus* perfectionne cet outil et invente le **biface** (**Doc. 2**), un outil très coupant taillé dans le silex.

outils de l'homme ?

La Préhistoire

| 3,5 millions d'années av. J.-C. Lucy | 3200 av. J.-C. écriture |

? Dans quel matériau ce propulseur est-il fabriqué ?

? À quoi servait ce harpon ?

Doc. 4 Un harpon pour la pêche (vers 15 000 av. J.-C.).

Doc. 3 Un propulseur en bois de renne (vers 20 000 av. J.-C.)

▶ Des outils de plus en plus variés

Peu à peu, l'*Homo erectus* perfectionne la taille du silex. En l'associant à une tige de bois, il se confectionne une hache. Il invente des lances en bois qu'il durcit en brûlant la pointe. Puis vient l'*Homo sapiens* qui diversifie les outils. Les os et les bois de renne sont transformés en **harpons** (Doc. 4) ou en **propulseurs** (Doc. 3), et même en aiguilles à coudre. Il taille aussi des silex plus petits pour en faire des pointes de **sagaies**.

▶ Le feu

À partir de 600 000 av. J.-C., l'*Homo erectus* maîtrise le feu. C'est un grand progrès : le feu éloigne les bêtes sauvages, éclaire la nuit, permet de se réchauffer et de cuire les aliments.

Pour avoir du feu, l'homme s'est d'abord servi de branches enflammées par la foudre. Mais le feu est difficile à transporter et à garder allumé. Peu à peu, l'homme apprend à le fabriquer en frappant deux silex l'un contre l'autre ou en frottant des bâtons.

Lexique

un biface : pierre taillée sur deux faces pour obtenir un bord tranchant.

un galet aménagé : caillou grossièrement taillé sur un côté et coupant.

un harpon : instrument en forme de flèche pour pêcher des poissons.

le Paléolithique : période de la Préhistoire où l'homme apprend à tailler la pierre.

un propulseur : baguette utilisée pour augmenter la puissance d'une lance.

une sagaie : lance courte pour la chasse.

→ JE RETIENS

• Quand l'homme devient bipède, il se met à utiliser ses mains pour fabriquer des outils qui lui servent à chasser et à pêcher.

• L'homme du Paléolithique a d'abord fabriqué des outils tranchants en pierre. Puis il utilise le silex, le bois et les os. Il invente des outils variés et plus efficaces. Avec la découverte du feu, sa vie se transforme.

Objectifs : Savoir repérer les mots d'un champ lexical et aborder les images.

Les mots du feu

Cherchons ensemble

- **Lis le texte attentivement. Relève tous les mots qui parlent du feu.**
- **Observe l'expression en orange dans le texte. Essaie de dire ce qu'elle signifie.**

Répéter les gestes des Anciens

Nakaé retient son souffle. Les yeux du feu peuvent se fermer. À tout moment. Quand ils ne sont plus que des étincelles, quand la fumée de leur haleine n'est presque plus visible, sans autre odeur que celle de la cendre. Ou si le bois à manger manque, ou s'il est trop mouillé, alors les yeux du feu se ferment et ne se rouvrent plus.

Tout Arahu doit savoir demander au feu qu'il rouvre les yeux pour lui. Tout Arahu doit savoir les lui faire rouvrir. Nakaé est parmi les Arahus depuis autant de saisons des feuilles tombées que de doigts d'une main. Il apprend d'un vieux chasseur les gestes qui font revenir le feu. Il sait déjà que ce sont des gestes d'une grande importance, qui ont été enseignés aux Arahus il y a fort longtemps, et que les Arahus gardent précieusement pour eux. Sans doute, d'autres hommes que les Arahus savent-ils ces gestes, mais certainement pas tous. Et les autres gens qui ne sont pas des Arahus ni des hommes ne savent pas, eux.

Pierre Pelot, *La Vie des enfants au temps de la Préhistoire*, Éditions du Sorbier, 2002.

Trace de feu découverte à Terra Amata (France). C'est un foyer vieux de 380 000 ans.

1 Cherche dans le dictionnaire la définition des mots : foyer – âtre.

2 Dans chacune de ces listes, trouve l'intrus qui n'a pas de lien avec le mot feu.
- braise – bras – brasier – brasero
- cendre – cendrier – cendré – descendre – Cendrillon
- étincelle – étain – étinceler – étincelant
- flamme – flambée – flamand – flamboyer – flammèche – flambeau
- fumée – fumigène – fumaison – fumier – fumerolle – fumoir
- incendie – incendiaire – incident – incendier

3 Associe chacune des expressions suivantes à sa signification.

Il n'y a pas le feu. •   • Se sentir plein d'enthousiasme.
Ne pas faire long feu. •   • Ne rien remarquer.
N'y voir que du feu. •   • Rien ne presse.
Être tout feu tout flamme. •   • Durer peu de temps.

4 Trouve des mots de la même famille que brûler, puis forme une phrase avec chacun d'eux comme dans l'exemple.

Ex. Brûler → Le feu brûle dans la cheminée.

JE RETIENS

- Pour parler d'un thème, un auteur utilise des mots en rapport avec son sujet : des mots de la même famille, des mots du même domaine, des images, des comparaisons.
  le feu – la flamme – la fumée – avoir des yeux de braise
- Une image est une façon poétique de parler de quelque chose ou de quelqu'un sans le nommer.

Distinguer et et est

Cherchons ensemble

- **Lis ce texte, puis observe bien les deux mots en** orange.
- **Quel est celui que tu peux remplacer par** était **?
Pourquoi ?**

Le premier de tous les outils, voici 2, 3, 4 ou même 5 millions d'années, était tout simplement le caillou brut. Un simple caillou tenant bien en main, apte à tous les usages. Toute l'industrie humaine est née de ce galet. [...] Mais des millions d'années se sont écoulées, du galet fracassé sur le rocher et éclaté, à l'outil possédant une forme volontairement définie. C'est l'*Homo habilis* qui le premier a soigneusement choisi parmi d'autres le rognon de silex qu'il a débité pour qu'il ait une forme adaptée à sa main.

Pierre Miquel, Louis-René Nougier, *La Préhistoire*,
« La Vie privée des hommes », Hachette Jeunesse.

1 **Récris ces phrases en remplaçant le mot en gras par** était **quand c'est possible.**

- Le caillou brut **est** le premier outil de l'homme.
- Le galet **est** fracassé sur le rocher.
- Il choisit soigneusement sa pierre **et** la taille.
- La forme du caillou **est** adaptée à sa main.
- C'**est** un outil en silex.
- Ce galet **est** très dur **et** difficile à tailler.

2 **Remets ces groupes de mots dans l'ordre pour faire des phrases cohérentes.**

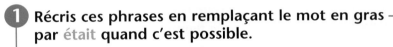

- facile à utiliser. | est | un outil simple | et | Le galet aménagé
- coupant | est | Le bord de ce biface | pointu. | et
- est | tranchante. | Le silex | et | une pierre dure
- et | habile | est | tailler les pierres. | car il sait choisir | L'homme

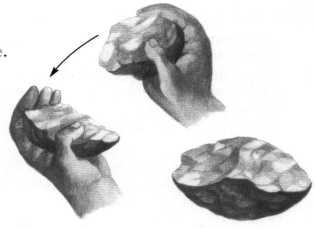

Taille d'un galet aménagé.

3 **Complète par** est **ou** et.

Après l'*Homo habilis* vient l'*Homo erectus*. Il perfectionne la taille du silex ... invente le biface. Cet outil ... très coupant. Il fabrique aussi des racloirs ... des perçoirs. Le racloir lui sert à couper ... à racler les peaux. C'... un outil très utile ... très efficace.

Un racloir
(vers 80 000 av. J.-C.).

4 **Écris deux phrases en utilisant** et **et** est **comme dans l'exemple.**

Ex. Ce caillou est rond et lisse.

→ **JE RETIENS**

- **Est** est une forme conjuguée du verbe **être** au présent. Il peut être remplacé par **était** (l'imparfait du verbe **être**) : Le caillou **est** le premier outil de l'homme. – Le caillou **était** le premier outil de l'homme.
- **Et** est un mot invariable. On l'utilise pour ajouter quelque chose :
C'est l'outil le plus ancien **et** le plus simple.

Objectifs : Découvrir les caractéristiques des quatre types de phrases. Savoir les distinguer et les utiliser.

Les types de phrases

Cherchons ensemble

- **Lis le texte. Les phrases déclaratives sont les plus nombreuses. Cites-en deux.**
- **Relève une phrase qui se termine par un point d'interrogation et une phrase qui marque l'exclamation.**
- **Observe la phrase en** orange. **Quel type de phrase est-ce ?**

Dessin représentant des hommes préhistoriques autour du feu.

Le Feu était leur joie et leur peine. Par les ouragans ou les pluies torrentielles, ils le défendaient avec ruse et acharnement. [...]

Le fils du Léopard [...] donna trois rudes coups d'épieu au plus chaud du bûcher : les flammes sautelèrent, mêlées d'écarlate et de soufre ; des silhouettes au loin se tapirent. Naoh éveilla le troisième compagnon.

« Les hommes sont venus ! » murmura-t-il.

Côte à côte, longtemps ils cherchèrent à surprendre l'ombre. Rien ne reparut [...]. Où donc était le péril ? Était-ce une horde ou quelques hommes qui hantaient la solitude ? Quelle route suivre pour fuir ou pour combattre ?

« Gardez le Feu ! » dit enfin le chef.

J.-H. Rosny Aîné, *La Guerre du feu*, Le Livre de Poche Jeunesse.

---

1 **Déclarative ou impérative ? Quel est le type de chacune de ces phrases ?**

- Les hommes préhistoriques connaissent le feu.
- Dépêchez-vous, allez chercher le feu.
- Les hommes ont peur de perdre le feu.
- Le feu sert à éloigner les bêtes sauvages.
- Venez vous réchauffer près du feu.
- Faites attention que le feu ne meure pas.
- La pluie a éteint le feu.

2 **Recopie ces phrases en les complétant avec le point qui convient : ! ou ?.**

- Attention, le feu s'éteint
- Comment va-t-il allumer son feu
- Pourquoi cette torche effraie-t-elle le tigre
- Quelle belle flamme
- Pourquoi les hommes ont-ils besoin du feu

3 **Recopie ce texte, puis souligne les phrases déclaratives en** bleu, **interrogatives en** rouge, **exclamatives en** vert **et impératives en** orange.

Comme le feu est utile pour l'homme ! Il lui sert à cuire ses aliments. Mais sais-tu comment les hommes préhistoriques faisaient bouillir l'eau ? D'abord, ils plaçaient des galets dans le feu. Une fois chauds, ils les jetaient dans l'eau pour qu'elle chauffe. Surtout, n'essaie pas de faire pareil !

JE RETIENS

On distingue quatre types de phrases.
- La phrase **déclarative** sert à dire naturellement quelque chose : Il cherche le feu.
- La phrase **interrogative** sert à poser une question et se termine par **?** : Où chassent les hommes **?**
- La phrase **impérative** sert à donner un ordre et se termine par **.** ou **!** : Choisissez.
- La phrase **exclamative** sert à exprimer un sentiment (étonnement, admiration) et se termine par **!** : Quelle histoire **!**

Le présent des verbes du 1er groupe

Cherchons ensemble

- Lis le texte, puis relève les verbes du 1er groupe qui sont à l'infinitif. Comment les as-tu reconnus ?
- Donne l'infinitif des verbes en orange. À quel groupe appartiennent-ils ? À quel temps sont-ils conjugués ?

Allumer un feu aujourd'hui est très facile : il suffit d'avoir des allumettes ! L'homme de Cro-Magnon, lui, utilise une technique qui est encore en usage chez certains peuples de chasseurs-cueilleurs. Elle consiste à frotter avec vigueur un morceau de bois tendre contre une pièce de bois dur. On obtient ainsi une fine poussière de bois brûlant avec laquelle on peut enflammer des mousses et des lichens bien secs. Une fois le feu allumé, il suffit de l'alimenter régulièrement avec du bois.

Patrick Restellini, *Les Hommes de la Préhistoire*, D. R.

Homme de Cro-Magnon allumant un feu par frottement de deux morceaux de bois.

1 Recopie uniquement les verbes qui appartiennent au 1er groupe.

ils allument – nous obtenons – tu enflammes – elle brûle –
je frotte – tu cueilles – vous alimentez

2 Récris les phrases en les complétant avec le pronom personnel correct.

Je – Tu – Nous – Vous – Elles

- … cherchons du bois pour alimenter le feu.
- … surveillez le feu pour qu'il ne s'éteigne pas.
- … protège la flamme du vent avec ma main.
- … se réchauffent auprès du foyer.
- … souffles sur les braises.

4 Récris le texte en le complétant avec les verbes conjugués au présent.

Au début, les hommes préhistoriques ne (**maîtriser**) pas la technique du feu. Ils (**ramasser**) simplement des branches enflammées par la foudre. Puis l'*Homo erectus* (**inventer**) un moyen de produire du feu avec des pierres. Il (**frapper**) deux silex pour obtenir des étincelles. Lorsqu'il (**approcher**) des brindilles, elles (**s'enflammer**).

3 Récris les phrases en choisissant la forme correcte du verbe.

- Les femmes **veilles/veillent** sur le feu.
- Vous **essayez/essayons** d'allumer un feu.
- Tu **regarde/regardes** le bois brûler.
- Nous nous **installent/installons** autour du feu.
- La flamme **brille/brillent** dans la nuit.
- J'**écoute/écoutes** le feu qui **crépite/crépitent**.

JE RETIENS

- Pour raconter ce qui se passe au moment où l'on parle, on emploie le **présent de l'indicatif**.
- Les verbes qui se terminent par **-er** à l'infinitif sont tous des verbes du 1er **groupe**, sauf **aller**.
- Ils se conjuguent tous comme le verbe **allumer** :

j'allume – tu allumes – il/elle allume – nous allumons – vous allumez – ils/elles allument.

Où habitent les hommes

Cherchons ensemble

- **Combien y a-t-il d'habitants dans le monde ?**
- **Qu'est-ce qu'un désert ?**
- **Cite le nom d'un pays très peuplé.**

? Décris ces photographies.
Où placerais-tu ces paysages
sur le planisphère (**Doc. 3**)?

Doc. 1 Un village sur le lac
Turkana au Kenya (Afrique).

Doc. 2 Une rue de Shanghai en Chine (Asie).

? Observe cette carte.
Où sont situées les régions
très peuplées ? les régions vides
d'hommes ?

? Quel est le continent le plus
peuplé ?

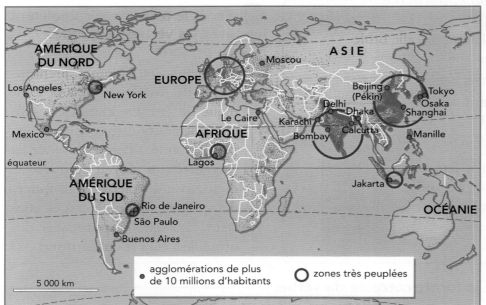

AMÉRIQUE DU NORD
Los Angeles
New York
Mexico
équateur
AMÉRIQUE DU SUD
Rio de Janeiro
São Paulo
Buenos Aires
EUROPE
Moscou
AFRIQUE
Le Caire
Lagos
ASIE
Beijing (Pékin)
Delhi
Karachi
Bombay
Dhaka
Calcutta
Tokyo
Osaka
Shanghai
Manille
Jakarta
OCÉANIE
5 000 km

● agglomérations de plus
de 10 millions d'habitants
○ zones très peuplées

Doc. 3 La répartition de la population dans le monde et les agglomérations.

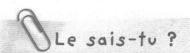
Le sais-tu ?

La Chine et l'Inde comptent
plus de 1 milliard d'habitants
chacune. Ainsi, sur notre
planète, plus de 1 habitant
sur 3 vit en Asie !

▶ Des hommes inégalement répartis

Aujourd'hui, 6 milliards d'habitants peuplent notre planète. Mais cette population
se répartit de manière très inégale (**Doc. 3**).

• Certaines zones sont très peuplées comme l'Asie (Chine (**Doc. 2**), Japon, Inde...) et l'Europe.
En Amérique et en Afrique (**Doc. 1**), les **foyers de peuplement** sont moins importants.

• D'autres zones sont presque désertes. Elles correspondent aux régions très froides
(Antarctique), très sèches (désert du Sahara), très humides (forêt d'Amazonie) ou très hautes
(montagnes de l'Himalaya).

sur la Terre ?

Doc. 4 La ville de Chicago aux États-Unis (Amérique du Nord).

Doc. 5 Paysage de campagne dans l'État du Wyoming aux États-Unis (Amérique du Nord).

❓ Observe ces deux photographies (Doc. 4 et 5).
Où ont-elles été prises ? Que constates-tu ?

… Arrivée à un grand croisement, Yu Mei devait quitter la piste cyclable pour prendre à gauche l'avenue qui la mènerait à son collège. Il fallait d'abord qu'elle atteigne le centre du carrefour, puis qu'elle passe devant le flot des vélos et des voitures qui continuaient tout droit à contre-courant. […] En vélo, à Pékin, il fallait avoir des yeux derrière la tête et une ouïe de lézard. Le plus pénible, c'était la pollution entretenue par les échappements des moteurs mal réglés de la plupart des véhicules.

Anne Thiollier, *Le Thé aux huit trésors*,
Le Livre de Poche Jeunesse.

❓ Avec quels véhicules se déplace-t-on à Pékin ?

▶ Des villes de plus en plus grandes

La moitié des habitants de la Terre vit dans les villes.

En Europe et en Amérique (Doc. 4 et 5), 3 habitants sur 4 sont des **citadins**. C'est dans les villes que l'on trouve les plus fortes **densités** de population. Dans les pays pauvres aussi la population **rurale** diminue tandis que la population des villes augmente de plus en plus rapidement.

Certaines **agglomérations** deviennent des villes gigantesques de plus de 20 millions d'habitants (Doc. 3) : New York (États-Unis), Tokyo (Japon), Mexico (Mexique).

Lexique

une agglomération : une ville et sa banlieue.
un citadin : personne qui habite dans une ville.
la densité : nombre moyen d'habitants au km².
un foyer de peuplement : zone où sont concentrés les habitants.
rural : qui est de la campagne.

➡ JE RETIENS

• Les hommes sont répartis sur la Terre de manière très inégale. Les foyers de peuplement les plus importants sont en Asie (Chine et Inde) et en Europe. Certaines régions sont presque vides car les conditions de vie sont difficiles (déserts, hautes montagnes, forêts denses).
• La moitié des hommes sont des citadins. Les autres vivent surtout à la campagne.

Vocabulaire

Objectifs : Découvrir et utiliser le lexique spécifique à l'habitat.

Les mots de l'habitat

Cherchons ensemble

• **Cherche dans le texte les mots qui désignent des habitations.**

Les grands ensembles collectionnent les défauts : longs couloirs et escaliers bruyants, vide-ordures perpétuellement bouchés, empilement des appartements, étroitesse des logements, rareté des espaces verts…

© *Libération*, 24 juin 1993.

Immeubles « Les Gratte-Ciel » à Villeurbanne, en France (Europe).

1 **Parmi la liste de mots ci-dessous, recopie ceux qui appartiennent à la famille du mot habitat. (Aide-toi du dictionnaire si nécessaire.)**

une habitation – une habitude – habiter – un habitacle – un habit – habitable – un habitant

2 **Cherche l'intrus qui n'appartient pas à la famille du mot en vert.**

• **logis** : logement – déloger – horloge – loge
• **ferme** : fermier – fermeture – fermage – fermette
• **maison** : maisonnée – mas – maisonnette – mais
• **hôtel** : hôtesse – hotte – hôtelier – hôtellerie

3 **Recopie le tableau, puis classe les mots ci-dessous. Attention ! un mot peut être utilisé deux fois.**

chaumière – appartement – fermette – ferme – mas – studio – tour – building – cabane – gratte-ciel – pavillon

Habitation en ville	Habitation à la campagne
....	....

4 **Complète les phrases avec le mot qui désigne la maison.**

tipis – igloos – chalet – huttes

• J'habite à la montagne dans un joli … en bois.
• Les habitants du pôle Nord vivent dans des … .
• Dans les villages africains, on trouve surtout des … faites de paille et de boue séchée.
• Autrefois, les Indiens d'Amérique vivaient dans des sortes de tentes, les … .

→ JE RETIENS

• Il existe de nombreux mots pour désigner une habitation. Le plus courant est le mot maison.
• Pour enrichir son vocabulaire, on peut utiliser des mots plus précis : ferme – pavillon – chaumière – gratte-ciel – maisonnette – villa, etc. Le choix du mot exact se fait en fonction de la taille (petite ou grande) et du lieu où elle est située (ville, campagne, montagne, pays…).

Objectif : Orthographier correctement les différentes phonies de la lettre **g**.

La lettre g

Cherchons ensemble

- **Lis ce texte, puis observe les mots en vert. Quel son ont-ils en commun ?**
- **Cherche les autres mots du texte contenant la lettre g. Comment se prononce la lettre g dans ces mots ?**

> **Bergère des montagnes**
> Vêtue d'une peau de chèvre nouée sur les hanches, Vetjakanena agite ses bras fins et musclés.
> [...] Il y a deux mois, Vetjakanena n'avait jamais vu ni un crayon ni un morceau de tissu.
> Ses parents vivent isolés au cœur des montagnes, tout au Nord de la Namibie, avec leurs troupeaux et leurs traditions nomades. Seuls les chefs de tribus et leurs familles sont sédentaires. Depuis la fin de la guerre, le gouvernement a créé trois écoles, mais bien peu d'enfants les fréquentent.
>
> Jacqueline Ripart, *Terres lointaines*, n° 462, mai 1994.

Un village du Nord de la Namibie, en Afrique.

1 **Recopie le tableau, puis classe les mots ci-dessous.**

un village – un igloo – la montagne – géant – une région – une agglomération – inégal

On voit la lettre g	
On entend le son [g]	On n'entend pas le son [g]
....	....

2 **Recopie ces phrases en complétant les mots par g ou ge.**

- Les villes …igantesques se multiplient.
- Les riva…es de la mer Méditerranée attirent les hommes depuis des siècles.
- Les …ens sont présents même là où le climat ne leur est pas favorable.
- Dans les pays pauvres, les villa…ois sont obli…és de fuir la misère des campagnes.

3 **Recopie ces phrases en complétant les mots par g ou gu.**

- Les hommes émi…rent pour échapper à la …erre ou à la misère.
- La population ne cesse d'au…menter : on parle d'explosion démo…raphique.
- La densité de la population est très iné…ale sur la Terre.
- Les …ratte-ciel poussent comme des champignons dans les …randes villes américaines.
- Il n'y a …ère de milieux qui n'aient été transformés par l'homme.

4 **Écris une phrase qui contient au moins trois mots avec la lettre g.**

→ JE RETIENS

- Lorsque le **g** est placé devant **e**, **i** et **y**, il se prononce [ʒ] : une région.
- Lorsque le **g** est placé devant **a**, **o**, **u**, il se prononce [g] : inégal.
- Lorsque le **g** est placé devant un **n**, **gn** se prononce [ɲ] : une montagne.
- Pour obtenir : – le son [ʒ] devant **a** et **o**, on ajoute un **e** après le **g** : un villageois ;
  – le son [g] devant **i** ou **e**, on ajoute un **u** après le **g** : un guide.

La phrase interrogative

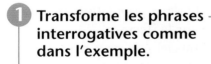

Cherchons ensemble

- **Observe les phrases en vert. Comment se terminent-elles ?**
- **Comment nomme-t-on ces phrases ?**

« Et puis ils s'en vont en vacances. […]
Et même une fois ils sont allés passer leurs vacances au bord de la Terre. Mais ils ne sont pas restés longtemps.
– Ça ne leur a pas plu ?
– Si.
Ils aimaient bien les fleurs les couleurs de la mer et le chant des oiseaux et celui des enfants.
– Pourquoi sont-ils partis ?
– À cause du bruit.
– Quel bruit ?
– Le bruit des machines à faire les ruines. »

J. Prévert, *L'Opéra de la Lune*, © J. Prévert,
Eugénie Prévert-Altergunde.

Une usine en France (Europe).

1 **Transforme les phrases interrogatives comme dans l'exemple.**

Ex. Est-ce que tu connais des villes englouties ?
→ Connais-tu des villes englouties ?

- Est-ce que tu sais si des cités ont été abandonnées dans les temps lointains ?
- Est-ce que vous savez où ?
- Est-ce qu'il imagine comment vivaient ces civilisations ?

2 **Imagine les sept questions que l'on a posées à l'urbaniste qui a fait ces réponses.**

Réponse 1 : Nan Madol est une cité en ruine.
Réponse 2 : Elle se cache dans une forêt sur une petite île de l'océan Indien.
Réponse 3 : La ville a été construite sur un lagon en bord de mer.
Réponse 4 : Il a fallu 500 000 à 750 000 tonnes de pierres pour construire Nan Madol.
Réponse 5 : Oui, les murailles mesuraient jusqu'à 7 mètres de haut.
Réponse 6 : Vers 1630, la cité a été abandonnée.
Réponse 7 : Aujourd'hui, les habitants de l'île la croient hantée.

3 **Écris deux phrases interrogatives sur l'endroit où tu habites.**

JE RETIENS

- **La phrase interrogative** sert à poser une question. Elle se termine toujours par un point d'interrogation (**?**).
- Pour poser une question, on peut utiliser plusieurs formes :
– **Tu as vu** le documentaire sur les villes englouties ?
– **As-tu vu** le documentaire sur les villes englouties ?
- Pour poser une question, on dispose de plusieurs outils :
– Est-ce que ? Pourquoi ? Quel ? Où ? Qui ? Quand ? Comment ? Que ? Combien ?

Les verbes comme **manger**

Cherchons ensemble

- **Lis le texte, puis observe le verbe en vert.**
- **Que remarques-tu concernant sa terminaison ?**

Ils marchaient depuis la première aube, sans s'arrêter, la fatigue et la soif les enveloppaient… La sécheresse avait durci leurs lèvres et leur langue. La faim les rongeait. Ils n'auraient pas pu parler. Ils étaient devenus, depuis si longtemps, muets comme le désert, pleins de lumière quand le soleil brûle au centre du ciel vide, et glacés de la nuit aux étoiles figées.

J.-M. G. Le Clézio, *Désert*, © Éditions Gallimard.

Un homme dans la vallée de l'Ouro en Éthiopie (Afrique).

1 **Recopie et entoure la voyelle qui suit le ge. Que remarques-tu ?**

nous présageons – il jugeait – je propageais – nous engageons – tu encourageais – elle mélangeait

2 **Conjugue les verbes en gras au présent.**

- Nous (**partager**) un appartement en ville.
- Nous (**loger**) dans une ferme en pleine campagne.
- Nous (**envisager**) d'habiter en montagne.
- Nous (**échanger**) volontiers nos maisons pendant l'été.
- Nous (**déménager**) dans le Sud de la France.

3 **Récris chaque phrase avec le pronom indiqué.**

- Je voyage dans le Sud de l'Inde. → Nous …
- Il dérange sa chambre quand il joue. → Nous …
- Tu changes de direction. → Vous …
- Nous déneigeons le jardin. → Ils …
- Vous mangez avec des baguettes. → Nous …
- Elle longe les remparts. → Nous …

4 **Recopie ces formes verbales en les complétant avec g ou ge.**

- je voya…e
- nous grilla…ons
- il diri…ait
- je patau…ais
- vous ju…ez
- nous char…ons
- vous vous découra…iez
- ils s'allon…aient
- nous prolon…ions
- elle chan…ait

JE RETIENS

Pour les verbes qui se terminent par **-ger** à l'infinitif, il faut mettre un **e** après le **g** lorsque la voyelle qui suit est un **a** ou un **o**.

Manger : je mange – tu manges – il mange – nous mang**e**ons – vous mangez – ils mangent
je mang**e**ais – tu mang**e**ais – il mang**e**ait – nous mangions – vous mangiez – ils mang**e**aient

Raconter une histoire (situer le moment et le lieu)

Cherchons ensemble

- Lis le texte en entier, puis observe les mots en orange. Que t'indiquent-ils ?
- Quels mots te précisent où se passe l'histoire ?

Quand il y a de l'eau, il peut y avoir des moustiques, aussi firent-ils un nouveau feu en fin d'après-midi, non loin de l'endroit où la pile de rocs touchait la falaise. Ils cassèrent des branches de garri car elles se consument en libérant une fumée âcre et fine qui éloigne les insectes. À la tombée de la nuit, ils se blottirent dans un coin pour dormir.
Noli se coucha, épuisée, et s'endormit presque aussitôt, mais elle se réveilla peu après et vit Suth, assis auprès du feu, jambes croisées, le bâton-pioche en travers des genoux.

Peter Dickinson, *La Tribu, Histoire de Noli*, Le Livre de Poche Jeunesse.

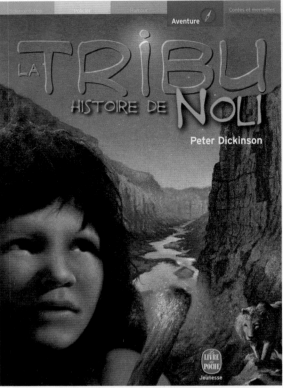

Page de couverture.

1 Recopie ces phrases et indique si elles marquent le début ou la fin d'une histoire.

- Enfin, le cauchemar s'achevait.
- Il était une fois, ...
- Il accepta finalement de rester seul.

- Ce fut son dernier mot.
- C'était il y a bien longtemps, …
- Pour commencer, il faut savoir que…

2 Voici trois moments d'une histoire qui ont été mélangés. Remets-les dans l'ordre de l'histoire en t'aidant des mots qui indiquent quand se passe l'action.

Ensuite, retirant les braises chaudes du feu à l'aide de brindilles, elle les tassa au fond de la bûche qu'elle emplit de morceaux de charbon de bois retirés la veille au soir. Elle boucha le haut d'une pierre ronde et plate qui avait presque la taille du trou et scella les ouvertures avec de la pâte, ne laissant qu'une fente minuscule pour que l'air puisse passer.

Partie 1

Enfin, elle plaça la bûche de feu dans le support qu'elle avait tressé pour la porter à l'épaule.

Partie 2

Au quatrième matin, Tinu mouilla l'extérieur de la bûche de feu et enduisit l'intérieur d'une pâte épaisse faite de cendre humide.

Partie 3

Extraits de : Peter Dickinson, *La Tribu, Histoire de Noli*, Le Livre de Poche Jeunesse.

3 **Trouve dans quel endroit se passe chacune de ces histoires.**

Comme il fallait bien manger, Mana fut déléguée à la pêche dans l'une des nouvelles réserves. En s'installant au bord de la pièce d'eau, elle sentit qu'elle n'attraperait rien.

Texte 1

D'autres gens des marais apparurent et, au crépuscule, ils étaient dix et cinq installés autour du feu avec la Tribu, faisant griller leur poisson sur les braises.

Texte 2

Extraits de : Peter Dickinson, *La Tribu, Histoire de Mana*, Le Livre de Poche Jeunesse.

4 **Observe cette gravure, puis trouve le texte qui lui correspond (moment et lieu).**

C'était le début du jour. Les mammouths avançaient paisiblement dans la neige. Les hommes se préparèrent à attaquer. La forêt dense qui les entourait leur permettait de rester invisibles aux yeux des mammouths. Soudain, ils passèrent à l'attaque.

Texte 2

La nuit était tombée. Les hommes se mirent en marche pour aller chasser le mammouth dans la montagne. La neige recouvrait le sol d'un épais tapis blanc qui étouffait le bruit de leurs pas.

Texte 1

Les hommes étaient prêts. Il faisait encore jour. Installés sur la montagne, ils surplombaient le ravin et tenaient le rocher en suspens par une corde. Ils attendaient dans la neige le meilleur moment pour attaquer l'un des gros mammouths qui marchaient au fond du ravin.

Texte 3

5 **Écris une histoire qui raconte un moment de ta journée en classe. Voici quelques idées pour t'aider.**

• C'est la récréation. Précise quand et où elle a lieu, puis raconte ce qui t'est arrivé.
• C'est le moment de déjeuner. Dis à quelle heure et dans quel endroit tu te rends, puis raconte ce qui se passe.
• C'est la leçon de musique. Raconte-la et dis quand et où elle a lieu.

→ JE RETIENS

Pour **raconter une histoire**, il faut donner des informations précises qui permettent de situer l'histoire et d'indiquer **quand** et **où** se passe l'action.
• **Le moment** est défini avec des mots qui précisent s'il s'agit d'une action passée (autrefois, hier, il était une fois…), présente (aujourd'hui, en ce moment…) ou future (bientôt, plus tard, demain…).
• **Le lieu** est toujours cité ou décrit ; ce peut être un endroit imaginaire ou réel (une grotte, une forêt, une planète…).

Qui sont les premiers habitants

Cherchons ensemble

- As-tu déjà visité un site préhistorique en France ?
- Dans quelle sorte d'habitation vivaient les hommes préhistoriques ?
- Qui était l'homme de Cro-Magnon ?

Premier dessin

Il n'y a plus que la roche. Elle attend, lisse, douce au toucher, complice. Cette aspérité, là, cache sûrement le dos d'un bison, et ce petit trou son œil affolé.

Les doigts de Killik se raniment, ils plongent dans la terre rouge, dans la crème noire obtenue en broyant le charbon de bois. Les voici d'un côté, puis de l'autre... Ils tracent, effleurent, restent en l'air le temps d'un soupir, se reposent sur la pierre, étalent les couleurs, ajoutent quelques crins, accentuent un sabot...

C'est fini.

Florence Reynaud, *Le Premier Dessin du monde*, Le Livre de Poche Jeunesse.

? Dans le texte ci-dessus, comment Killik obtient-il la couleur noire qu'il utilise pour peindre ?

? Observe bien cette statue. Quelle est la position de l'homme ?

? Que tient-il dans sa main ?

Doc. 1 Reconstitution de l'homme de Tautavel, un *Homo erectus* vieux de 450 000 ans.

▶ L'homme de Tautavel

Venu d'Afrique, l'*Homo erectus* s'installe en France (voir la carte à la fin du livre) il y a environ 1 million d'années. C'est dans une grotte, près de Tautavel dans les Pyrénées, que l'on a retrouvé les plus anciens vestiges : le crâne et les ossements d'un jeune adulte que l'on appelle « l'homme de Tautavel » (**Doc. 1**). Sa vie est très rude. Il s'abrite à l'entrée des grottes qu'il aménage avec des auvents faits de peaux de bêtes tendues, pour se protéger du vent et du froid. Il maîtrise le feu.

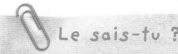

Le sais-tu ?

L'homme préhistorique n'a jamais habité dans les cavernes : elles sont bien trop humides ! Il n'a fait que camper à l'entrée pour s'abriter du vent.

de la France ?

La Préhistoire

| 3,5 millions d'années av. J.-C. Lucy | 3200 av. J.-C. écriture |

? Avec quels matériaux sont construites les tentes (Doc. 2) ?

? Que fait l'homme assis au premier plan ?

▶ L'homme de Neandertal

Avec le temps, l'homme de Neandertal (*Homo sapiens neandertalensis*) perfectionne les outils (**racloir**, perçoir…). Pour se nourrir, il chasse des animaux (renne, chamois, mouflon, bison, mammouth…) et il pêche. Il construit des campements saisonniers : des huttes de bois et de feuillages ou des tentes recouvertes de peaux (Doc. 2). Vers 100 000 av. J.-C., il commence à enterrer ses morts.

Doc. 2 Reconstitution d'une tente sur le site préhistorique du Thot en Dordogne (France).

? Que représente cette peinture (Doc. 3) ?

? Sur quel support est-elle peinte ?

▶ L'homme de Cro-Magnon

À partir de 35 000 av. J.-C., l'homme de Cro-Magnon (*Homo sapiens sapiens*) invente de nouveaux outils (hameçon, aiguille, lampe à graisse). Mais surtout, il se met à peindre, à graver et à sculpter. On a retrouvé de nombreuses peintures **rupestres** représentant des animaux (Doc. 3) ainsi que des statuettes de femmes.

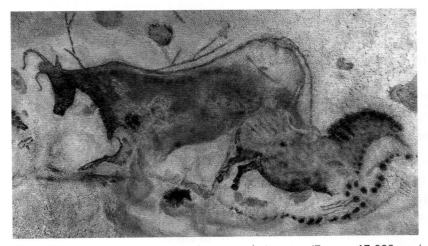

Doc. 3 Peinture découverte dans la grotte de Lascaux (France, 17 000 av. J.-C.).

Lexique

un racloir : outil servant à couper et à racler les peaux de bêtes.

rupestre : qui est peint sur la paroi d'un rocher.

➡ JE RETIENS

• Les nombreux vestiges trouvés dans les sites préhistoriques de notre pays sont des témoins précieux pour comprendre nos origines.

• De Tautavel jusqu'à Cro-Magnon, les hommes sont des nomades qui chassent pour se nourrir. Petit à petit, ils perfectionnent leurs outils, domestiquent le feu, améliorent leur habitat et leur mode de vie. Ils enterrent leurs morts et découvrent l'art.

69

Les familles de mots

Cherchons ensemble

- Lis le texte. Observe les mots en orange. Quels autres mots peux-tu former à partir de chacun d'eux ?
- Comment s'appelle la partie commune aux mots d'une même famille ?

« Que veut Gaw ? » dit Naoh en surgissant de la caverne. Le jeune homme tendit la main vers le haut de la colline ; la face du chef se consterna.

« L'Ours Gris ! »

Son regard examinait la caverne. Il avait eu soin d'assembler des pierres et des branchages ; quelques blocs étaient à proximité, qui pouvaient rendre l'entrée très difficile. Mais Naoh songeait à fuir, et la retraite n'était possible que du côté de l'abreuvoir.

J.-H. Rosny Aîné, *La Guerre du feu*, Le Livre de Poche Jeunesse.

La vie au temps de la Préhistoire (gravure du XIXᵉ siècle).

1 Recopie ces listes de mots. Entoure le radical commun aux mots de chaque liste.

- caverne – cave – cavité – caverneux
- haut – hausser – hauteur – rehausser
- gris – grisaille – griser – grisonner – grisâtre
- assembler – rassemblement – assemblage – rassemblé
- possible – possibilité – impossible – possiblement
- abreuvoir – breuvage – abreuver

2 Observe bien les mots en orange et trouve un mot de la même famille. (Tu peux t'aider de ton dictionnaire.)

L'homme préhistorique s'abrite dans des grottes larges et peu profondes. Il s'installe à l'entrée car il y fait chaud et sec. Pour se protéger des vents violents et des animaux sauvages, il construit un petit muret devant l'entrée. Pour que le sol ne soit pas trop humide, il le tapisse de pierres plates.

3 Trouve l'intrus caché dans chacune de ces listes de mots.

- refuge – fugitif – se réfugier – refuser
- combat – combatif – combler – combattre
- férocité – férocement – farouche – féroce
- sauvagerie – sauvage – sauvetage – sauvagement
- défendre – fente – défense – défenseur – défendu
- rapidité – rapidement – déraper – rapide
- puissance – impuissant – puiser – puissamment
- force – renforcer – fortement – formidable

4 Cherche dans le dictionnaire des mots de la même famille que le mot homme.

JE RETIENS

- Les mots d'une même famille contiennent tous une partie commune. C'est **le radical** :
jeune – la **jeun**esse – ra**jeun**ir.
- À partir d'un mot, on peut trouver de nombreux autres mots formés avec le même radical :
possible → la **possib**ilité – im**possib**le – **possib**lement.

Objectif : Connaître les différentes graphies du son [s].

Le son [s]

Cherchons ensemble

- Lis le texte, puis observe les mots en orange. Quelles sont les différentes lettres qui forment le son [s] ?
- Trouve les autres mots du texte où tu entends le son [s].

En France, on a retrouvé de nombreuses grottes ornées de fascinantes peintures rupestres. La plupart du temps, elles représentent des animaux. Mais, parfois, les hommes ont laissé sur les parois des empreintes de leurs mains.

Pourquoi ont-ils réalisé ces dessins ? C'est un mystère. On s'est aperçu que les grottes ne servaient pas de lieu d'habitation. On suppose donc que ces peintures n'étaient pas décoratives mais qu'elles avaient une fonction symbolique, sacrée ou magique.

Empreintes de mains dans la grotte Cosquer dans le Sud de la France (27 000 av. J.-C.).

1 Recopie le tableau et classe les mots ci-dessous.

artistique – représentation – laisser – sacré – poinçon – dessiner – décoration – mystère – pinceau – fasciner – tracer – habitation – symbolique

s	ss	c	ç	sc	t
....	....	....	....	....	....

2 Recopie et complète les mots par s ou ss.

- Les hommes de la Préhi…toire étaient des arti…tes.
- Ils peignent e…entiellement des animaux.
- Cette peinture est …acrée.
- C'est une très belle fre…que.
- Il pre…e sa main pleine de peinture contre la paroi.

3 Recopie et complète les mots par c ou ç.

- Il existe plusieurs fa…ons de peindre.
- Parfois, il tra…e un trait avec son doigt.
- Il effa…e son dessin raté.
- Quelle belle le…on de peinture !
- Il appré…ie la qualité de cette peinture.

4 Recopie tous les mots dans lesquels tu entends le son [s] et entoure la ou les lettres qui font le son [s].

- Nous descendons dans une grotte obscure et profonde.
- Il est difficile de savoir la signification exacte de ces peintures.
- Cette peinture représente une scène de chasse.
- Voir ces mains sur les parois provoque une grande émotion.
- Il dessine avec application un rhinocéros.
- Nous sommes conscients de la beauté de ces réalisations.

→ **JE RETIENS**

Le son [s] peut s'écrire :
- **s** : rupestre
- **c** devant **e, i, y** : une certitude
- **sc** : fascinant
- **ss** entre deux voyelles : un dessin
- **ç** devant **a, o, u** : une façon
- **t** devant **i** : une représentation

La phrase exclamative

« Dame de Brassempouy ». Cette petite statue préhistorique mesure 6,5 cm. Elle a plus de 25 000 ans.

Cherchons ensemble

- **Lis le texte, puis trouve une phrase exclamative. Comment as-tu fait pour la trouver ?**
- **Quel sentiment exprime cette exclamation ?**

Loune respire à peine, impatiente. Elle se demande pourquoi Killik l'a conduite à l'écart de tous, pourquoi il semble aussi gêné. Enfin, d'un geste brusque, il lui tend son cadeau. [...]
Loune déplie le carré de peau bien tannée. Là, entre ses doigts roule une petite tête de femme sculptée dans l'os. Les cheveux lisses portent la même coiffure qu'elle. Son cœur s'affole, ses mains emprisonnent la figurine.
« Killik ! Comme c'est beau ! Et tu me la donnes ? Vraiment ?
– Oui !... Et c'est beau parce que tu es belle, Loune. »

Florence Reynaud, *Le Premier Dessin du monde*, Le Livre de Poche Jeunesse.

« Vénus Grimaldi » (22 000 av. J.-C.). Cette statuette de femme mesure 4,8 cm.

1 **Recopie uniquement les phrases exclamatives.**

- Comme elle est impatiente !
- Cette statue représente une petite tête.
- Quelle belle statuette !
- C'est un beau cadeau !
- La figurine est en os.
- Tu me la donnes ?
- Donne-la moi !

2 **Recopie et mets le signe qui convient à la fin des phrases : ? ou !.**

- Où a-t-on trouvé cette statuette ...
- Quelle statue originale ...
- Comme cette sculpture est fine ...
- C'est un travail d'artiste ...
- Quelle est la particularité de cette statue ...
- De quand date-t-elle ...
- Quel objet étonnant ...
- Vraiment, c'est beau ...

3 **Transforme ces phrases en phrases exclamatives en utilisant quel, quelle ou comme.**

- Cette figurine est minuscule.
- C'est un bel objet en ivoire.
- Le visage de cette femme est beau.
- C'est une magnifique œuvre d'art.
- Ce petit vestige est émouvant.
- Cette sculpture est surprenante.
- C'est une charmante statuette.
- Elle est belle.

4 **Attribue à chaque phrase exclamative le sentiment qu'elle exprime.**

l'étonnement – l'admiration –
la déception – le dégoût

- Quelle horreur !
- Comme tu es ravissante !
- Un cadeau !
- Quel dommage !

→ JE RETIENS

- La **phrase exclamative** se termine toujours par un point d'exclamation (**!**) : Comme c'est beau **!**
- Elle sert à exprimer un sentiment : l'étonnement, la peur, l'admiration, la joie, etc.

Quelle belle statuette ! (admiration)   Une statue ! (étonnement)

Objectifs : Savoir conjuguer les verbes se terminent par -cer. Comprendre la particularité des verbes comme **lancer**.

Les verbes comme lancer

Cherchons ensemble

- Lis le texte. Observe le verbe en orange, puis donne son infinitif. Comment l'écris-tu ?
- Que peux-tu dire à propos du c ?

Il […] promena la lueur de la lampe le long des parois et sur le plafond. […]

– Des chevaux ! s'écria tout à coup Simon. Oui, là, des chevaux !

Il prit Marcel par le bras et projeta la lumière de la lampe à l'endroit où il avait vu les bêtes.

– Tu es fou, lui lança Marcel, des chevaux ici !

– Il y a tout un troupeau ! s'exclama Jacques.

Et Georges continua :

– Et des vaches, et des cerfs !

– Êtes-vous tous fous ? dit Marcel, qui ne voyait toujours rien. […]

– C'est de la couleur, dit-il. Le cheval est peint, mais si bien que tout le monde pense en le voyant que c'est un vrai cheval.

Hans Baumann, *Le Mystère des grottes oubliées*, trad. Isabelle Nicol, © Éditions Flammarion, Castor Poche, 1998.

Un cheval peint sur une paroi de la grotte de Lascaux, en France (17 000 av. J.-C.).

1 Recopie le tableau, classe les formes verbales ci-dessous, puis entoure la voyelle qui suit le c ou le ç.

vous avancez – nous plaçons – elles effacent – il transperçait – vous enfonciez – tu dénonces – nous commençons – je fonçais – elle lance – vous percez – nous nous efforçons – vous remplaciez

Forme verbale avec un c	Forme verbale avec un ç
....	....

2 Récris ces phrases en remplaçant tu par nous.

- Tu t'enfonces dans les profondeurs de la grotte.
- Tu avances avec prudence dans le noir.
- Tu te déplaces lentement dans l'obscurité.
- Tu renonces à aller plus loin.
- Tu effaces les traces de ton passage.

3 Recopie ces formes verbales et complète-les avec c ou ç.

- je tra...e
- tu tra...ais
- elle tra...era
- nous tra...ons
- vous tra...iez
- ils tra...aient

4 Écris trois phrases en utilisant le verbe commencer aux trois personnes du pluriel.

→ JE RETIENS

Dans les verbes en **-cer** comme lancer, pour conserver le son [s], il faut transformer le **c** en **ç** (c cédille) devant les voyelles **a** et **o**.

Lancer : je lance – tu lances – il/elle lance – nous lançons – vous lancez – ils/elles lancent

Quels sont les pays riches et les

Cherchons ensemble

- **Qu'est-ce qu'un pays riche ?**
- **La France est un pays riche. Peux-tu dire pourquoi ?**
- **Y a-t-il des gens pauvres en France ?**
- **Qu'est-ce qu'un bidonville ?**

Doc. 2 Un village en Guinée-Bissau (Afrique).

? Observe ces deux photographies (Doc. 1 et 2). Dans quels pays ont-elles été prises ? Trouve sur la carte s'il s'agit de pays riches ou de pays pauvres (Doc. 3).

Doc. 1 Quartier d'affaires à New York aux États-Unis (Amérique du Nord).

? Quelle couleur représente les pays les plus riches ? les pays les plus pauvres (Doc. 3) ?

? Sur quel continent y a-t-il le plus de pays pauvres ?

▶ Une richesse mal répartie

Il y a plus de pays pauvres que de pays riches sur la Terre (Doc. 3).

Les pays riches sont localisés dans l'hémisphère Nord (Amérique du Nord (Doc. 1), Europe de l'Ouest, Japon).

Les pays pauvres se trouvent surtout dans l'hémisphère Sud (Afrique (Doc. 2), Asie).

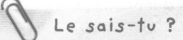

Le sais-tu ?

Dans les pays riches, le travail des enfants est interdit par la loi. Dans de nombreux pays pauvres, les enfants travaillent plus de 70 heures par semaine pour un tout petit salaire.

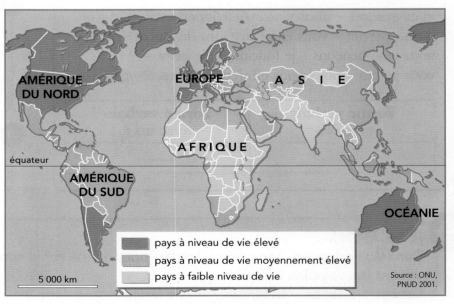

pays à niveau de vie élevé
pays à niveau de vie moyennement élevé
pays à faible niveau de vie

5 000 km

Source : ONU, PNUD 2001.

Doc. 3 Pays riches et pays pauvres dans le monde.

Le Globe

Offrons le globe aux enfants, au moins pour une journée.
Donnons-leur afin qu'ils en jouent comme d'un ballon multicolore
Pour qu'ils jouent en chantant parmi les étoiles.
Offrons le globe aux enfants,
Donnons-leur comme une pomme énorme
Comme une boule de pain toute chaude,
Qu'une journée au moins ils puissent manger à leur faim.
Offrons le globe aux enfants,
Qu'une journée au moins le globe apprenne la camaraderie,
Les enfants prendront de nos mains le globe
Ils y placeront des arbres immortels.

Nâzim Hikmet, adaptation du turc par Charles Dobzynski,
© Le Temps des cerises.

? Relève les mots qui montrent que ce texte parle d'enfants pauvres.

Doc. 4 Bidonville et quartiers modernes à Bombay en Inde (Asie).

? Décris la photographie. Quels sont les deux types de quartiers que tu y vois ? Que montrent-ils ?

▶ Pays riche et pays pauvre

On dit d'un pays qu'il est riche quand le **niveau de vie** de ses habitants est élevé : ils ont des **revenus** importants et leurs conditions de vie sont bonnes (alimentation, santé, scolarisation, **espérance de vie**). C'est le contraire pour les habitants des pays pauvres : leurs revenus sont faibles (moins d'un euro par jour) et leurs conditions de vie sont difficiles (**sous-nutrition**).

Il existe aussi des gens très **démunis** dans les pays riches mais ils vivent souvent à la périphérie des villes. Dans les pays pauvres, immeubles luxueux et **bidonvilles** se touchent (**Doc. 4**).

Lexique

un bidonville : groupe d'habitations misérables construites à l'aide de matériaux de récupération (bidons, tôles..)

démuni : qui n'a pas des ressources suffisantes pour manger et se loger.

l'espérance de vie : nombre moyen d'années de vie d'une personne.

le niveau de vie : conditions d'existence et revenus d'une personne.

un revenu : somme d'argent que l'on possède.

la sous-nutrition : manque de nourriture.

JE RETIENS

● Les pays pauvres sont beaucoup plus nombreux que les pays riches. Les pays riches sont essentiellement situés dans l'hémisphère Nord, les pays pauvres dans l'hémisphère Sud.
Mais dans tous les pays, il y a des inégalités entre les habitants.

● Pour déterminer si un pays est riche ou non, on observe le revenu de ses habitants et leurs conditions de vie.

Découvrir un poème

Cherchons ensemble

- Lis attentivement le poème de Félix Leclerc. Observe les mots en vert et les mots en orange pour comprendre sa construction. Que remarques-tu ?
- Comment s'appellent les sons de fin de phrase qui reviennent souvent ?
- Combien de lignes compte ce poème ? Comment s'appellent les lignes dans un poème ?
- Compte le nombre de syllabes dans chaque vers.

Illustration de Chris Raschka.

Le p'tit bonheur

C'est un petit bonheur
Que j'avais ramassé
Il était tout en pleurs
Sur le bord d'un fossé
Quand il m'a vu passer
Il s'est mis à crier :
« Monsieur ramassez-moi,
Chez vous amenez-moi […]

J'ai pris le p'tit bonheur,
L'ai mis sous mes haillons,
J'ai dit « Faut pas qu'il meure,
Viens-t'en dans ma maison ».
Alors le p'tit bonheur
A fait sa guérison
Sur le bord de mon cœur
Y'avait une chanson. […]

Le p'tit bonheur, Paroles et Musique de Félix Leclerc,
© Éditions Raoul Breton.

3 Recopie les vers qui ont le même nombre de syllabes que le vers en gras ci-dessous.

La clé des temps

- Ligne de cœur
- Et l'oiseau des songes
- La clé des vents
- En fait assez
- Ouvre son bec d'or

1 Dans chacune de ces listes, trouve l'intrus qui ne rime pas avec le mot en vert.

- **misère :** père – mer – air – faire – mitaine – serre – verre – austère
- **continent :** gens – continuent – banc – rang – lent – développement – moment – longtemps
- **bateau :** mot – moto – auto – voilier – rigolo – haut – entrepôt

2 Cherche des mots qui riment avec les mots ci-dessous.

peur – port – pauvreté – richesse – hommes

4 Lis ce poème. À ton tour, écris un poème à la manière d'Henri Dès.

Mon chapeau

Quand je mets mon chapeau gris
C'est pour aller sous la pluie.

Quand je mets mon chapeau vert
C'est que je suis en colère.

Quand je mets mon chapeau bleu
C'est que ça va déjà mieux.

Et je mets mon chapeau blanc
Quand je suis très content.

Chanson « La marche des chapeaux » d'Henri Dès, in *Cache-Cache*, vol. 3,
extrait du disque « Flagada », Disques Mary-Josée 197-117-2.

→ JE RETIENS

- On dit que deux mots riment quand ils se terminent par le même son : ramassé et fossé.
- En poésie, une ligne s'appelle **un vers**. Chaque paragraphe s'appelle **une strophe**.

Le son [z]

Cherchons ensemble

- **Lis le texte. Observe les mots en vert. Qu'ont-ils en commun ?**

> Installé là, Édouard lisait les journaux du matin avec une grande attention, tandis que Rosalie surveillait les devoirs des enfants. À onze heures toutefois, elle les quittait pour aller faire son marché, discutait avec le poissonnier, se rabattait sur la charcuterie. Ils déjeunaient à heure fixe : midi trente, c'était indispensable à la bonne santé des petits. Leur menu présentait une grande variété : ils essayaient tous les produits nouveaux.
>
> Alain Duret, *Un Homme contre la ville*, coll. « Folio Junior », © Éditions Gallimard.

Rayons d'un hypermarché.

1 **Classe les mots dans le tableau.**

une boisson – choisir – quinze – un poisson – un magasin – peser – des choses – une chemise – une pièce – une veste

J'entends le son [s]	J'entends le son [z]
……….	……….

2 **Complète les mots avec la bonne graphie du son [z].**

un dé…ert – il po…e – insuffi…ant – une …one – elle me…ure – dou…e – un oi…eau – le trei…ième

3 **Écris les nombres ci-dessous.**

11 – 12 – 13 – 14 – 15 – 16

4 **Recopie les phrases et indique les liaisons avec un trait.**

Ex. Elle achète des ananas.

- Les sans-abri vivent dans les rues et les parcs de la ville.
- Pour vivre en bonne santé, les êtres humains ont besoin chaque jour d'une ration alimentaire de 2 500 calories.
- La différence entre pauvres et riches s'est creusée dans les années 1980.

5 **Transforme au féminin les noms suivants.**

un vendeur – un chanteur – un coiffeur – un serveur – un conteur

6 **Invente une phrase avec des mots qui contiennent le son [z].**

→ **JE RETIENS**

Le son [z] s'écrit **s** quand le **s** est situé entre deux **voyelles** : un paysage – le désert – poser ou **z** : l'horizon – douze.

La phrase impérative

Cherchons ensemble

- **Lis ce poème et observe la phrase en vert.**
  Trouve l'autre phrase qui est à l'impératif.

Un homme sous la neige.

> **Le Mendiant**
> Un pauvre homme passait dans le givre et le vent ;
> Je cognai sur ma vitre ; il s'arrêta devant
> Ma porte, que j'ouvris d'une façon civile.
> Les ânes revenaient du marché de la ville,
> Portant les paysans accroupis sur leurs bâts.
> C'était le vieux qui vit dans une niche au bas
> Je lui criai : « venez vous réchauffer un peu.
> Comment vous nommez-vous ?
> Il me dit : « Je me nomme le pauvre ».
> Je lui pris la main : « entrez, brave homme »
> Et je lui fis donner une jatte de lait…
>
> Victor Hugo, *Les Contemplations*.

1 **Transforme ces phrases déclaratives en phrases impératives.**

- Tu peux partager ton repas.
- Nous regardons ce film attentivement.
- Vous dessinez la carte du monde.
- Tu rentres sans frapper.
- Vous attendez le signal pour partir.

2 **Recopie uniquement les phrases impératives.**

- Avez-vous visité l'Inde ?
- Apprends à lire à cet enfant.
- Ne sois pas impatient, tu iras à l'école !
- Ne gâche pas la nourriture.
- L'an prochain, je parrainerai un enfant.

3 **Reproduis le tableau et classe ces phrases.**

- Arrête de parler de toi !
- Ne marchez pas à cet endroit.
- Prends le bus pour venir chez moi.
- Mangez pour prendre des forces.
- Va chez le médecin.
- Regarde plutôt ce documentaire, il est passionnant.

Phrases à l'impératif exprimant…		
… un ordre	… un conseil	… une interdiction
………	………	………

➜ **JE RETIENS**
- Dans la phrase impérative, il n'y a pas de sujet.
- La **phrase impérative** sert : – à donner un **ordre** : Finis ton assiette !
  – à donner un **conseil** : Lis plutôt cet album.
  – à **interdire** quelque chose : Ne discute pas.

Objectif : Savoir conjuguer les verbes réguliers à l'impératif présent.

L'impératif présent

Cherchons ensemble

• **Lis le texte. Observe bien les verbes en vert. Ont-ils un sujet ? À quelle personne sont-ils conjugués ?**

De nombreuses associations humanitaires proposent de venir en aide aux enfants des pays pauvres. Le principe est très simple. Il s'agit de devenir le parrain d'un enfant.

Voici comment faire :
– **écrivez** à l'association qui vous adressera en retour le nom et l'adresse de l'enfant ;
– **envoyez** chaque mois la même somme d'argent directement à l'association ;
– **correspondez** avec l'enfant : **créez** ainsi un lien entre votre famille et la sienne. **Découvrez** sa culture, son mode de vie.
En le parrainant, vous lui offrez la possibilité d'aller à l'école et de grandir dans un environnement meilleur.

École primaire en Asie.

3 **Récris ces phrases en mettant le verbe à l'impératif. Conjugue-les à la même personne.**

• Tu donnes de ton temps pour aider les autres.
• Nous aidons les écoles primaires.
• Vous envoyez une lettre pour décrire votre mode de vie.

1 **Transforme le 2ᵉ paragraphe du texte à la 1ʳᵉ personne du pluriel. Récris les verbes à l'impératif.**

2 **Classe les verbes à l'impératif dans le tableau. Que remarques-tu ?**

donne – écris – envoie – aide – corresponds – crée – choisis

Verbes du 1ᵉʳ groupe	Verbes des 2ᵉ et 3ᵉ groupes
....	....

4 **Récris ces phrases négatives à l'impératif.**

• Tu ne compares pas ces deux personnes.
• Nous ne travaillons pas si jeunes.
• Vous n'allez pas chez le médecin.
• Tu n'oublies pas que beaucoup de personnes ne savent ni lire ni écrire.
• Vous ne lui faites pas de mal.

JE RETIENS

• **L'impératif des verbes réguliers** se construit sur le présent de l'indicatif. Il n'a que **trois personnes** et le sujet n'est pas exprimé.

	indicatif	impératif	indicatif	impératif	indicatif	impératif
2ᵉ pers. du sing.	tu manges	→ mang**e**	tu écris	→ écris	tu ouvres	→ ouvr**e**
1ʳᵉ pers. du pl.	nous mangeons	→ mange**ons**	nous écrivons	→ écriv**ons**	nous ouvrons	→ ouvr**ons**
2ᵉ pers. du pl.	vous mangez	→ mang**ez**	vous écrivez	→ écriv**ez**	vous ouvrez	→ ouvr**ez**

• **Attention !** au présent de l'impératif, la 2ᵉ personne du singulier ne se termine jamais par **-es** :
chant**e** – chantons – chantez ; offr**e** – offrons – offrez.

Écrire un poème

Cherchons ensemble

- **Lis ce texte. Quel est l'auteur ? Quel est le titre ? Trouve dans le poème les vers qui correspondent à ce titre.**
- **Observe les mots en vert. Qui pose des questions ? Qui répond ?**
- **Recopie les paroles que répète le Père. Pourquoi les répète-t-il ?**
- **Observe les mots en orange. Comment appelle-t-on les mots qui se prononcent de la même manière à la fin d'un vers ? Trouves-en d'autres.**

Voyages

– Je suis un vieux routier,
Disait le Père :
J'ai vu des continents entiers
Par le soleil incendiés
Et d'autres qui dormaient
Sous une neige austère.
Mais voyez-vous,
Ce que j'ai vu partout,
Disait le Père,
C'est la misère.
– Connaissez-vous les Amériques,
Disait l'enfant ?
– J'ai vu Dallas et Miami,
Oklahoma City,
J'ai vu Sacramento,
Phoenix et Baltimore,
J'ai vu trois cents bateaux
Dans chaque port ;
Mais voyez-vous,
Ce que j'ai vu partout,
Disait le Père,
C'est la misère...

Jean Desmeuzes, *Voyages*, Caractères.

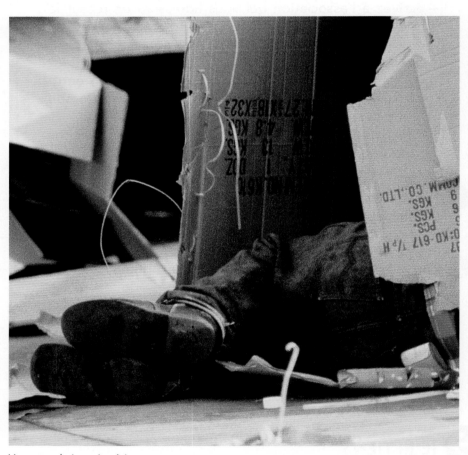

Un sans-abri en Amérique.

1 **Recopie et complète le texte ci-dessous avec des mots qui riment sur le modèle du poème de Jean Desmeuzes.**

– Connaissez-vous le Japon,
Disait le hanneton
– J'ai vu …,
J'ai vu …,

– Connaissez-vous …,
Disait …
– J'ai vu …
J'ai vu …

Mais voyez-vous,
Ce que j'ai vu …,
Disait …,
C'est …

2 **Lis le poème ci-dessous.**

- Quel est l'auteur de ce texte ? Relève les mots qui riment.
- Trouve les mots (noms propres et noms communs) qui retracent le voyage de ce grain de blé. Retrouve l'itinéraire sur la carte au début de ton livre.
- Observe la quatrième strophe. À quoi servent les répétitions ?
- Combien de strophes ont 4 vers ? Comment sont disposées les rimes de ces strophes ?
- Décris la dernière strophe (le nombre de vers, les rimes…). Pourquoi est-elle différente ? À quelle conclusion aboutit-elle ? Compare ta réponse avec le titre du poème.
- Écris à ton tour une strophe de 4 vers.

Rien ne sert de courir

Un grain de blé s'envola
en l'air loin de l'aire
un grain de blé voyagea
parcourant la Terre entière

un oiseau qui l'avala
traversa l'Atlantique
et brusquement le rejeta
au-dessus du Mexique

un autre oiseau qui l'avala
traversa le Pacifique
et brusquement le rejeta
au-dessus de la Chine

traversant bien des rizières
traversant bien des deltas
traversant bien des rivières
traversant bien des toundras

dans son pays il revint
brisé par tant d'aventures
et pour finir il devint
un tout petit tas de farine
Pas la peine de tant courir
pour suivre la loi commune

Raymond Queneau,
in *Battre la campagne*,
© Éditions Gallimard

3 **Lis ce poème de Luc Bérimond, puis réponds aux questions.**

- Combien y a-t-il de vers ? Combien y a-t-il de syllabes dans chaque vers ?
- Remplace les noms de villes par les noms d'autres villes ou pays et invente une rime assortie.
- Maintenant, écris un court poème sur le même modèle.

La sirène de Copenhague (Danemark).

Je donne pour Paris
Un peu de tabac gris
Je donne pour Bruxelles
Un morceau de ficelle
Je donne pour London
Un paquet d'amidon
Je donne pour Genève
Un poignée de fèves
Je donne pour Tokyo
Un guidon de vélo
Je donne pour Moscou
Un petit sapajou
Je donne pour Madrid
Un envol de perdrix
Je donne à Copenhague
La mer avec ses vagues
Je donne à Washington
Tontaine et puis tonton

Luc Bérimond, *L'Esprit d'enfance*,
Coll. « Enfance heureuse », Éditions Ouvrières.

→ JE RETIENS

- Quand on écrit un poème, c'est pour faire partager un sentiment, une émotion, un message ; c'est aussi pour jouer avec les sons, les mots, évoquer des images….
- La longueur des vers, les rimes, la taille des strophes, les répétitions donnent un rythme qui permet au poète de communiquer son émotion.

Comment l'agriculture

Cherchons ensemble

- **Qu'est-ce qui a pu amener les hommes à cultiver la terre ?**
- **À ton avis, quels changements l'agriculture a-t-elle apportés dans le mode de vie des hommes ?**
- **Quelle différence existe-t-il entre une pierre taillée et une pierre polie ?**

? Comment l'homme utilisait-il cette meule ?

? Est-elle en pierre taillée ou en pierre polie ?

Doc. 1 Meule en grès qui sert à moudre le grain (5000 av. J.-C.).

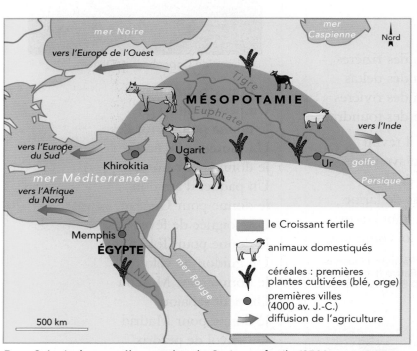

Doc. 2 Agriculture et élevage dans le Croissant fertile (9500 av. J.-C.).

? À ton avis, pourquoi utilise-t-on le mot « Croissant » pour décrire cette région (Doc. 2) ?

? Quels sont les trois grands fleuves visibles sur cette carte ?

? Pourquoi les animaux et les hommes sont-ils nombreux près des fleuves ?

? Nomme les animaux domestiqués et les plantes cultivées.

▶ Les débuts de l'agriculture et de l'élevage

L'homme du **Néolithique** a d'abord récolté des graines par simple cueillette. Puis, il est devenu **sédentaire** et il s'est mis à cultiver la terre : c'est le début de l'agriculture. Elle commence dans le Croissant fertile (Doc. 2) vers 9500 av. J.-C.

Dans le même temps, l'homme devient éleveur. L'élevage lui permet de compléter son alimentation et lui fournit des os, de la corne, des peaux et de la laine pour se vêtir. Il invente de nouveaux outils et utilise la pierre polie (Doc. 1).

Le troupeau, c'était la fortune du village, avec les porcs noirs serrés dans leur enclos, avec les champs où poussaient les épis. Mouflons et chèvres donnaient de la viande et du lait pour toutes les dures périodes de froid et de neige. Là-bas, dans la plaine, d'autres villages éloignés possédaient des bœufs. Ici, il était impossible de les acclimater.

Jean-Luc Déjean, *Atatrek* in *Histoires de la Préhistoire*, Le Livre de Poche Jeunesse.

? Dans ce texte, quels animaux l'homme élève-t-il ?

? Pourquoi ces animaux sont-ils « la fortune du village » ?

est-elle née ?

La Préhistoire

| 3,5 millions d'années av. J.-C. Lucy | 3200 av. J.-C. écriture |

? À quoi pouvait servir cette poterie ?

Doc. 3 Jarre en céramique (4000 av. J.-C.).

? De quels matériaux est composée cette maison (Doc. 4) ?

? Pourquoi est-elle construite sur des pilotis ?

Doc. 4 Reconstitution d'une maison du Néolithique à Chalain (France).

▶ L'invention de nouvelles techniques

Les récoltes régulières et les troupeaux permettent aux hommes de se constituer des réserves de nourriture. Pour les conserver, des artisans fabriquent des jarres et des vases en **céramique** (Doc. 3). D'autres filent la laine, tissent des étoffes avec le lin et le chanvre ou confectionnent des objets en **vannerie**.

Le sais-tu ?

Avant d'inventer la poterie, les hommes préhistoriques utilisaient comme récipient des objets creux qu'ils trouvaient dans la nature : écorces d'arbre, coquillages, cornes d'animaux...

▶ Les premiers villages

Devenu sédentaire, l'homme construit ses premières maisons (Doc. 4). Peu à peu, plusieurs groupes familiaux se rassemblent en un même lieu. Ainsi naissent les premiers villages.

Lexique

la céramique : matière à base d'argile servant à fabriquer des poteries en terre cuite.

le Néolithique : période de la Préhistoire où les hommes ont inventé l'agriculture, l'élevage, la céramique et le tissage.

sédentaire : qui vit dans un habitat fixe (contraire de nomade).

la vannerie : fabrication d'objets tressés en rotin ou en osier.

→ JE RETIENS

- Vers 9500 av. J.-C., les hommes commencent à cultiver la terre et à domestiquer les animaux. Ils se sédentarisent et bâtissent les premiers villages.
- L'invention de la poterie en céramique leur permet de conserver les récoltes. Les outils fabriqués ne sont plus en pierre taillée mais en pierre polie. On appelle cette période le Néolithique.

Objectifs : Sensibiliser à la notion de synonymes et savoir les utiliser selon le contexte.

Les synonymes

Cherchons ensemble

- **Lis le texte, puis utilise le verbe faire à la place des formes verbales en orange. Le sens des phrases est-il changé ?**
- **Quel est l'intérêt d'utiliser des synonymes ?**

Pendant la période néolithique, l'homme réalise de grands progrès. Il apprend à labourer, à semer et à récolter. Il devient agriculteur. Il fabrique des outils comme la hache pour défricher ou la houe pour travailler la terre. Il découvre comment produire des outils en pierre polie pour moudre le grain. Il crée des récipients en céramique pour recueillir, transporter ou conserver sa récolte.

Hache en bois avec une lame de silex (vers 2500 av. J.-C.).

Lame de houe en silex (vers 4000 av. J.-C.).

1 **Associe chaque mot de la liste 1 avec un mot de sens proche dans la liste 2.**

- Liste n° 1 : une période – grand – un progrès – un outil – la terre – moudre – conserver
- Liste n° 2 : le sol – un instrument – garder – important – une amélioration – une époque – broyer

2 **Récris ces phrases en remplaçant le mot en gras par l'un des synonymes qui te sont proposés.**

recueillir – divers – retourner – cultivateur – bois

- Au Néolithique, l'homme devient **agriculteur**.
- Il faut **labourer** la terre avant de semer.
- Pour agrandir ses champs, l'homme défriche les **forêts**.
- Quand le blé est mûr, on peut **récolter** les grains.
- L'homme invente des outils très **variés**.

3 **Récris ces phrases en remplaçant le mot en orange par le synonyme correct.**

- La houe est **utilisée** pour labourer la terre. (**employée – emploi**)
- L'agriculture apporte un grand **changement** dans la vie des hommes. (**modifier – modification**)
- Cette lame de hache est très **fine**. (**effiler – effilée**)
- La pierre polie est une **invention** de l'homme. (**découverte – découvrir**)
- Les techniques agricoles progressent **rapidement**. (**vite – vitesse**)

4 **Écris trois phrases différentes en utilisant les synonymes ci-dessous.**

récolte – moisson – ramassage

→ **JE RETIENS**

- Des **synonymes** sont des mots qui ont le **même sens** ou un sens très proche : faire – produire – fabriquer – créer – réaliser.
- On utilise des synonymes pour éviter les répétitions.
- **Attention !** un verbe aura pour synonyme un autre verbe, un nom aura pour synonyme un autre nom, un adjectif aura pour synonyme un autre adjectif : progresser/évoluer (verbe) – progrès/évolution (nom) – progressif/évolutif (adjectif).

Le son [j]

Cherchons ensemble

- **Lis le texte. Quel son entends-tu dans tous les mots en** orange **?**
- **Repère les différentes lettres qui servent à écrire ce son.**

> – Trop vieux ! avait décrété le Conseil. [...]
> Durant tout l'été, Atatrek traîna une vie sans joie. Il chassa avec les autres, ce qui ne l'amusait guère, et surtout ne lui donnait pas l'exaltation des traques solitaires. Beaucoup de femmes lui commandaient les fines aiguilles d'os qu'il savait si bien percer. Il échangea contre du gibier les belles pointes de flèche qu'il fabriquait, fines, légères et pourtant si dures. Par jeu, il essayait d'orner des vases d'argile avant leur cuisson, imprimant des dessins autour de leur ouverture à l'aide d'une coquille. [...]
> Tout l'été, Atatrek s'occupa, mais il s'ennuyait.
>
> Jean-Luc Déjean, *Atatrek* in *Histoires de la Préhistoire*, Le Livre de Poche Jeunesse.

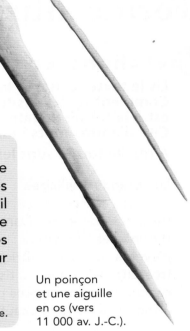

Un poinçon et une aiguille en os (vers 11 000 av. J.-C.).

1 **Lis les mots à voix haute et note-les dans la colonne qui convient.**

il travaille – le village – la famille – la paille – tranquille – une faucille – mille – une corbeille

On entend le son [j]	On n'entend pas le son [j]
....	....

2 **Recopie ces mots et entoure les lettres qui forment le son [j].**

la veillée – de l'ail – un bouillon – ennuyeux – le sommeil – un foyer – un œil – un billot

3 **Trouve les noms masculins formés à partir de ces verbes.**

Ex. ensoleiller → le soleil

- conseiller → ...
- travailler → ...
- réveiller → ...
- recueillir → ...

4 **Récris ces mots en les complétant par l'une des terminaisons qui te sont proposées.**

- le bét... (ail/aille)
- le fen... (ouil/ouille)
- le cerf... (euil/euille)
- l'év... (eil/eille)
- un dét... (ail/aille)
- une vol... (ail/aille)
- une f... (ouil/ouille)
- une f... (euil/euille)
- une tr... (eil/eille)
- une t... (ail/aille)

5 **Récris ces mots en les complétant par** y **ou** ill**.**

bro...er – merve...eux – jo...eux – une bata...e – la cue...ette – un no...au – bou...ir – bala...er – a...eurs – une éca...e – essu...er

Une pointe de flèche en silex (vers 15 000 av. J.-C.).

→ JE RETIENS

- **Le son [j] s'écrit :** – **y** : un foyer – ennuyant – nous nettoyons ;
  – **ill** : une aiguille – la paille – une merveille – du bouillon ;
  – **il**, à la fin des mots masculins : un conseil – du travail.
- **Attention !** on n'entend pas le son [j] dans les mots suivants : un village – mille.

Forme affirmative et forme négative

Cherchons ensemble

- **Lis le texte. Observe la phrase en orange. Comment reconnais-tu que cette phrase est à la forme négative ? Cite d'autres mots indiquant la négation.**
- **À quelle forme sont les autres phrases du texte ?**

> **Les premiers villages**
>
> L'homme ne se déplace plus d'un endroit à l'autre. Il devient sédentaire. Dans les villages, on se répartit les différentes activités : certains sont agriculteurs ou éleveurs, d'autres fabriquent les outils, d'autres encore tressent des paniers, tissent la laine des moutons ou exécutent les premières poteries qui servent à garder les aliments, à les faire chauffer, à les transporter.
>
> *Encyclopédie Méga junior*, © Éditions Nathan (Paris, France) 2004.

Vases en terre cuite (vers 3000 av. J.-C.).

1 **Recopie ces phrases, puis entoure les mots qui indiquent la négation.**

- Cet homme n'est pas un nomade.
- Les femmes ne chassaient plus.
- Les hommes n'avaient personne à combattre.
- Les enfants ne fabriquaient jamais d'outils.
- Les poteries n'étaient pas fragiles.

2 **Récris ces phrases à la forme négative en utilisant** ne… pas, ne… plus, ne… rien **ou** ne… jamais.

- On trouve encore des outils néolithiques.
- Les enfants s'éloignent toujours du village.
- Cette femme fabrique tout de ses mains.
- La céramique est une invention nouvelle.

3 **Transforme ces phrases à la forme affirmative.**

- Au Neolithique, les villages ne sont jamais petits.
- Les hommes ne chassent plus pour trouver leur nourriture.
- Les hommes ne conservent pas leurs récoltes dans des vases.
- Pourquoi les poteries du Neolithique ne sont-elles jamais cassées ?

4 **Écris deux phrases à la forme affirmative et deux phrases à la forme négative avec les mots suivants.**

- hommes – habitent – villages
- cette femme – décore – poterie

→ JE RETIENS

- Une phrase est soit **affirmative**, soit **négative**. Une **phrase négative** sert à nier ou à exprimer son désaccord : Les hommes vivent dans des villages. (phrase affirmative)
Les hommes **ne** vivent **pas** dans des villages. (phrase négative)
- Pour transformer des phrases affirmatives en phrases négatives, on encadre le verbe avec les mots suivants : **ne… pas, ne… plus, ne… jamais, ne… rien**, etc.
Les hommes se déplacent encore. → Les hommes **ne** se déplacent **plus**.
Ils ont toujours fabriqué des poteries. → Ils **n'**ont **jamais** fabriqué de poteries.
Ils ont tout inventé. → Ils **n'**ont **rien** inventé.

Objectifs : Savoir utiliser l'impératif et conjuguer quelques verbes fréquents et/ou irréguliers.

Utiliser l'impératif présent

Cherchons ensemble

- **Observe les verbes en orange dans le texte. À quelle personne et à quelle forme sont-ils conjugués ?**

- **Relève les autres verbes du texte qui sont conjugués selon le même mode. Qu'en déduis-tu sur l'utilisation de l'impératif ?**

> Grâce à quelques vestiges bien conservés, les historiens ont pu reconstituer la marche à suivre pour faire du tissage comme au Néolithique. Voyez comme c'est simple ! Avant de commencer le tissage, faites attention de bien préparer le fil. Prenez du lin et brisez les tiges des plantes pour obtenir des fibres. Si vous utilisez de la laine, lavez-la simplement. Puis, peignez et filez les fibres pour former le fil. Ensuite, allez sur votre métier à tisser tendre vos fils de trame. Pour finir, entrelacez le fil de chaîne dans la trame.

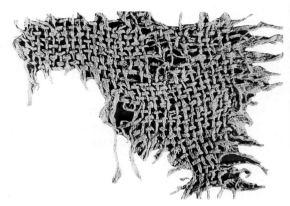

Morceau de tissu trouvé à Charavines (France). Il date de 2600 av. J.-C.

1 **Récris ces phrases en mettant le verbe à l'impératif.**

- Tu commences le tissage.
- Vous préparez le fil correctement.
- Tu obtiens des fibres assez fines.
- Nous tendons les fils.
- Vous fabriquez du fil solide.

Peigne à tisser (2500 av. J.-C.).

2 **Récris ces phrases à la forme négative.**

- Fais une trame serrée.
- Prenons du fil souple.
- Allez chercher la laine.
- Faites attention aux fibres.
- Utilise du lin.

3 **Indique pour chaque phrase si elle exprime l'ordre, le conseil ou l'interdiction.**

- Ne prends pas cette quenouille.
- Va laver cet écheveau de laine.
- Voyons plutôt où sont rangés les tissus.
- Ne faites pas de nœuds avec les fils.
- Admire comme ce tissu est fin.
- Comptez vos fils de trame.

4 **Écris quatre phrases en mettant le verbe à l'impératif et à la personne demandée.**

- **aller** (2e pers. du sing.)
- **faire** (1re pers. du pl.)
- **voir** (2e pers. du pl.)
- **prendre** (2e pers. du sing.)

JE RETIENS

- On utilise l'impératif pour donner un ordre ou un conseil : **Faites** attention.
- L'impératif à la forme négative exprime l'interdiction : **Ne faites pas** d'erreur.

	Faire	Voir	Aller	Prendre
2e pers. du sing.	fais	vois	va	prends
1re pers. du pl.	faisons	voyons	allons	prenons
2e pers. du pl.	faites	voyez	allez	prenez

Quels sont les paysages

erchons ensemble

- **Dans quel hémisphère est située l'Europe ?**
- **Quelle mer borde le Sud de l'Europe ?**
- **As-tu déjà voyagé dans un pays d'Europe ? Lequel ? Décris un paysage qui t'a plu.**

? Observe la carte (**Doc. 1**). Quelles sont les principales montagnes d'Europe ?

? Quelles mers bordent l'Europe au nord ?

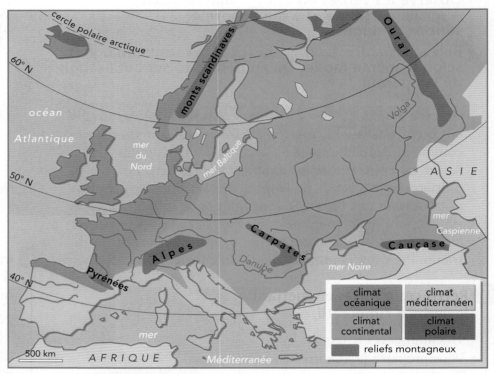

Doc. 1 Le continent européen : reliefs et climats.

Le sais-tu ?

Avec 2 850 km de long, le Danube est le deuxième fleuve d'Europe (après la Volga en Russie). Il traverse l'Allemagne, l'Autriche, la Slovaquie, la Hongrie, la Croatie, la Yougoslavie, la Roumanie, la Bulgarie et l'Ukraine.

▶ Le continent européen

L'Europe est située dans l'hémisphère Nord. C'est un petit continent séparé de l'Asie par les **massifs** de l'Oural et du Caucase (**Doc. 1**). Elle est bordée par l'océan Atlantique à l'Ouest, l'océan glacial Arctique au Nord, la mer Méditerranée au Sud et la mer Baltique au Nord-Est. Les deux plus longs fleuves qui la traversent sont la Volga et le Danube. Les autres sont plus petits.

Il y a 34 pays sur le continent européen dont 25 font partie de l'Union européenne (voir les cartes situées au début de l'ouvrage).

Par la fenêtre

Après le champ, le bois, puis l'autre champ
une eau immense profile son miroir
et des vallées d'or trempent dans la mer
comme une tulipe dans un vase.

Mon père dit que c'est l'Europe.
Par beau temps on la voit toute entière
fumant encore après tant de déluges
demeure des hommes des chiens des chats
[et des chevaux.

Des villes colorées y dressent leurs tours.
Comme des fils d'argent se faufilent des ruisseaux
et les lunes des montagnes tel un duvet épais
de-ci de-là la parsèment de clartés.

Czeslaw Milosz, trad. de Georges Lisowski,
Éditions du Murmure.

? Quels paysages européens décrit le poète ?

de l'Europe ?

? Décris le **Doc. 2**.
De quel type de paysage s'agit-il ?

Doc. 2 Les Alpes vues du côté autrichien.

? Compare ce paysage avec celui du **Doc. 2**.

Doc. 3 Un paysage de plaine en Pologne.

▶ Trois climats dominants

L'Europe est située dans une zone tempérée où trois climats (**Doc. 1**) dominent : au Nord-Ouest, le climat océanique (étés doux, hivers doux, pluies régulières) ; dans le Centre, le climat continental (sec et froid en hiver, orageux et chaud en été) ; et au Sud, le climat méditerranéen (chaud et sec en été, frais et humide en hiver).

▶ Des paysages variés

On trouve tous les types de **relief** en Europe. Au Nord s'étendent des **plateaux** et des montagnes anciennes peu élevées, couverts de forêts de **feuillus** ou de **prairies**. Au Centre et à l'Est s'étire une vaste **plaine** (**Doc. 3**) où dominent les paysages de forêt, de prairie et de **steppe** ; les lacs y sont nombreux. Au Sud se trouvent des chaînes de montagnes (Alpes, Pyrénées, Caucase) aux sommets élevés (**Doc. 2**) et un **littoral** aux **côtes** très découpées.

Lexique

une côte : rivage de la mer.

un feuillu : arbre qui perd ses feuilles.

un littoral : bord de mer.

un massif : ensemble de montagnes.

une plaine : terrain plat.

un plateau : terrain plat situé en altitude.

une prairie : terrain recouvert d'herbe.

un relief : aspect plus ou moins accidenté qui marque la surface de la Terre.

une steppe : plaine presque désertique recouverte de petits végétaux.

→ JE RETIENS

• L'Europe est un petit continent situé dans une zone tempérée. Elle présente trois climats principaux : océanique, continental et méditerranéen.

• Les reliefs sont variés (plaine, plateau, haute ou moyenne montagne) et les paysages très divers. En dehors de la Volga et du Danube, les fleuves ne sont pas très longs, mais les lacs sont nombreux.

Les homonymes

Cherchons ensemble

- **Lis le texte. Observe les mots en vert. Prononce-les à voix haute. Que remarques-tu ?**
- **Sais-tu comment on appelle ces mots ?**

J'ai lu un livre sur les paysages de l'Europe. Mon auteur précisait que la variété des paysages est due en partie au relief : des plaines, des monts (la hauteur maximale du mont Blanc est de quatre mille huit cent huit mètres), des plages et des caps rocheux. Cette diversité s'explique aussi par le climat. Au fil du temps, une grande part des paysages a été transformée par les hommes.

Moulin et champs de tulipes en Hollande (Europe).

1 **À chaque fois, compare les deux phrases et trouve les mots qui se prononcent de la même manière.**

- Il se dirige vers Amsterdam.
  En Hollande, les paysages sont très verts.
- La Hollande est une vaste étendue plate sillonnée de canaux.
  Elle se promène en canot sur l'Escaut.
- La circulation à La Haye est dense.
  Beaucoup de Néerlandais aiment les spectacles de danse moderne.

2 **Recopie et complète ces phrases avec le mot qui convient.**

paire – père – perd – lait – les – laid

- Il se … régulièrement en route.
- Cette vache ne donne pas vingt litres de … tous les jours.
- Il trouve que ce paysage est … .
- Son … fait régulièrement des randonnées en montagne.
- Pour admirer la vallée, j'ai besoin de ma … de lunettes.
- … champs de tulipes sont typiques des paysages hollandais.

3 **Écris une phrase avec chacun de ces mots.**

sans – sang – cent – s'en

4 **Cherche des mots qui se prononcent de la même manière que les mots en gras et invente de nouvelles phrases.**

Ex. Les hommes aménagent les paysages tout **au** long de l'histoire.
→ Les **hauts** sommets sont enneigés.

- Les **champs** sont irrigués.
- La **mer** est déchaînée.
- Le **temps** est au beau.
- L'Europe est située **dans** une zone tempérée.

5 **Trouve d'autres mots qui se prononcent de la même manière mais qui ont un sens différent.**

→ JE RETIENS

Les homonymes sont des mots qui se prononcent de la même manière mais qui n'ont pas le même sens :
Ils se dirigent **vers** la vallée – Le pêcheur accroche un **ver** à son hameçon. – Veux-tu un **verre** d'eau ? – Le peintre utilise deux couleurs : le **vert** de la campagne, le **vert** de l'herbe et des arbres.

Le son [k]

Cherchons ensemble

• **Lis ce texte et relève les mots dans lesquels tu entends le son [k]. Que remarques-tu ?**

> L'Europe est un petit continent de 303 millions de kilomètres carrés. Elle va de la pointe du Raz, à l'extrême Ouest de la France, jusqu'au massif de l'Oural en Russie. Les paysages y sont d'une très grande variété. Au Nord, dans les pays scandinaves, on trouve des paysages très verts où alternent les forêts et les lacs, tandis qu'au Sud, on peut admirer des côtes sauvages presque désertiques. Voyager en Europe apporte toujours beaucoup de dépaysement.

Un lac en Suède (Europe).

1 **Recopie et complète les mots avec la bonne graphie du son [k].**

s…ier – le bo…age – …inze – un vol…an – …ulminer – a…limater – un …aya… – uni…e – des …rysanthèmes

2 **Recopie les phrases et complète les mots avec la bonne graphie du son [k].**

• En Suède, poussent de nombreuses espèces d'or…idées, favorisées par des sols rocheux …al…aires et un …limat doux.
• En rase …ampagne, de bonnes auberges rurales a…ueillent les visiteurs.
• La Suède …ompte près de 100 000 la…s et une cin…antaine de fleuves et rivières.
• Pour …ontempler les paysages de l'Europe, rien de mieux …e le train. Attention ! ne pas oublier de …omposter son ti…et.

3 **Recopie le tableau et classe les mots dans la bonne colonne.**

un glacier – accomplir – un acquis – le centre – l'océan – une kyrielle – sec – basque – une différence – le chaos

On entend le son [k]	On n'entend pas le son [k]
……….	……….

4 **Recopie le texte et complète les mots avec la bonne graphie du son [k].**

On ne part pas à la dé…ouverte du Grand Nord sans s'é…iper et a…érir le matériel adéquat. Il faut éviter de …itter les sentiers balisés. Attention ! les sols maré…ageux dissimulés sous les pla…es de neige peuvent a…roître le nombre d'a…cidents !

5 **Écris trois phrases qui contiennent un maximum de mots avec le son [k].**

→ JE RETIENS

Le son [k] peut s'écrire :
– **c** (seulement devant **a**, **o**, **u** ou en fin de mot) : la **c**ulture – ave**c**
– **cc** : a**cc**omplir
– **qu** : **qu**atre – une pla**qu**e
– **k** : un **k**oala – le s**k**i
– **ch** : une **ch**ronique – un ar**ch**éologue
– **ck** : un ti**ck**et
– **q** : un co**q**

L'accord sujet/verbe

Cherchons ensemble

• **Lis le texte. Observe la terminaison des verbes en vert. Que remarques-tu ?**

Dans l'extrême Nord du Portugal, le climat **est** franchement océanique. Les fleuves sont abondants et l'eau **ruisselle** sur des sols le plus souvent imperméables. L'humidité ambiante **explique** l'aspect verdoyant des paysages, où **dominent** des forêts et surtout la vigne. Vers le Nord-Est montagneux, les arbres se **font** plus rares et le climat plus rude. Les campagnes **prennent** des teintes brune et ocre une grande partie de l'année.

D'après *Portugal*, Guides bleus Évasion, Hachette Livre.

Vignes au Portugal (Europe).

1 **Recopie les phrases suivantes, entoure les verbes et souligne les sujets (ou GS).**

• Quand on s'éloigne vers le Sud du Portugal, les paysages perdent leur caractère océanique.
• Les collines de l'Estremadura se couvrent d'une végétation méditerranéenne.
• L'immense plaine de l'Alentejo déroule ses terres sèches : seuls des chênes et un peu de blé y poussent.
• Le littoral présente aussi des paysages très variés.

2 **Recopie et associe les groupes sujets (GS) aux groupes verbaux (GV).**

Dans le Centre, les hauts plateaux •   • sont propices à la culture de la vigne.

Les températures élevées •   • est constituée d'amandiers, de figuiers et d'orangers.

La diversité des paysages •   • sont balayés par le vent.

La flore de l'extrême Sud du Portugal •   • fait le charme du Portugal.

3 **Écris une phrase au singulier et une phrase au pluriel. N'oublie pas d'accorder les verbes.**

4 **Récris ces phrases en mettant le GS au singulier.**

• Les paysages perdent leur caractère océanique.
• Les campagnes ne prennent pas de teintes brunes.
• C'est un paysage où dominent les forêts de feuillus.

JE RETIENS

Le verbe s'accorde en **nombre** (singulier ou pluriel) avec le groupe sujet (GS).
• Si le GS est singulier, le verbe se met au singulier :
Le pont Vasco de Gama à Lisbonne **est** le plus long d'Europe.
• Si le GS est pluriel, le verbe se met au pluriel :
Au Portugal, les vignes **donnent** chaque année un excellent raisin.

Objectifs : Savoir reconnaître les verbes du 2e groupe et savoir les écrire au présent.

Le présent des verbes du 2e groupe

Cherchons ensemble

- **Lis le texte, puis trouve l'infinitif des verbes en vert. Quelle est la terminaison de ces verbes à la 3e personne du pluriel ?**

Au fil du temps, les hommes ont profondément transformé les paysages. Encore aujourd'hui, ils **bâtissent** de nombreuses constructions qui **finissent** parfois par dégrader totalement leur environnement. De temps en temps, ils **réussissent** parfaitement à intégrer leurs nouveaux édifices aux différents milieux (chalets en montagne…). Ainsi, tous les endroits aménagés par l'homme **réunissent** des éléments naturels et des constructions humaines plus ou moins réussies.

Viaduc de Millau en France, inauguré en 2004.

1 **Parmi ces verbes, récris ceux qui appartiennent au 2e groupe.**

ils réussissent – nous aménageons – elle gravit – tu franchis – je viens – vous finissez – vous offrez

2 **Écris les verbes en gras au présent.**

- Nous (**choisir**) un livre sur la construction du viaduc de Millau.
- Tu (**saisir**) l'occasion pour parler.
- Le ciel (**s'obscurcir**) au fur et à mesure que l'orage approche.
- Elle (**finir**) sa carte de l'Europe.
- Ces paysages de montagnes nous (**ravir**).
- Nous (**franchir**) la rivière sans difficulté.

3 **Écris vous à la place de tu.**

- Tu réussis à expliquer ce qu'est le défrichement.
- Pour ton exposé, tu réunis beaucoup de documents.
- Tu ne réfléchis pas avant de parler !
- Tu finis par comprendre l'impact des hommes sur les paysages.

4 **Récris ce texte au présent à la 1re personne du singulier, puis à la 1re personne du pluriel.**

Tu aimes beaucoup la géographie. Comme tu choisis bien les documents que tu utilises, tu finis par comprendre très bien la vie des hommes sur la Terre et tu réussis même à reproduire des cartes !

JE RETIENS

Les verbes qui se terminent par **-ir** à l'infinitif et **-issons** à la 1re personne du pluriel au présent sont tous des verbes du **2e groupe**. Ils se conjuguent tous comme le verbe **finir** :

je fin**is** – tu fin**is** – il/elle fin**it** – nous fin**issons** – vous fin**issez** – ils/elles fin**issent**

Décrire un paysage

Cherchons ensemble

- **Lis ce texte. Quelle partie du paysage décrit chacun des deux premiers paragraphes ?**
- **Observe les mots en vert. À quoi servent-ils ? Trouves-en d'autres.**
- **Observe les mots en orange. Pourquoi se trouvent-ils en fin de paragraphe ?**
- **Relis le dernier paragraphe. Quel est son but ?**

Quand on découvre pour la première fois cette photographie, la falaise grise, ravinée, abrupte s'impose. En effet, elle occupe plus de trois quarts de l'espace et domine le paysage. Sans traces de vie d'aucune sorte (ni végétale, ni animale), on pourrait se croire dans un paysage désertique.

Quand on regarde plus précisément la photographie, on découvre, au premier plan quelques maisons basses aux murs blancs ou pastels et aux toits de tuiles. Ce petit village est entouré d'arbres et d'arbustes.

Au deuxième plan, entre le village et la falaise, un pré de fleurs jaunes, des arbres au feuillage encore bourgeonnant : c'est sans doute le printemps. Les arbres sont bien alignés. On est dans un paysage aménagé par l'homme.

Ce paysage est un paysage très contrasté (minéral/végétal, désertique/habité…) où, au pied d'une falaise imposante, un village vit.

Un paysage en Grèce.

1 **Observe ces photos et rédige pour chacune d'elles une ou deux phrases pour les décrire. Tu peux t'aider des mots de la liste.**

montagneux – chutes –
rural – calme –
tumultueux – petit –
hommes – navigable –
voie de communication –
plaine – colline –
vallonné – vignobles –
immense – vapeur d'eau

Un paysage au Portugal.

Un paysage en Islande.

2 **Observe cette photo et réponds aux questions.**

- D'où cette photo a-t-elle été prise ?
- Que représente-t-elle ?
- Quelles formes géométriques vois-tu ? Dessine-les.
- À partir de ces observations et des mots suivants, rédige une courte description de ce paysage.

banlieue – habitat – lotissement – maisons – insolite – aménagé – espace organisé

Le quartier de Brondby, banlieue de Copenhague (Danemark).

3 **Observe cette photo et décris-la.**

L'île Stromboli au Nord-Est de la Sicile.

→ JE RETIENS

Pour **décrire un paysage**, on peut :
- analyser les différentes parties qui le composent (premier plan, deuxième plan…) ;
- dégager des caractéristiques pour connaître le type d'espace auquel ce paysage appartient (montagne, plaine, littoral) ;
- reconnaître s'il s'agit d'un paysage naturel (non transformé par l'homme) ou aménagé.

Comment se termine

Cherchons ensemble

- **Quels métaux connais-tu ?**
- **Quelles sortes d'objets sont fabriqués en métal ?**
- **Qu'est-ce qu'un mégalithe ?**

Doc. 1 Plaque décorative en or représentant un animal (3200 av. J.-C.).

Doc. 2 Collier gravé en bronze (1500 av. J.-C.).

? À quoi ces objets servaient-ils (Doc. 1, 2 et 3) ?

? Quels matériaux ont été utilisés pour leur fabrication ?

Doc. 3 Poignard en bronze (1000 av. J.-C.).

Entre Préhistoire et histoire...

La question essentielle que je me pose est motivée par cette hache que tu as trouvée. Qui étaient les hommes qui l'ont fabriquée ? Ils échappent à l'histoire, et, cependant, ils montrent déjà un degré de civilisation tel qu'on ne peut les classer parmi les hommes préhistoriques ! Sais-tu, par exemple, que les mégalithes géants de Stonehenge en Angleterre ont été transportés d'une région voisine, le Pembrokshire... Par quels moyens ? Ils pèsent des tonnes ! Et le gigantesque menhir de Locmariaquer ? Comment ces hommes ont-ils fait pour l'ériger ?

Yvon Mauffret, *Le Trésor du menhir*, Rageot Éditeur.

? Quel objet a été trouvé ?

? Est-il d'époque préhistorique ? Pourquoi ?

▶ La découverte des métaux

Vers 8000 av. J.-C., les hommes découvrent la **métallurgie**. Ils apprennent à chauffer et à mouler les métaux. L'or **(Doc. 1)** sert surtout à la fabrication de bijoux. Le cuivre est utilisé pour faire des haches et des lames de poignard.

Au IIe millénaire, les hommes inventent le bronze **(Doc. 2)**, un mélange de cuivre et d'étain. C'est un métal plus solide avec lequel ils fabriquent des armes **(Doc. 3)**. Le fer n'apparaît que vers 1000 av. J.-C.

la Préhistoire ?

La Préhistoire

3,5 millions d'années av. J.-C. Lucy	3200 av. J.-C. écriture

Doc. 3 Dolmen de Pors Poulhan en Bretagne (France, 3000 av. J.-C.).

? Comment ces pierres sont-elles disposées ?

? Que peux-tu dire de leur taille ?

▶ L'édification des mégalithes

Vers 5000 av. J.-C., les hommes du Néolithique se mettent à construire des **mégalithes** : les **menhirs** et les **dolmens** (Doc. 3).

La fonction des menhirs reste mystérieuse. Certains supposent qu'ils permettaient d'observer le mouvement du Soleil mais d'autres pensent que ce sont des monuments religieux.

Les dolmens sont des **nécropoles**. La dalle verticale recouvre une tombe. On y a découvert des ossements humains, parfois accompagnés d'objets.

Le sais-tu ?

Le mot *mégalithe* vient du grec *méga* qui veut dire « grand » et *lithos* qui veut dire « pierre ». En Bretagne, à Carnac, il existe un site mégalithique où sont alignés plus de 3000 menhirs.

▶ La fin de la Préhistoire

Vers 3200 av. J.-C., en Mésopotamie, les hommes découvrent l'écriture. Les historiens considèrent que c'est à partir de ce moment-là que commence l'histoire.

Lexique

un dolmen : monument en forme de table fait avec d'énormes pierres (du breton *dol*, la table, et *men*, la pierre).

un mégalithe : grand monument de pierre.

un menhir : grosse pierre de forme allongée et dressée (du breton *men*, la pierre, et *hir*, longue).

la métallurgie : technique de fabrication de métaux.

une nécropole : lieu où sont enterrés les morts.

→ JE RETIENS

- À la fin du Néolithique, les hommes découvrent comment fabriquer des objets en métal : en or, en cuivre, puis en bronze. C'est le début de la métallurgie.
- Ils édifient d'énormes monuments de pierre : les mégalithes. Les dolmens sont des nécropoles, mais on ne sait toujours pas à quoi servaient les menhirs. La Préhistoire se termine quand apparaît l'écriture.

Objectifs : Découvrir et utiliser le lexique de **la construction**.

Les mots de la construction

Cherchons ensemble

La construction d'un menhir

1. On **creuse** un grand trou. Puis on approche le menhir en le faisant rouler sur des rondins de bois.

2. À l'aide de cordages, on **bascule** le menhir dans le trou et on le **dresse** à la verticale.

3. On **cale** le menhir en remplissant le trou de terre et de cailloux.

• **Observe ces trois schémas qui montrent la technique utilisée pour dresser un menhir. Précise le sens des mots en orange.**

Menhir de Carnac en Bretagne (France, 3000 av. J.-C.).

1 Trouve parmi ces mots celui qui correspond à la définition de la première étape d'une construction.

le fond – un fondement – fondamental – les fondations – fonder – fondant – une fondatrice

Définition : Ensemble des travaux destinés à établir les bases d'une construction.

2 Trouve l'intrus dans chacune de ces listes.

• bâtir – bâton – bâtisse – bâtiment – bâtisseur
• caillou – caillouteux – caille – caillasse
• construire – construction – constater – constructeur
• édifier – édification – éducatif – édifice
• pierre – pire – pierreux – empierrer – pierrailles

3 Trouve des verbes qui expriment le contraire de **bâtir**, **construire**, **édifier**.

4 Donne la signification de ces expressions.

Faire d'une pierre deux coups. – Geler à pierre fendre. – Faire le mur. – Passer le mur du son. – Être le dos au mur. – Échafauder un plan.

JE RETIENS

• Il existe différents mots pour exprimer l'action de **construire** : bâtir – édifier – dresser.
• Pour décrire la façon de procéder, il faut utiliser des mots précis : creuser – empiler – caler – consolider et indiquer les matériaux employés : la pierre – le bois – la brique – le béton, etc.

Objectif : Reconnaître le genre
des noms dans le GN.

Le genre des noms

Cherchons ensemble

- **Observe les noms en orange. À l'aide du mot qui les précède, indique s'ils sont au masculin ou au féminin.**

> La métallurgie devient une nécessité pour les groupes civilisés sédentaires : tandis que les agriculteurs cultivent la terre, les forgerons fabriquent les armes. Le travail de chacun se différencie, entraînant une nouvelle organisation de la société : l'âge des métaux débute [...]. Entre – 6000 et – 5000 se développe la technique de fusion des métaux, permettant de couler armes et outils dans des moules et de créer, plus tard, des alliages résistants, tels que le bronze, mélange de cuivre et d'étain (– 3000).
>
> Bernard Jenner, *Encyclo Junior*, Hachette Livre.

Armes en bronze (VIᵉ siècle av. J.-C.).

1 **Recopie ces mots en plaçant devant un ou le, une ou la, puis indique s'ils sont masculins ou féminins.**

groupe – forgeron – arme – organisation – métal – outil – fusion – moulage – création – cuivre

2 **Recopie le tableau et classe les mots ci-dessous.**

mon poignard – une épée – sa hache – le fer – une épingle – ton bracelet – la lame – ce pendentif – son couteau

Nom masculin	Nom féminin
....	....

3 **Écris le féminin de ces noms.**

un voisin – le mouton – un agriculteur – un ami – un gardien – un loup

4 **Relève les noms de ce texte et donne leur genre.**

Pour fabriquer un objet en métal, les hommes façonnent d'abord un modèle dans de la cire. Puis ils l'enveloppent de terre argileuse afin de former un moule. Ensuite, par un petit trou, ils y versent du métal fondu. Celui-ci fait fondre la cire qui ressort du moule. Quand le métal est refroidi, ils cassent le moule et récupèrent l'outil, l'arme ou le bijou créés.

→ JE RETIENS

- Tous les noms ont un **genre** : masculin ou féminin. C'est le déterminant placé devant le nom qui indique ce genre.
  - Les noms sont au **masculin** quand ils sont précédés de : un – le – mon – ton – son – ce – cet.
  - Les noms sont au **féminin** quand ils sont précédés de : une – la – ma – ta – sa – cette.
- Souvent les noms féminins se forment en ajoutant un **e** au masculin : un ami → une amie.
- Parfois la terminaison change : un agricult**eur** → une agricult**rice**.
- Mais quelquefois, le féminin est différent du masculin : un **garçon** → une **fille**.

Le groupe nominal

Cherchons ensemble

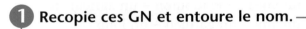

- Observe bien les groupes nominaux en orange. De combien de mots est composé le plus petit GN ?

Les cercles de pierre

Les cromlechs sont des menhirs plantés en cercle, dont le plus beau se trouve à Stonehenge, en Angleterre. Autrefois, on a voulu y voir des observatoires astronomiques, mais aujourd'hui, on pense plutôt à des temples ou des monuments pour les morts. L'étrangeté de ces constructions fascine toujours.

Vrais et Faux Mystères du monde, « Mégascope Passions », © Éditions Nathan (Paris, France) 2004.

Le site de Stonehenge en Angleterre. Ce cromlech a été édifié vers 2000 av. J.-C.

1 Recopie ces GN et entoure le nom.

le cromlech – le plus beau menhir –
des temples – des énormes monuments –
des constructions étranges

2 Réduis ces GN pour qu'il ne reste plus que le nom et son déterminant.

Ex. un superbe menhir → un menhir

- les cercles de pierre
- un gigantesque cromlech
- des observatoires astronomiques
- des temples sacrés
- des monuments pour les morts
- l'étrangeté de ces constructions
- un mystère fascinant
- le plus grand site du monde

3 Récris ces phrases en enrichissant le GN en gras.

Ex. C'est **un dolmen**. → C'est **un** magnifique **dolmen**.

- **Ce menhir** fait trois mètres de haut.
- **Les mégalithes** datent de 6000 av. J.-C.
- Il y a aussi **des dolmens** en France.
- **Le site de Stonehenge** est situé en Angleterre.
- **Cette pierre** pèse 200 tonnes.
- C'est **un site**.
- **Ce cromlech** est connu dans le monde entier.

4 Recopie les GN de ce texte et entoure le nom principal de chaque GN.

Sur le site de Stonehenge, les menhirs sont soigneusement rangés pour former un cercle. Des savants ont remarqué que certains alignements coïncident avec différentes positions du Soleil dans l'année. Ils pensent qu'il s'agit peut-être d'une sorte de calendrier.

JE RETIENS

- Dans un **groupe nominal**, il y a toujours un **déterminant** (D) et un **nom** (N) : un (D) menhir (N).
- Mais le nom peut aussi être accompagné d'un ou plusieurs autres éléments : adjectif, complément du nom, etc.

un beau menhir (D + adjectif + N) – un menhir de haute taille (D + N + complément du nom)

Objectif : Savoir conjuguer les verbes du 3e groupe en -ir au présent.

Conjugaison

Le présent des verbes du 3e groupe en -ir

Cherchons ensemble

- **Donne l'infinitif des verbes en** orange.
- **À quel temps sont-ils conjugués ?**
- **À quel groupe appartiennent-ils ?**

Aujourd'hui, nous partons visiter des sites mégalithiques en Corse. Je lis dans mon guide que le mot « méga-lithe » vient du grec *méga* qui veut dire « grand » et *lithos* , la « pierre ». Arrivés à Cauria, nous découvrons le bel alignement de menhirs de Stantari. Je retiens que ces menhirs datent de – 4000. Puis nous nous rendons à Filitosa. Quel spectacle ! Là aussi, certains menhirs sont gravés et même sculptés. Il s'agit peut-être de monuments dédiés à des chefs de guerre ou à des dieux.

Alignement de menhirs sur le site de Stantari à Cauria en Corse du Sud (vers 1500 av. J.-C.).

1 **Recopie ces phrases en les complétant avec le bon pronom.**

je – elle – nous – vous – ils

- … partons en Corse pour voir des menhirs.
- Quand revenez-… de Filitosa ?
- … retiennent l'attention des visiteurs.
- … repars pour le site de Cauria en Corse.
- Que devient-… ?

2 **Recopie ces phrases en choisissant la forme correcte du verbe.**

- Où (**pars/part**)-tu avec ce chargement de pierres ?
- Certains sites (**devienne/deviennent**) célèbres.
- Personne ne (**détiens/détient**) le secret des menhirs.
- Je (**parcours/parcourt**) un document sur la Corse.
- Il (**appartient/appartiens**) aux savants de trouver à quoi servaient les menhirs.

3 **Recopie ces verbes en les complétant avec la terminaison du présent qui convient.**

nous serv… – tu sen… – ils tienn… – je men… – vous consent… – elle accour… – tu ressor…

4 **Récris ces phrases en conjuguant correctement le verbe au présent.**

- D'où (**provenir**) ces pierres ?
- Vous (**maintenir**) cette pierre droite avec de la terre.
- Plus rien ne (**retenir**) cette pierre dans le sol.
- Les dolmens (**servir**) à recouvrir des tombes.
- Ce livre (**contenir**) des informations sur les cromlechs.

5 **Écris trois phrases à la 1re personne du singulier avec ces trois verbes.**

sortir – soutenir – courir

JE RETIENS

- Parmi les verbes du 3e groupe en **-ir**, certains se conjuguent comme **partir**, **sortir**, **servir**.

Partir : je par**s** – tu par**s** – il par**t** – nous part**ons** – vous part**ez** – ils part**ent**

- D'autres changent de radical et se conjuguent comme **venir** ou **tenir**.

Venir : je vien**s** – tu vien**s** – il vien**t** – nous ven**ons** – vous ven**ez** – ils vienn**ent**

Où habitent

Cherchons ensemble

- **Où habites-tu ? En ville ou à la campagne ? En centre-ville ou en banlieue ?**
- **Nomme quelques grandes villes d'Europe.**
- **Quel pays a pour capitale Londres ?**

? Observe cette carte. Quelles zones d'Europe présentent les plus fortes densités de population ?

? Quelles sont les villes d'Europe qui comptent plus de 7 millions d'habitants ?

Doc. 2 Londres, capitale du Royaume-Uni.

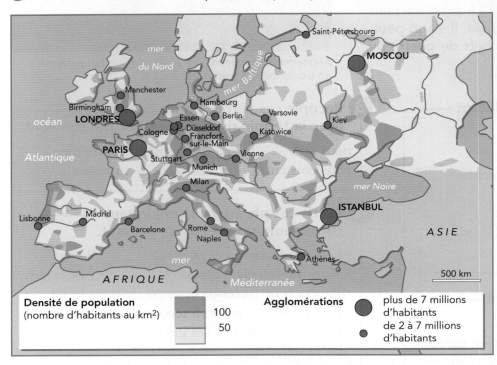

Densité de population
(nombre d'habitants au km²)

100
50

Agglomérations

plus de 7 millions d'habitants

de 2 à 7 millions d'habitants

Doc. 1 Les densités de population et les grandes agglomérations en Europe.

? Où est située cette ville (**Doc. 2**) sur la carte (**Doc. 1**) ?

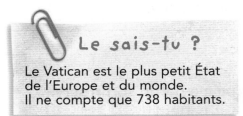

Le sais-tu ?

Le Vatican est le plus petit État de l'Europe et du monde.
Il ne compte que 738 habitants.

► Une population nombreuse et riche

L'Europe compte 730 millions d'habitants, mais ils sont inégalement répartis (**Doc. 1**).

Les régions où la densité de population est la plus élevée se trouvent à l'Ouest et au Nord-Ouest. C'est aussi dans ces régions que l'on trouve les pays les plus riches.

Les régions les moins peuplées sont celles de l'Est et du Sud. Elles regroupent des pays au niveau de vie un peu moins élevé.

les Européens ?

Doc. 3 Le centre-ville de Moscou (Russie).

Doc. 4 Le quartier Azca à Madrid (Espagne).

❓ Observe les photographies de grandes villes d'Europe (**Doc. 2, 3 et 4**). Quels types de constructions y vois-tu ? Compare-les.

Ils sortirent de la rame en plein cœur de Londres et furent emportés par une vague d'hommes en costume et de femmes en tailleur qui avaient tous un attaché-case à la main. Ils montèrent l'escalier mécanique, franchirent le portillon de la sortie (Mr Weasley fut émerveillé de voir le tourniquet avaler son ticket) et se retrouvèrent dans une avenue bordée d'immeubles imposants et déjà encombrée de voitures.
– Où sommes-nous ? demanda Mr Weasley d'un air perplexe.
Pendant un instant, Harry craignit qu'ils se soient trompés de station, bien que Mr Weasley n'eût cessé de consulter le plan.

Harry Potter et l'Ordre du Phénix, J.K. Rowling, © J.K. Rowling, traduction de J.F. Ménard, Éditions Gallimard Jeunesse.

❓ À quoi vois-tu qu'Harry Potter se promène dans un centre-ville ? Relève les mots du texte qui le montrent.

▶ Une population très urbaine

En Europe, les trois quarts des habitants vivent en ville. La population est surtout concentrée autour des grandes **métropoles** de l'Ouest (Londres (**Doc. 2**), Paris, Milan). Mais il existe aussi de grandes agglomérations à l'Est (Moscou (**Doc. 3**)).

La plupart des grandes villes européennes possèdent un centre-ville historique (monuments anciens (**Doc. 2 et 3**) et un quartier d'affaires (immeubles modernes constitué essentiellement de bureaux (**Doc. 4**)). Autour, s'étendent généralement de vastes **banlieues**.

Lexique

une banlieue : ensemble d'habitations qui entourent une grande ville.

une métropole : grande agglomération, capitale politique ou économique d'une région.

➜ JE RETIENS

• L'Europe est un continent riche et très peuplé, surtout à l'Ouest.
Sa population est principalement urbaine.
• Les villes sont souvent très anciennes. Elles se composent d'un centre historique, d'un quartier d'affaires et de banlieues.

Dire le contraire

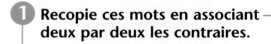

Cherchons ensemble

- **Observe ces photographies qui représentent deux villes d'Europe très différentes : l'une est ancienne, l'autre est récente. Utilise d'autres mots pour décrire ce qui les oppose.**

Doc. 1 Venise, une très ancienne ville d'Italie.

Doc. 2 Francfort, une ville récente d'Allemagne.

① **Recopie ces mots en associant deux par deux les contraires.**

vieux – bas – nombreux – beau – neuf – lent – haut – laid – rapide – rare

② **Recopie ces phrases et remplace les mots en gras par leur contraire.**

mal – moins – près – très – lentement
- Les habitants de l'Europe sont **peu** nombreux.
- La vie des citadins est **plus** agréable.
- Ce centre-ville a été **bien** aménagé.
- Elle habite **loin** de la ville.
- La banlieue s'étend **rapidement** autour de la ville.

③ **Récris ces phrases en utilisant le contraire du mot en vert.**

- Comme la ville est belle au soleil **couchant** !
- Ils **construisent** un immeuble de vingt étages.
- La population **augmente** dans ce quartier.
- Nous **défaisons** notre valise.
- Le train **se rapproche** de Francfort.

④ **Pour chaque phrase, trouve deux manières de dire le contraire.**

Ex. Ils entrent dans la ville. → Ils **n'**entrent **pas** dans la ville.
→ Ils **sortent** de la ville.
- Vous prenez votre temps.
- La circulation dans les agglomérations est facile.
- Cette ville est magnifique.

→ JE RETIENS
- Pour dire le contraire, tu peux utiliser des mots qui s'opposent ou mettre la phrase à la forme négative quand c'est possible.
- Les mots de sens contraire peuvent être :
– des verbes : entrer/sortir – faire/défaire
– des adverbes : joyeusement/tristement
– des noms : fille/garçon – ami/ennemi
– des adjectifs : vieux/jeune – possible/impossible
– des prépositions : sous/sur

Objectifs : Connaître les marques
du pluriel des noms et savoir les utiliser.

O r t h o g r a p h e

Le singulier et le pluriel des noms

Cherchons ensemble

- **Repère le mot maison dans le texte. Par quelle lettre se termine-t-il au pluriel ? Trouve d'autres mots qui ont la même marque du pluriel.**
- **Observe les trois mots en vert. Que remarques-tu ?**

> Tout autour de lui, des maisons immenses dressaient leurs façades endormies. Pas n'importe quelles maisons. Les mêmes, exactement, qu'au moment où il avait décidé de suivre la foule dans le grand trou ! Il reconnut instantanément le kiosque à journaux derrière ses volets de bois, les magasins aux rideaux tirés, les bureaux vides derrière leurs vitres sombres. Il était revenu au même endroit !
>
> Daniel Pennac, *Cabot-Caboche*, © 1994, Éditions Pocket Jeunesse, département de Univers Poche.

Façades en Angleterre (Europe).

1 **Recopie le tableau et classe les noms.**

une cité – des immeubles – un habitant – le citadin – des voitures – des matériaux – ce village – les banlieues

Noms singuliers	Noms pluriels
....	....

2 **Recopie les phrases en mettant les groupes de mots en gras au pluriel. (Attention aux accords : s et x !)**

- Pour faciliter la circulation, on a construit **une route**.
- L'entreprise a installé **son local** à la campagne.
- La ville s'est équipée d'**un nouvel autobus**.

3 **Recopie les phrases en mettant les noms en gras au pluriel. Pense à accorder.**

- La **zone** commerciale s'installe en banlieue.
- Cette **ville** est ancienne.
- Le **prix** de ce **logement** en ville a augmenté.
- Dans la **ville**, il y a un **musée**, un **parc** et un **cinéma**.
- Cette **ruelle** a un **nom** difficile à retenir.

4 **Écris deux phrases dont les groupes sujets sont au pluriel.**

JE RETIENS

- **Tous les noms ont un genre** (masculin ou féminin). Tous les noms ont aussi un **nombre** (singulier ou pluriel). C'est le déterminant qui indique le nombre du nom.
  – Tous les noms au **singulier** sont précédés de : un – une – le – la – ce – cette – son – sa...
  – Tous les noms au **pluriel** sont précédés de : des – les – ces – mes...
- **En général, le pluriel** se forme en ajoutant un **s** au nom singulier : un chef → des chefs.
Les noms terminés par -au, -eau, -eu prennent un **x** au pluriel : un château → des châteaux.
Les noms au singulier terminés par -x, -s, -z ne changent pas au pluriel :
un bus → des bus   un prix → des prix   un nez → des nez

Noms communs et noms propres

Cherchons ensemble

- **Lis attentivement ce texte. Quel est le pays cité ?**
- **Pourquoi y a-t-il une majuscule aux mots Espagne, Lérida, Catalogne ? Trouve d'autres mots du texte qui ont une majuscule.**

L'huile d'olive est un des produits les plus importants d'Espagne. Les plantations d'oliviers se trouvent tout au long de la côte méditerranéenne, de Lérida et Tarragone en Catalogne, jusqu'à Jaén et Séville en Andalousie. Ma famille possède une oliveraie d'environ six cents arbres, depuis des générations. J'ai commencé à travailler ici avec mon père quand j'avais huit ans. Maintenant, la plantation m'appartient.

R. Bristow, adaptation française de N. Blot, *La Vie en Espagne*, D. R.

Une oliveraie en Espagne (Europe).

1 **Recopie le tableau et classe ces noms.**

Cordoue – un village – la Costa del Sol – Madrid – une demeure – Barcelone – l'Espagne – un pont – un patio – une plantation

Noms communs	Noms propres
....	....

3 **À l'aide d'un dictionnaire, retrouve le nom commun qui correspond à chacun des noms propres.**

Ex. l'Espagne → **un pays**
- la Seine : …
- Beethoven : …
- Picasso : …
- l'Allemagne : …
- la Bretagne : …
- Louis XVI : …
- Zinédine Zidane : …
- Marseille : …

2 **Trouve un nom propre correspondant à chacun des noms communs.**

Ex. un président de la République
→ Jacques Chirac

- un pays : …
- un sportif : …
- un roi : …
- une ville : …
- un fleuve : …
- un chanteur : …
- un musicien : …
- une montagne : …

4 **Repère et recopie en vert les noms communs et en rouge les noms propres.**

Amphithéâtre, cirque, murailles : Tarragone ne manque pas de rappeler qu'elle fut, au temps de Rome, la principale cité de la province. Ses vestiges jalonnent aujourd'hui les ruelles de la vieille ville, dominée par son imposante cathédrale. Le quartier du port de pêche, le Serrallo, avec ses excellents restaurants de poissons, et la rambla Nova, principale artère commerçante de la ville et rendez-vous des promeneurs, sont deux autres buts de promenade.

Espagne méditerranéenne, Guides bleus Évasion, Hachette Livre.

JE RETIENS

Dans un groupe nominal, tu peux trouver des noms propres et/ou des noms communs.
- Les **noms propres** désignent une personne, une ville ou un pays : Picasso – Madrid – l'Espagne.
Ils commencent toujours par une **majuscule** : la France – le Rhône – la Normandie.
- Les **noms communs** sont le plus souvent accompagnés d'un déterminant : un appartement – cette maison – des villes.

Objectifs : Savoir reconnaître et conjuguer au présent les verbes irréguliers comme **vouloir, pouvoir, savoir, voir** et **aller.**

Le présent des verbes fréquents et irréguliers

Cherchons ensemble

- **Lis le texte, puis donne l'infinitif des verbes en vert. À quel temps sont-ils conjugués ? À quel groupe appartiennent-ils ?**

Savez-vous que le Vatican est le plus petit État du monde ? Celui-ci est enclavé dans la ville de Rome en Italie. Sa superficie est de 0,44 km² et 738 habitants **vont** et viennent dans son enceinte. On **peut** y rencontrer des hommes d'Église (évêques, cardinaux et prêtres) de nationalités différentes. Entre eux, ils parlent italien, mais ils ne **veulent** pas abandonner le latin dans leur vie religieuse. Lorsqu'on visite le Vatican, on **voit** comme cet endroit est particulier et magnifique !

La cité du Vatican (Europe).

1 **Recopie les phrases et conjugue les verbes en gras au présent.**

- Vous (**pouvoir**) visiter le Vatican.
- (**Savoir**)-tu que l'État du Vatican a été créé en 1929 ?
- Ils (**vouloir**) parler le latin.
- Je (**voir**) une architecture magnifique.
- Elle ne (**aller**) pas voir le pape.

2 **Recopie ces phrases en écrivant vous à la place de tu.**

- Tu ne vas pas visiter la basilique Saint-Pierre.
- Vois-tu l'entrée du musée ?
- Tu veux comprendre le guide.
- Tu ne sais pas que le pape habite au Vatican.
- Peux-tu traduire ce qu'il me dit ?

3 **Écris l'infinitif de chaque verbe conjugué.**

ils veulent – je peux – ils savent – elles vont – nous voyons – tu sais – nous allons – elle veut

La basilique Saint-Pierre au Vatican (Europe).

4 **Écris :**

- une phrase interrogative avec le verbe **savoir** ;
- une phrase à la forme négative avec le verbe **vouloir** ;
- une phrase impérative avec le verbe **aller** ;
- une phrase exclamative avec le verbe **voir**.

→ JE RETIENS

Pouvoir	Vouloir	Savoir	Voir	Aller
je peux	je veux	je sais	je vois	je vais
tu peux	tu veux	tu sais	tu vois	tu vas
il/elle peut	il/elle veut	il/elle sait	il/elle voit	il/elle va
nous pouvons	nous voulons	nous savons	nous voyons	nous allons
vous pouvez	vous voulez	vous savez	vous voyez	vous allez
ils/elles peuvent	ils/elles veulent	ils/elles savent	ils/elles voient	ils/elles vont

Raconter une histoire (nommer les personnages et décrire leurs actions)

Cherchons ensemble

- Lis le texte. Comment s'appellent les personnages principaux ? Y a-t-il d'autres personnages ?
- Lis les phrases en orange. Que décrivent-elles ?

> Et, pendant deux heures, ils coupèrent à la hache, scièrent les branches qui recouvraient la pierre. Enfin, celle-ci apparut, suffisamment dégagée. Ce n'était pas un très grand menhir, il mesurait à peine deux mètres cinquante de hauteur, mais c'était le leur et ils l'eussent comparé sans honte au « Men-er-H'roeck » de Locmariaquer, cette gigantesque pierre levée de 24 mètres de haut, brisée par la foudre au XVIIIe siècle.
> – Il est beau, dit Vincent. Regarde, il est couvert de lichens vert et roux !
> Ronan regarda longuement la pierre, puis il prit la pioche que Vincent avait posée à terre.
> – Maintenant, dit-il, nous allons creuser… pour voir !
>
> Yvon Mauffret, *Le Trésor du menhir*, Rageot Éditeur.

Un menhir sur le site de Carnac en Bretagne.

1 Lis les deux textes ci-dessous, puis nomme le ou les personnages qui parlent et ceux dont on parle.

Ils ne parlèrent pas durant le trajet. Jean-Louis Maleterre sentait la gêne de Ronan et ne voulait pas le brusquer. Parvenus à la plage, ils s'assirent sur une vieille pierre plate qui finissait de se démanteler dans un lit de goémon.
– Quelle est cette île en face de nous ?
– C'est Er-Lanik, monsieur.
– Er-Lanik… il faut absolument que j'y aille pour voir son cromlech à demi immergé.

Texte 1

Domitilla entraîna Ronan pour lui faire visiter la maison, dans ses coins les plus reculés. Elle commença par l'antique cuisine où s'affairait une vieille Bretonne en coiffe d'Auray, apparemment peu bavarde.
– Elle s'appelle Rose, confia Domi. Elle vient d'Étel… C'est notre gouvernante-cuisinière. Elle est très gentille, mais ne dit pas trois mots dans sa journée. Ce n'est pas comme moi !

Texte 2

Extraits de : Yvon Mauffret, *Le Trésor du menhir*, Rageot Éditeur.

2 Relis les textes ci-dessus qui appartiennent au même roman. Un personnage est commun à ces deux textes : c'est le personnage principal. Quel est son nom ?

3 **Remets ces extraits dans l'ordre pour que l'action ait un sens logique.**

C'en était un, à n'en pas douter. Il y avait suffisamment de monuments mégalithiques dans la presqu'île et sur les îles du golfe pour que Ronan ne s'y trompe point.
– Un menhir ici ! Je n'en avais jamais entendu parlé !

Texte 1

Le chêne était là, gisant de tout son long, déraciné par la tempête. Ce que Ronan n'avait pu admettre était vrai. Le vent avait eu raison de cette masse qui si longtemps l'avait défié, et l'avait couchée sur un lit d'épines.

Texte 3

Ronan monta sur le tronc, énorme à la base, et se mit à marcher vers le faîte de l'arbre, à travers les branches fracassées. Un couple de pinsons voletait autour de lui en pépiant, comme pour lui demander son aide.

Texte 2

Il abordait ce qui avait été les branches les plus hautes du vieil arbre, lorsque parmi le fouillis indescriptible de branches arrachées, d'ajoncs écrasés, de ronces écorchées, il découvrit un bloc de granit gris.
– Un menhir ! dit-il.

Texte 4

Extraits de : Yvon Mauffret, *Le Trésor du menhir*, Rageot Éditeur.

4 **Lis ce texte. Qui sont les personnages ? Imagine une suite.**

Ronan piochait toujours. La sueur commençait à ruisseler le long de son visage.
– Veux-tu que je te remplace ? dit Vincent.
Ronan fit « non » de la tête. Il avait maintenant creusé une excavation d'un mètre de profondeur environ… Rien n'apparaissait, que des racines et des cailloux quelconques. Il était sur le point d'abandonner, lorsque soudain…

Extrait de : Yvon Mauffret, *Le Trésor du menhir*, Rageot éditeur.

5 **Recopie ce texte en complétant les phrases avec des idées de ton choix de façon à raconter une histoire.**

Depuis la rentrée, ma journée de mercredi est très occupée. Le matin, d'abord, je … . Puis, je … . Vers midi, … . Ensuite, … . Enfin, … . Quand la journée se termine, je … .

6 **Écris une histoire dont tu seras le personnage principal. Voici une piste pour t'aider.**

Tu es en vacances au bord de la mer. Tu rencontres un curieux animal sur la plage. Raconte comment se passe cette rencontre.

→ JE RETIENS

Pour raconter une histoire, il faut introduire le ou les personnages et décrire ce qu'ils font.
• **Le personnage principal** est celui qui fait l'action ou à qui il arrive quelque chose. Ce peut être toi, un ami mais aussi un animal ou un personnage inventé. Il peut être entouré d'autres personnages moins importants.
• **L'action** décrit les événements successifs qui se produisent. Ceux-ci doivent suivre un ordre chronologique et logique pour aboutir à la fin de l'histoire. La fin peut être triste, drôle, joyeuse…

Comment l'écriture a-t-elle

Cherchons ensemble

- Quelles sortes d'écritures connais-tu ?
- Quel peuple a inventé les hiéroglyphes ?
- ⚠ est un pictogramme qui signifie « attention ». trouves-en d'autres autour de toi.

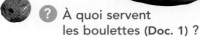

? À quoi servent les boulettes (Doc. 1) ?

Doc. 1 Bulle d'argile avec ses boulettes (Iran, vers 3000 av. J.-C.).
Les boulettes indiquent le nombre de bêtes du troupeau. Elles sont ensuite scellées dans la bulle de terre ce qui permet de garder en mémoire la composition du troupeau.

? Dans quel matériau sont gravées ces tablettes (Doc. 2 et 3) ?

Doc. 2 Tablette avec des pictogrammes (Sumer, 4000 av. J.-C.). Le croissant (☾) représente le nombre 60 et le rond (●) le nombre 10.

Toutes les lettres ont d'abord été des signes et tous les signes ont d'abord été des images.
La société humaine, le monde, l'homme tout entier est dans l'alphabet.

Victor Hugo, *Carnet de voyage*.

? Selon Victor Hugo, par quoi a commencé l'écriture ?

Doc. 3 Tablette avec des signes cunéiformes (3000 av. J.-C.).

▶ Les premiers signes de l'écriture

L'écriture est née dans le Croissant fertile (voir la carte p. 115). Vers 5200 av. J.-C., les hommes commencent à utiliser des boulettes (Doc. 1) pour compter les bêtes de leur troupeau. Puis ils tracent sur des tablettes en argile des **pictogrammes** (Doc. 2). Enfin, ils abandonnent les dessins pour utiliser des signes plus simples : c'est l'écriture **cunéiforme** (Doc. 3).

été inventée ?

L'Antiquité

3200 av. J.-C.
apparition
de l'écriture

476 ap. J.-C.
chute de
l'Empire romain

? Comment s'appellent ces signes inventés par les Égyptiens (Doc. 4) ?

Le sais-tu ?

C'est Champollion, un savant égyptologue français du XIXᵉ siècle, qui a le premier réussi à lire des hiéroglyphes.

? Que représentent les signes gravés sur cette pierre (Doc. 5) ?

Doc. 5 Alphabet phénicien gravé sur une pierre (IIIᵉ siècle av. J.-C.).

Doc. 4 Papyrus avec des hiéroglyphes égyptiens.

▶ Les hiéroglyphes des Égyptiens

Vers 3200 av. J.-C., les Égyptiens inventent un autre système d'écriture : les **hiéroglyphes** (Doc. 4). Il y en a plus de 1 000. Ils sont tracés sur des rouleaux de **papyrus** ou gravés sur les murs des monuments.

Lexique

un alphabet : ensemble de signes qui servent à écrire des sons.

cunéiforme : écriture formée de signes en forme de clous, de coins.

un hiéroglyphe : signe représentant un objet ou un animal dans l'écriture égyptienne.

un papyrus : feuille pour écrire fabriquée à partir d'une plante.

un pictogramme : dessin simplifié représentant un objet, un animal ou un personnage.

▶ L'alphabet des Phéniciens

Vers 1100 av. J.-C., les Phéniciens découvrent l'**alphabet** (Doc. 5). Il comporte 22 lettres. Cet alphabet se diffuse rapidement autour de la Méditerranée, chez les Grecs puis chez les Latins d'où vient l'alphabet que nous utilisons.

→ JE RETIENS

• Les habitants du Croissant fertile inventent d'abord des dessins pour conserver la trace de leurs biens. Peu à peu, ces dessins évoluent et laissent place à l'alphabet, un système d'écriture plus simple.

• L'écriture fixe la mémoire des événements. Elle donne des informations précises sur le passé. Son invention, vers 3200 av. J.-C., marque le début de l'histoire.

Objectifs : Comprendre le sens figuré d'un mot et l'utiliser à bon escient.

Le sens propre et le sens figuré

Cherchons ensemble

- **Lis le texte. Quel est le sens des mots en** orange **?**
- **As-tu déjà rencontré ces mots utilisés dans un autre sens ?**

L'écriture égyptienne est née il y a environ 3 000 ans. Le savant Champollion a percé le mystère des hiéroglyphes grâce à la « pierre de Rosette ». C'est une pierre où sont gravés trois textes identiques en trois écritures différentes. Par comparaison, il a donc réussi à déchiffrer le texte écrit en hiéroglyphes. Après ce travail, il a gardé en tête le sens de chacun d'eux. Pourtant il y en a plus de 1 000 !

Portrait de Champollion (1790-1832).
Ce savant, passionné d'Égypte, a découvert la signification des hiéroglyphes.

1 **Pour chaque phrase, précise si le mot en gras est employé au sens propre ou au sens figuré.**

- L'homme aime laisser des **traces** de son passage.
- Cette découverte a laissé des **traces** profondes dans les esprits.
- Ce texte est très bien **écrit**.
- Il ment. C'est **écrit** sur son visage.
- Elle **lit** un document sur Champollion.
- La joie se **lit** sur son visage.
- Il a **déchiré** ce papier.
- Cette musique me **déchire** les oreilles.

3 **Recopie ces phrases et souligne le mot utilisé au sens figuré.**

- Il fouille dans son passé.
- C'est une explication lumineuse.
- Il a un cœur de pierre.
- Le succès est à la hauteur de son talent.

hiéroglyphes

écriture démotique

grec

La pierre de Rosette (196 ap. J.-C.).

2 **Recopie ces expressions en les complétant avec le mot qui convient.**

pierre – secret – papier mâché – poche – main

- Avoir une mine de … .
- Remettre un document en … propre.
- Faire d'une … deux coups.
- Ne pas avoir la langue dans sa … .
- Mettre quelqu'un au … .

4 **Écris des phrases en utilisant ces mots au sens propre, puis au sens figuré.**

- un coup
- baisser
- un pied
- une table

→ **JE RETIENS**

- On peut utiliser les mots au **sens propre** (dans leur sens habituel) :
Il **a percé** le mur pour accrocher un tableau.
- On peut aussi utiliser les mots au **sens figuré** (dans un sens imagé) :
Champollion **a percé** le mystère des hiéroglyphes.

Objectifs : Connaître les différentes marques du pluriel des noms et savoir les écrire.

Les marques du pluriel des noms en -ou, -ail et -al

Cherchons ensemble

- **Lis attentivement le texte. Repère les noms. Quelle est la marque du pluriel la plus fréquente ? Donne le pluriel des noms en orange.**

- **Observe les deux noms en vert. Donne leur singulier. Que remarques-tu ?**

Le bureau est blanc, le sol de terre battue, et des tablettes d'argile sont entassées dans toute la pièce : rangées dans des coffres, déposées dans des jarres, empilées sur le sol. Un scribe, assis sur une petite plate-forme de pierre, grave avec un roseau taillé en biseau une tablette vierge et humide. Son écriture ressemble à des clous. Le prêteur, mince, presque maigre, le regard aigu et méfiant, assis derrière une large pierre où traînent quelques bijoux laissés en gage, salue Dagan-Malik de la tête.

Odile Weulersse, *Le Secret du papyrus*, Le Livre de Poche Jeunesse.

Scribe assis (vers 2500 av. J.-C.).

1 Écris ces mots avec la marque du pluriel qui convient : s ou x.

Ex. un clou → des clous   un bijou → des bijoux

un sou – un bisou – un cou – un genou – un fou – un caillou

2 Écris ces mots avec la marque du pluriel qui convient : s ou aux.

Ex. un portail → des portails   un travail → des travaux

un soupirail – un épouvantail – un vitrail – un détail – du corail

3 Écris ces mots avec la marque du pluriel qui convient : s ou aux.

Ex. un animal → des animaux
un bal → des bals

un canal – un chacal – un tribunal – un cheval – un festival

4 Recopie et complète ces phrases en mettant le mot en gras au pluriel.

- Le prêteur a caché ses (**bijou**) dans des (**trou**).
- Les (**général**) attendent les (**signal**) du pharaon pour lancer la bataille.
- Ces (**dieu**) égyptiens ont des têtes d'(**animal**).
- Cet artisan aime travailler les (**émail**).

JE RETIENS

Pour certains noms, les marques du pluriel suivent des règles particulières.
- Les noms se terminant par **-ou** prennent un **s** au pluriel : un clou – des clous.
Sauf : des bijoux – des cailloux – des choux – des genoux – des hiboux – des joujoux – des poux.
- Les noms se terminant par **-ail** prennent un **s** au pluriel : un portail – des portails.
Sauf : des travaux – des soupiraux – des émaux – des vitraux – des baux – des coraux.
- Les noms se terminant par **-al** forment leur pluriel en **-aux** : un animal – des animaux.
Sauf : des bals – des carnavals – des chacals – des festivals – des régals.

Les déterminants

Cherchons ensemble

• **Lis le texte, puis observe les noms en orange. Relève le mot qui précède chacun d'eux. Est-il au masculin ou au féminin ? au singulier ou au pluriel ?**

– P'pa, j'ai pensé à un secret-surprise. Faites un bruit, – n'importe lequel.
– Ah ! fit Tegumai. Cela ira-t-il pour commencer ?
– Oui, dit Taffy. Vous avez l'air d'une carpe, la bouche ouverte. Répétez-le, je vous en prie.
– Ah ! Ah ! Ah ! dit son père. Tâchez d'être polie, ma fille.
– Je n'ai pas envie d'être impolie, sûr de vrai, dit Taffy. […]
Quand je dessinerai une carpe avec la bouche ouverte, sur la suie, au fond de notre grotte – si cela ne fait rien à maman –, cela vous rappellera ce bruit de *ah*.

Rudyard Kipling, *Comment s'est fait l'alphabet* in *Histoires comme ça*,
trad. Robert d'Humières et Louis Fabulet, © Delagrave.

1 **Recopie le tableau, puis classe les déterminants de ces GN.**

un secret – l'air – des lettres – une carpe – la bouche – son père – ma fille – la suie – des signes – notre grotte – ce bruit

Singulier		Pluriel	
Masc.	Fém.	Masc.	Fém.
....	....	....	....

2 **Recopie les GN de ces phrases. Souligne les noms et entoure leur déterminant.**

• Les premières traces d'écriture sont souvent des dessins.
• Sur leur tablette, un signe représente un mot.
• Cet homme ne connaît pas l'alphabet.
• Notre histoire commence avec la naissance de l'écriture.
• Ces signes ont été dessinés à la main par vos ancêtres.

3 **Recopie ces GN en les complétant avec ce, cet, cette ou ces.**

… signe – … écriture –
… alphabet – … dessins –
… main – … mots –
… son – … bouche –
… air – … voyelles

4 **Recopie ces phrases en les complétant avec ma, tes, son, notre ou leurs.**

• Il écrit bien. … écriture est très appliquée.
• Je préfère … façon d'écrire à la sienne.
• … lettres sont très compliquées.
• Nous apprenons … alphabet.
• Tu traces … lettres lentement.

latin	grec	phénicien
A	A	
B	B	
G	Γ	
D	Δ	
E	E	
Z	Z	
H	H	
	Θ	
I	I	
K	K	
L	Λ	
M	M	
N	N	
X	Ξ	
O	O	
P	Π	
R	P	
S	Σ	
T	T	
U	Y	
F	Φ	
Q	X	
	Ψ	
	Ω	

Alphabets latin, grec et phénicien.

JE RETIENS

Un nom est généralement précédé d'un **déterminant** qui indique son **genre** (masculin ou féminin) et son **nombre** (singulier ou pluriel). Les principaux déterminants sont :

	Articles		Déterminants possessifs	Déterminants démonstratifs
Singulier	le, la, l', au	un, une, du	mon, ma, ton, ta, son, sa, notre, votre, leur	ce, cet, cette
Pluriel	les, aux	des	mes, tes, ses, nos, vos, leurs	ces

Objectifs : Reconnaître un verbe conjugué au futur et savoir l'employer.

Conjugaison

Le futur

Cherchons ensemble

- **Lis le texte, puis observe les mots en orange. Qu'indiquent-ils ?**
- **À quel temps est le premier verbe conjugué du texte ?**
- **À quel temps est le dernier verbe conjugué du texte ?**

Grâce au travail des archéologues, nous savons aujourd'hui que l'écriture est apparue dans le Croissant fertile. C'est à Sumer que les chercheurs ont trouvé les plus anciennes tablettes d'argile portant des traces écrites. Mais c'est en Phénicie qu'ils ont retrouvé des pierres gravées prouvant l'existence d'un alphabet. Dans quelques années, la découverte d'autres vestiges nous aidera sûrement à encore mieux connaître l'histoire de l'écriture.

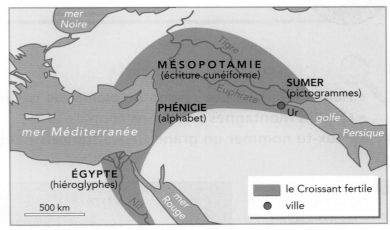

La naissance de l'écriture dans le Croissant fertile (5000 – 1000 av. J.-C.).

1 **Recopie uniquement les phrases au futur. Souligne le mot qui indique qu'il s'agit d'une action future et entoure le verbe.**

- Ces tablettes ont été trouvées à Sumer en 1983.
- Les prochaines découvertes seront importantes.
- L'écriture égyptienne est très ancienne.
- Nous déchiffrerons ce document plus tard.
- À l'avenir, l'écriture des hommes continuera d'évoluer.

2 **Recopie uniquement les verbes au futur et entoure leur terminaison.**

il apparaîtra – ils écriront – tu cherches – nous trouverons – je prouverai – vous tracez – tu connaîtras – vous aiderez – je découvre

3 **Recopie ces phrases en les complétant avec le pronom qui convient.**

je – tu – elle – nous – vous – ils

- Trouveront-... d'autres vestiges ?
- ... traceras ce signe cunéiforme.
- ... n'apprendrez pas l'alphabet phénicien.
- ... cherchera le sens de ce hiéroglyphe.
- ... inventerons une autre écriture.
- ... t'aiderai à traduire ce texte.

4 **Recopie les verbes du texte au futur et entoure leur terminaison.**

Quand la fouille de ce site archéologique se terminera, je saurai quelle écriture utilisaient les habitants de ce village autrefois. Grâce aux nombreuses tablettes retrouvées, tu étudieras en détail leur façon de tracer les lettres. Puis je la comparerai à d'autres sortes d'écritures. Ensemble, nous découvrirons sûrement des choses qui feront progresser nos connaissances. Je pense que nous avons beaucoup de chance car cette expérience nous apportera beaucoup de joie.

→ JE RETIENS

- **Le futur** est le temps que l'on utilise pour exprimer qu'une action va se produire **dans l'avenir** : **Dans quelques années**, nous connaîtr**ons** encore mieux l'histoire de l'écriture.
- Au futur, les verbes des trois groupes ont les mêmes terminaisons : **-ai, -as, -a, -ons, -ez, -ont**.
Écrire : j'écrir**ai** – tu écrir**as** – il/elle écrir**a** – nous écrir**ons** – vous écrir**ez** – ils/elles écrir**ont**

Quels sont les reliefs

Cherchons ensemble

- **Habites-tu dans une région de plaine, de colline ou de montagne ?**
- **Quelles montagnes françaises connais-tu ?**
- **Peux-tu nommer un grand fleuve français ? Lequel ?**

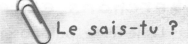

Le sais-tu ?

On considère que les terres situées à plus de 500 mètres d'altitude sont des montagnes.

? Observe la carte. Où se trouvent
– les montagnes les plus élevées ?
– les moyennes montagnes ?

? Trouve le mont Blanc sur la carte. Quelle est son altitude ?

? Quels fleuves traversent le Bassin parisien ?

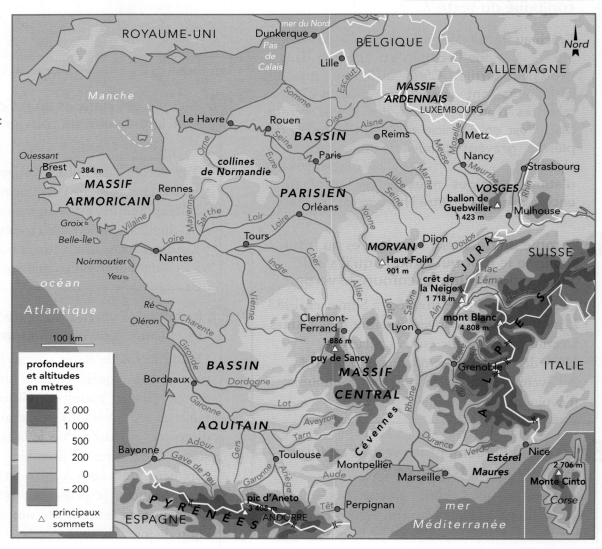

Doc. 1 Le relief de la France.

▶ Un relief en deux parties

La France présente la même variété de relief que l'Europe. Mais, si on trace une ligne imaginaire de Bayonne à Nancy, deux grandes zones de relief apparaissent : une zone de faible **altitude** (Nord et Ouest) et une zone d'altitude plus élevée (Sud et Est) **(Doc. 1)**.

Lexique

l'altitude : hauteur d'un lieu calculée à partir du niveau de la mer.

un bassin : région qui recouvre un fleuve et ses affluents.

de la France ?

▶ Un Nord-Ouest de faible altitude

Le Nord-Ouest recouvre le **Bassin** parisien et le Bassin aquitain (**Doc. 2**) qui sont de vastes plaines, le Massif armoricain constitué de plateaux, et quelques collines en Normandie.

C'est une région où coulent de grands fleuves (la Seine, la Loire, la Garonne) et où la circulation est facile.

> Comme l'Yonne fait beaucoup de détours entre Joigny et Auxerre, nous regagnâmes, nous qui suivions la grande route, un peu de temps sur le Cygne ; mais, à partir d'Auxerre, nous en reperdîmes, car Le Cygne, ayant pris le canal du Nivernais, avait couru vite sur ses eaux tranquilles. Nous approchions de Dreuzy ; encore deux jours, encore un, encore quelques heures seulement. Enfin nous apercevions les bois dans lesquels nous avons joué avec Lise à l'automne précédent, et nous apercevions aussi l'écluse avec la maisonnette de dame Catherine.
>
> Hector Malot, *Sans famille*.

? À ton avis, quelle est la différence entre l'Yonne et le canal du Nivernais ?

▶ Un Sud-Est d'altitude élevée

Le Sud-Est se compose de massifs montagneux (**Doc. 3**) de très haute altitude (les Pyrénées, les Alpes et le Massif central). Les cours d'eau (le Rhône) sont dans des vallées encaissées. Dans cette région, la circulation est assez difficile l'hiver.

Doc. 2 Région du Bassin aquitain.

? Observe ces deux photographies (**Doc. 2 et 3**). Indique de quel type de relief il s'agit.

? Retrouve sur la carte du relief (**Doc. 1**) le lieu où chaque photographie se situe.

Doc. 3 Vallée d'Aure dans les Pyrénées.

➡ JE RETIENS

- Le relief de la France est constitué de deux grandes zones :
  – le Nord-Ouest, zone où l'altitude est faible (plaines, plateaux, collines) ;
  – le Sud-Est, zone où l'altitude est élevée (montagnes).
- Bien que le relief soit haut dans le Sud-Est, la circulation est plutôt aisée dans toute la France.

Les mots du paysage

Cherchons ensemble

• **Observe ces deux photographies. Compare-les en utilisant les termes**
premier plan, second plan, arrière-plan.

Doc. 1 Plateau de Calern dans les Alpes Maritimes.

Doc. 2 Ballon de Guebwiller en Alsace.

1 **Choisis parmi les mots de la liste ceux qui ont un rapport avec le paysage. Recopie-les.**

la plaine – la valise – plat – le plateau – une plainte – le vallon – la colline – une platée – la vallée – le collyre – un mont – le monstre – le littoral

2 **Dans chacune de ces listes, trouve l'intrus qui ne fait pas partie de la même famille que le mot en vert.**

• **mont** : montagne – montagnard – montage – montagneux
• **côte** : coteau – côtelette – côtier – accoster
• **vallée** : val – vallonné – vallon – valise
• **paysage** : payer – pays – paysan – dépayser
• **mer** : marin – marinière – marionnette – marinade

3 **Recopie et associe chaque paysage à l'adjectif qui le qualifie.**

une montagne •   • plat
une vallée •   • haute
un plateau •   • houleuse
une mer •   • encaissée
une colline •   • ronde

4 **Décris le paysage que t'évoquent ces mots.**

montagne – altitude – neiges éternelles – froid

5 **Choisis une des photographies de paysage et décris-la.**

JE RETIENS

• Quand on observe la photographie d'un paysage, on doit d'abord identifier le type de paysage dont il s'agit (paysage montagnard – littoral – rural ou urbain). Ensuite, on doit reconnaître le type de relief (plaine – plateau – colline – montagne...) pour pouvoir le qualifier (plat – aride – haut...).
• Dans une photographie de paysage, on peut distinguer trois parties :
– le **premier plan** qui est tout devant ;
– le **second plan** qui se trouve derrière ;
– l'**arrière-plan** qui se trouve au fond de la photo, généralement au loin.

Objectif : Savoir orthographier
correctement les graphies du son [ɛ].

Le son [ɛ]

Cherchons ensemble

- **Lis le texte. Quel est le son que tu entends quand tu lis les mots en vert ?**
- **Relève tous les mots dans lesquels tu entends le son [ɛ]. Classe ces mots en fonction de leur graphie.**

En face de moi, derrière un morceau de plaine inculte, l'Océan sale et grondant sous un ciel noir ; puis, partout la lande ! Là-bas, à droite, la mer du Morbihan, avec ses rives déchirées, et, plus loin, à peine visible, une terre blanche illuminée, Vannes, qu'éclairait un rayon de soleil, glissé on ne sait comment, entre deux nuages. Puis encore très loin, un cap démesuré : Quiberon !

Guy de Maupassant, *Œuvres complètes.*

Presqu'île de Quiberon dans le Morbihan (Bretagne).

1 **Recopie ces mots et entoure les lettres qui font le son [ɛ].**

même – la forêt – une chèvre – une plaine – seize – la terre – en effet – l'espace – près – avec

2 **Écris le féminin de ces noms.**

un Français   → ...
un Marseillais   → ...
un Bordelais   → ...
un Parisien   → ...
le premier   → ...
un fermier   → ...
un Rouennais   → ...
un boulanger   → ...

3 **Recopie et complète les mots avec ai ou ei.**

- la n...ge
- la couleur b...ge
- une pr...rie
- la S...ne
- l'...r
- une ép...sseur
- br...re
- à p...ne
- une s...son

4 **Recopie et complète les phrases avec les graphies des sons [e] ou [ɛ].**

- Le chal... est haut perch... dans la montagne.
- Conn...s-tu la for... du Nivern...s, situ...e dans la r...gion de la Ni...vre ?
- Le reli...f de la France est constitu... de pl...nes, de plateaux et de montagnes ; à l'int...rieur des t...rres, on trouve de grandes vall...es.

5 **Écris deux phrases avec des mots qui contiennent le son [ɛ].**

JE RETIENS

- Le son [ɛ] s'écrit le plus souvent :
  – **è** : très   **ê** : une forêt   – **ai** : une plaine   **ei** : la neige
- Il peut aussi s'écrire :
  – **er** : la mer   **ec** : sec – avec   – **et** : le chalet   **ef** : le relief
  – **e**, devant deux consonnes : un espace – une terre – elle.

L'adjectif qualificatif

Cherchons ensemble

- **Lis le texte. Observe les groupes en vert, puis dis quels types de mots tu y trouves.**
- **Quels sont les mots qui donnent des précisions sur les noms ? Trouves-en d'autres dans le texte.**

> Le paysage se recompose autour de champs taillés dans les mamelons des collines. Courbes vertes et dodues mourant sur des rectangles de colza, de maïs, de luzerne, de vignes, d'orge. Clôtures de haies vives. Barrières de bois. Des îlots d'arbres, de-ci de-là. Des prés. Des vaches. Des moutons. Des étendues d'herbes folles envahies de fleurs sauvages. Des fossés bordés de coquelicots anarchiques, d'orties ou de boutons-d'or. Un vent léger, léger, fait frissonner le sommet des peupliers.
>
> Joseph Joffo, *Tendre Été*, © Éditions J.-C. Lattès, 1981.

Paysage de l'Allier en Auvergne.

1 **Précise, pour chaque groupe nominal, si l'adjectif est placé avant le nom ou après.**

un parc régional – une colline verdoyante – de grands espaces – une haute falaise – une vallée fluviale – un plateau peu élevé – un petit étang – un site pittoresque

2 **Recopie ce texte et entoure les adjectifs qualificatifs.**

Des fleuves majestueux ou discrets, des rivières sinueuses qui creusent des gorges profondes, un paysage grandiose à couper le souffle, tel est le cœur de l'Ardèche. Les touristes peuvent y taquiner la truite, faire du canoë ou tout simplement contempler ce spectacle saisissant.

3 **Lis ces phrases à voix haute en supprimant les adjectifs qualificatifs. Que remarques-tu ?**

- Les randonnées hivernales sont plus difficiles que les randonnées printanières.
- Préférez-vous les villages anciens ou les villages industrialisés ?
- Le sol était jonché de feuilles rouge et ocre.

4 **Complète ces phrases avec les adjectifs qui conviennent.**

bleu – marécageuse – glacée – majestueux

- Des aigles volent dans le ciel.
- L'eau de la rivière le fait frissonner.
- La lande va se perdre dans l'océan.
- Je regarde le Soleil qui brille dans le ciel.

5 **Rajoute des précisions à cette phrase en utilisant des adjectifs qualificatifs.**

Ce village est dans un site.

→ **JE RETIENS**
- **L'adjectif qualificatif** donne des précisions sur le nom : un paysage **grandiose** – un vent **léger**.
- Les adjectifs qualificatifs peuvent se placer **avant** ou **après** le nom :
Ce **petit** village **provençal** est aussi une station **touristique**.

Objectifs : Comprendre l'emploi du futur proche et savoir le construire.

Le futur proche

Cherchons ensemble

- Lis le texte. Observe les verbes en vert. Que remarques-tu ?
- Recherche dans le texte d'autres exemples.

Un étang en Sologne.

Vous qui souhaitez partir à la découverte d'une région typique, un séjour en Sologne vous plaira. Vous **allez commencer** par vous familiariser avec la faune et la flore. Vous **allez** ainsi **pouvoir** admirer ses étangs, ses landes, ses forêts. Le moyen le plus sûr pour y parvenir est de marcher sur les sentiers de randonnées. Mais la Sologne dispose aussi d'une belle gamme de produits du terroir. Laissez-vous tenter et allez goûter à ses gibiers, poissons, champignons et… sa célèbre tarte Tatin. La région possède sans nul doute une table qui va vous convenir.

1 Repère et recopie uniquement les phrases au futur proche. Entoure le verbe **aller** et souligne le verbe à l'infinitif.

- Tu vas découvrir la Sologne.
- Nous irons en Espagne.
- Vous allez voyager en France cette année.
- Ils vont visiter la Normandie le mois prochain.
- Elle partira ce soir.

2 Recopie le tableau et classe ces verbes.

tu photographieras – il va voir – je vais faire – il admirera – nous allons marcher – vous partirez – tu vas trouver – elles vont revenir – je passerai – vous allez courir – nous goûterons

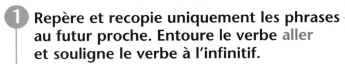

Futur	Futur proche
………	………

3 Recopie et complète ces phrases avec la forme correcte du verbe **aller**.

- Je **va/vais** prendre l'avion pour Toulouse.
- Vous **allons/allez** rapporter une spécialité de Provence.
- Elle **va/vas** revenir avec de belles photographies.
- Tu **va/vas** faire du kayak sur l'Ardèche.
- Ils **va/vont** faire du ski dans les Pyrénées.

4 Recopie ces phrases en mettant le verbe en gras au futur proche.

- Je (**faire**) un voyage en Alsace.
- Nous (**visiter**) Paris, la capitale de la France.
- Tu (**partir**) à Lyon pour Noël.
- Vous (**prendre**) le train pour Paris.
- Elles (**venir**) chez nous pour les vacances.

5 Écris trois phrases en utilisant le futur proche.

JE RETIENS

- Pour exprimer une action qui va bientôt se réaliser, on peut utiliser le futur ou **le futur proche**.
- Le futur proche se construit avec le verbe **aller** au présent + un verbe à l'infinitif :

Je **vais faire** le tour de l'Italie. – Nous **allons faire** le tour de l'Italie.

Rédiger une légende

Cherchons ensemble

- Observe la carte. Lis la légende.
- Quelle est la zone d'altitude la plus basse ? la plus haute ?
- Trouve sur la carte une région qui correspond à chacune de ces deux couleurs.
- Que représente la zone en jaune ?
- Quel symbole représente une ville ? Trouves-en une.
- Cite le nom de trois fleuves et repère-les sur la carte.
- Nomme le sommet le plus haut et note son altitude.

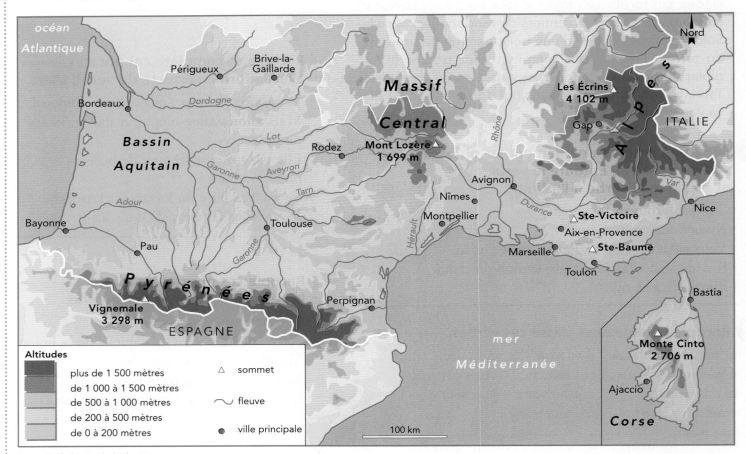

Altitudes
- plus de 1 500 mètres
- de 1 000 à 1 500 mètres
- de 500 à 1 000 mètres
- de 200 à 500 mètres
- de 0 à 200 mètres
- △ sommet
- ∼ fleuve
- ● ville principale

100 km

Le relief du Sud de la France.

---

1 Redessine les symboles et associe-les à ce qu'ils représentent. Aide-toi du plan de l'exercice 2.

pont – espace vert – route nationale – habitat – rivière – lac – arbre – rue

2 Observe le plan de cette ville. Redessine les symboles et complète la légende.

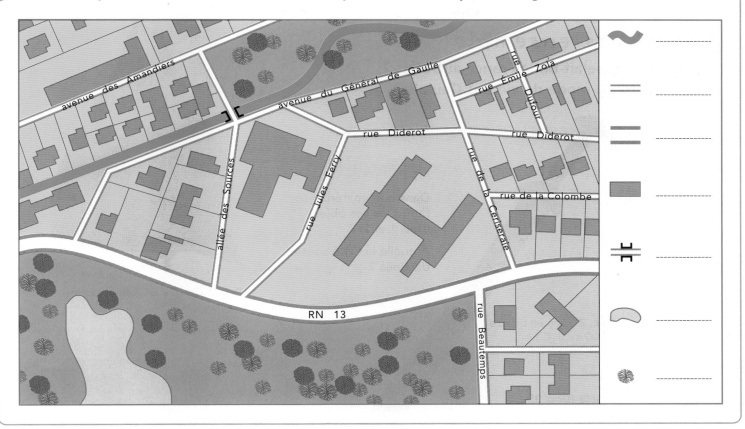

3 Observe ce plan, reproduis les différents symboles qui y sont représentés
et construis sa légende.

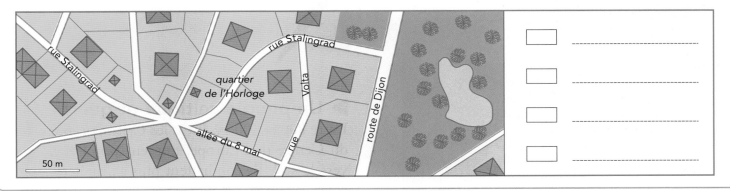

→ **JE RETIENS**

Pour rédiger la légende d'une carte ou d'un plan, il faut identifier les symboles
qui figurent sur la carte ou sur le plan et indiquer ce qu'ils représentent.

 ● ville principale

Qui étaient les premiers

Cherchons ensemble

- **Comment appelait-on la France autrefois ?**
- **Que sais-tu du mode de vie des Gaulois ?**

? Dans quel matériau sont fabriqués ces objets (Doc. 1 et 2) ?

? À quelle activité sont-ils destinés ?

Doc. 1 Casque gaulois en bronze (450 av. J.-C.).

Doc. 2 Épée en bronze (1000 av. J.-C.).

Le sais-tu ?

Vers le IIe siècle av. J.-C., les Romains donnent son nom à la Gaule. Certains pensent qu'ils l'ont appelée ainsi parce que ses habitants ont très souvent pour emblème de leur village le coq, qui se dit *gallus* en latin.

? Observe la carte (Doc. 3). Où se trouve le territoire des Celtes ?

? Vers où migrent-ils ?

? Cite les noms des peuples installés à l'endroit qui deviendra la Gaule.

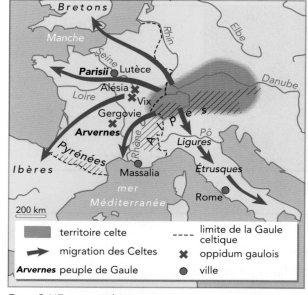

Doc. 3 L'Europe celtique.

▶ Un peuple celtique et guerrier

Entre 800 et 400 av. J.-C., les Celtes, originaires du Centre de l'Europe, migrent vers l'ouest et vers le sud. Ils combattent puis s'installent aux côtés d'autres peuples (Doc. 3). Les Romains appelleront ces peuples les « Gaulois ». Ils sont divisés en de nombreuses tribus dirigées chacune par un chef. Afin d'agrandir leur territoire ou d'accroître leurs richesses, ces tribus se font souvent la guerre. On a retrouvé de nombreuses armes gauloises (Doc. 1 et 2).

Gaulois ?

L'Antiquité

3200 av. J.-C.
apparition
de l'écriture

476 ap. J.-C.
chute de
l'Empire romain

? Qui pousse la moissonneuse (Doc. 4) ?

? Où sont recueillis les épis coupés ?

Doc. 4 Une moissonneuse à roues (IIᵉ siècle ap. J.-C.).
Le paysan recule et redresse les épis
que la moissonneuse coupe.

Coq

Oiseau de fer qui dit le vent
Oiseau qui chante au jour levant
Oiseau bel oiseau querelleur
Oiseau plus fort que nos malheurs
Oiseau sur l'église et l'auvent
Oiseau de France comme avant
Oiseau de toutes les couleurs.

Louis Aragon, *Le Nouveau Crève-Cœur*,
© Éditions Gallimard.

? De quel oiseau parle le poète ?

▶ Un peuple de paysans et d'artisans

Les Gaulois pratiquent l'élevage et l'agriculture. Leur outillage est très perfectionné : **houes** et faux sont en fer. Ils ont même inventé la moissonneuse à roues (Doc. 4) !

Ce sont aussi de remarquables artisans. Ils fabriquent des armes (Doc. 1 et 2) et des bijoux en métal, mais aussi des objets en bois (tonneau) et en céramique. Ils travaillent la laine et le cuir.

▶ Des commerçants prospères

Les habitants de la **Gaule** sont souvent regroupés dans de petits villages. Mais pour se protéger pendant les périodes de guerre, ils se réfugient derrière les remparts des **oppidums** qui deviennent des lieux d'échange. Ils font du commerce avec les peuples voisins. Ils connaissent l'usage de la monnaie.

Lexique

un oppidum : ville fortifiée établie sur une hauteur.

la Gaule : nom donné, dans l'Antiquité, à la région comprise entre les Pyrénées, la Méditerranée, les Alpes, le Rhin et l'océan Atlantique. C'est l'ancien nom de la France.

une houe : pioche.

➡ JE RETIENS

- Venus d'Europe centrale, les Celtes s'installent en Gaule. Les Romains les appellent les Gaulois. Ils sont organisés en tribus qui se font souvent la guerre.
- Les Gaulois sont surtout de très bons agriculteurs et d'habiles artisans. Ils vivent dans des villages, bâtissent des villes fortifiées et développent le commerce.

Objectif : Sensibiliser à la formation des mots dérivés.

De l'adjectif au nom

Cherchons ensemble

- **Observe les adjectifs en orange.
Quels noms peux-tu former à partir de chacun de ces adjectifs ?**

La passion des armes

Les épées sont les armes préférées des Celtes. La lame de fer est soigneusement travaillée dans le sens de la longueur. De chaque côté, on soude de petits éléments en fer doux pour obtenir 2 tranchants faciles à aiguiser. Le fourreau est aussi en fer, doublé par une mince tôle de bronze ajourée, agrafée par des rivets. Les guerriers portent généralement un casque conique, souvent surmonté de cimiers, de panaches, de figures d'animaux fantastiques et hideux ou de cornes.

Louis-René Nougier, *Les Gaulois*,
« La Vie privée des hommes », Hachette Jeunesse.

Casque celte en bronze (Ier siècle av. J.-C.).

1 **Recopie ces mots en mettant ensemble l'adjectif et le nom qui lui correspond.**

• long	• la force
• rigide	• la souplesse
• fin	• la rigidité
• épais	• la grandeur
• fort	• la résistance
• résistant	• l'épaisseur
• souple	• la longueur
• grand	• la finesse

2 **Retrouve l'adjectif caché dans chacun de ces noms.**

la lenteur – la simplicité – l'importance – la rudesse – la diversité – la blancheur – la cruauté – la délicatesse – la douceur – la méfiance – la pureté – la méchanceté – la richesse

3 **Recopie ces phrases en les complétant avec le nom correspondant à l'adjectif en gras.**

Ex. Les Gaulois sont de **robustes** guerriers.
→ La robustesse de ces guerriers est bien connue.

- Ces guerriers sont très **loyaux** envers leur chef.
→ Ils sont d'une grande ... envers leur chef.
- Les Gaulois ont souvent des armes **performantes**.
→ Les Gaulois apprécient la ... de leurs armes.
- Cette épée, qui a beaucoup servi, est **fêlée**.
→ La ... de cette épée est bien visible.
- Ce casque gaulois en bronze est devenu **noir**.
→ La ... de ce casque est impressionnante.
- La forme de ce bouclier est très **originale**.
→ La forme de ce bouclier est d'une grande ....

4 **Forme un nom à partir de chaque adjectif en orange. (Tu peux t'aider de ton dictionnaire.)**

Les Gaulois savaient travailler différents métaux. Ils étaient d'excellents forgerons qui fabriquaient des outils variés et des armes solides et efficaces. Mais c'étaient aussi d'habiles orfèvres qui créaient de beaux bijoux parfois recouverts d'émail de couleur rouge ou jaune.

JE RETIENS

Souvent, à partir d'**adjectifs** que l'on connaît déjà, on peut former des **noms** :
petit → la petit**esse**   doux → la dou**ceur**   facile → la faci**lité**

Objectifs : Savoir distinguer et orthographier la lettre muette à la fin d'un mot.

Orthographe

La lettre muette à la fin d'un mot

Cherchons ensemble

- Lis à voix haute les mots en orange. Regarde bien la lettre finale de ces mots. Que remarques-tu ?
- Cherche un mot de la même famille. Quelle indication te donne-t-il sur la lettre finale ?

En 1953 fut découverte, au **pied** du **mont** Lassois, dans la haute vallée de la Seine, une chambre funéraire datée de 550 à 480 av. J.-C. Elle renfermait les restes d'une « princesse » celte [...]. Son corps était paré de colliers, de bracelets, de torques et de fibules dont certains étaient enrichis de corail et d'ambre.
Le mobilier funéraire se composait d'objets de poterie, [...] et d'un service à vin comprenant deux coupes en céramique et une en **argent**, une cruche et, surtout, un magnifique cratère en bronze.

Karine Delobbe, *Les Gaulois*, « Bonjour l'histoire », PEMF.

Le cratère de Vix. Cet énorme vase en bronze mesure 1,64 mètre de hauteur (VIe siècle av. J.-C.).

1 Recopie ces adjectifs, entoure les lettres muettes et mets-les au féminin.

droit – bas – creux – plat – grand – élégant – haut – profond – précieux – assis

3 Recopie les mots de ce texte qui ont une lettre muette et entoure ces lettres.

Chez les Gaulois, les tombes étaient recouvertes d'un amas de terre. Les personnes de haut rang étaient enterrées sur un char qui tenait lieu de lit. Elles avaient souvent le cou et le bras droit ornés de bijoux. Des objets de luxe étaient posés à côté du défunt.

2 Recopie ces mots, entoure les lettres muettes et trouve un mot de la même famille.

un défunt – un pot – un bord – un fragment – un début – un élément – un tas – un mort – un bout – un drap – un art – du bois

Torque en or trouvé dans la tombe de Vix (500 av. J.-C.).

4 Recopie ces mots en les complétant avec la lettre correcte à la fin.

lour... – un poignar... – du plom... – le fron... – le comba... – secon... – le repo...

JE RETIENS

- Pour trouver la **lettre finale** d'un nom ou d'un adjectif, il faut mettre ce mot au féminin ou bien chercher un mot de la même famille : un pie**d** → un pié**d**estal – un mon**t** → une **mont**agne, **mont**er.
- **Attention !** les pluriels des noms et des adjectifs sont des lettres muettes : des vase**s** précieu**x**.

L'accord de l'adjectif qualificatif

Cherchons ensemble

- Observe les adjectifs en orange. Sont-ils au masculin ou au féminin ? au singulier ou au pluriel ?
- Cherche le nom que chacun de ces adjectifs qualifie. Que constates-tu ?

Les Celtes aimaient les beaux atours et les riches joyaux. [...] Les femmes étaient vêtues d'habits longs et amples. Selon la saison, ils pouvaient être en lin ou en laine épaisse, mais la forme était toujours la même : une tunique sans manches sur une longue robe, avec une chemise légère en dessous. Par-dessus, elles portaient un châle ou une cape fixée sur l'épaule.
Contrairement aux autres hommes qui étaient seulement vêtus d'une tunique, les Celtes portaient des braies, qui donneront naissance au pantalon.

Fiona MacDonald, *Les Celtes*, « Vivre comme… », pour l'édition française, © 2000 de La Martinière Jeunesse (Paris, France).

Dessin d'un couple de Gaulois.

1 Recopie ces noms en leur associant l'adjectif qui convient.

- de la laine …
- du lin …
- des tissus …
- des étoffes …

- épaisses
- fine
- blanc
- colorés

2 Recopie ces phrases en les complétant avec l'adjectif correctement accordé.

- C'est un habit (**grossier/grossière**).
- Sa tunique est (**court/courte**).
- Il porte une (**longue/longues**) cape.
- Ces chemises sont (**brune/brunes**).
- Elles tissent des châles bien (**chaud/chauds**).

3 Recopie les GN en accordant chaque adjectif avec le nom qu'il qualifie.

Les Gaulois confectionnent des vêtements (**simple**) et (**pratique**). Ils aiment les couleurs (**vif**). Ils créent même un (**nouveau**) tissu avec des motifs (**original**) à carreaux. Ils inventent aussi les braies, une sorte de pantalon à (**large**) jambes, serrées aux chevilles.

4 Écris trois phrases à partir des mots qui te sont proposés. (Pense à transformer les mots.)

- Comme – beau – robe – cette – être !
- Il – porter – tunique – une – blanc.
- Elle – ne pas aimer – les – chemises – léger.

→ JE RETIENS

- **L'adjectif qualificatif** s'accorde en genre et en nombre avec le nom auquel il se rapporte.
- **Le féminin** de l'adjectif se forme le plus souvent en ajoutant un **e** à la fin : fin → fine. Parfois, la terminaison de l'adjectif au féminin est différente :
blanc → blanche – doux → douce – léger → légère – soyeux → soyeuse – beau → belle
- **Le pluriel** de l'adjectif qualificatif se forme en ajoutant un **s** ou un **x** :
fin → fins (masc. pl.), fines (fém. pl.)   beau → beaux (masc. pl.), belles (fém. pl.)

Objectifs : Connaître et savoir conjuguer les verbes **être** et **avoir** au futur.

C o n j u g a i s o n

Le futur des verbes être et avoir

Cherchons ensemble

- **Peux-tu dire quel est l'infinitif des verbes en orange ?**
- **Les actions décrites ont-elles déjà eu lieu ou auront-elles lieu plus tard ? Quel est le temps utilisé ?**

Une nouvelle équipe d'archéologues doit bientôt aller travailler sur le site de Villeneuve-d'Ascq. Il s'agit, à partir de découvertes récentes, de reconstituer des habitations gauloises. Ils auront à leur disposition les mêmes matériaux que ceux employés par les Gaulois (essentiellement du bois). Ils seront aussi obligés d'utiliser les mêmes outils. Il y aura certainement des moments difficiles mais ce sera un travail passionnant !

Reconstitution d'une maison gauloise (parc archéologique d'Asnapio à Villeneuve-d'Ascq, France).

1 **Récris ces phrases en choisissant la forme correcte du verbe.**

- Les maisons (**serons/seront**) de forme carrée.
- La maison (**auras/aura**) un toit de chaume.
- Les maisons n'(**auront/aura**) pas de cheminée.
- La charpente (**sera/serai**) en bois.
- Les planchers (**seront/sera**) solidement attachés.

3 **Recopie ce texte en mettant les verbes au futur.**

Pour construire ce village gaulois, nous (**être**) six. Nous (**avoir**) des outils en fer. Tu (**être**) chargé de construire les murs. Ils (**être**) en terre mélangée avec de la paille. J'(**avoir**) à fabriquer le toit. Il (**être**) en chaume.

2 **Récris ces phrases en les complétant avec le pronom qui convient.**

je/j' – tu – il – nous – vous – elles

- Seras-... assez fort ?
- ... ne serai pas bûcheron.
- ... serez très adroit.
- Seront-... dans la forêt ?
- ... sera très content.
- ... serons d'habiles charpentiers.

- ... aurez du bois à couper.
- Auront-... assez de temps pour finir ?
- ... aura des outils d'autrefois.
- ... aurons une belle maison.
- ... n'auras pas à planter de clou.
- ... aurai beaucoup de travail.

4 **À partir de ces débuts de phrases, écris trois phrases au futur en utilisant le verbe être et trois phrases en utilisant le verbe avoir.**

- Demain, tu ...
- Bientôt, vous ...
- Plus tard, elles ...

→ JE RETIENS

Le futur des verbes **être** et **avoir** est irrégulier. Leur radical change.

Être : je se**rai** – tu se**ras** – il/elle se**ra** – nous se**rons** – vous se**rez** – ils/elles se**ront**

Avoir : j'au**rai** – tu au**ras** – il/elle au**ra** – nous au**rons** – vous au**rez** – ils/elles au**ront**

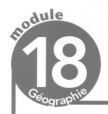

Qu'est-ce qu'un paysage

Cherchons ensemble

- **Habites-tu une maison isolée, un petit village ou une grande ville ?**
- **Quelle sorte de bâtiment y a-t-il près de ton école (bureau de poste, boutique…) ?**
- **Cite une des plus grandes villes de France.**

? Quelles différentes sortes de constructions peux-tu voir sur cette photographie ?

Doc. 1 Vue aérienne de Paris et de sa banlieue.

▶ Des villes très étendues

En France, la population est essentiellement urbaine. Trois habitants sur quatre vivent en ville. La plus importante zone urbaine est la région parisienne (**Doc. 1**) qui compte 11 millions d'habitants. Puis viennent les grandes agglomérations de Lyon, Lille, Bordeaux et Marseille.

Aujourd'hui, la population s'installe souvent près des grandes villes, dans des banlieues qui s'étendent vers les campagnes.

Le sais-tu ?

Pour lutter contre la pollution et le bruit, certaines villes s'équipent d'autobus et de voitures électriques, de rues piétonnes et de pistes cyclables.

urbain ?

? À quoi reconnaît-on qu'il s'agit d'une rue commerçante (Doc. 2) ?

Doc. 2 Centre-ville à Marseille.

Il faut faire signe au machiniste

La dame attendait l'autobus
le monsieur attendait l'autobus
passe un chien noir qui boitait
la dame regarde le chien
le monsieur regarde le chien
et pendant ce temps-là l'autobus passa

Raymond Queneau, in *Courir les rues*, © Éditions Gallimard.

? Pourquoi l'autobus est-il passé sans s'arrêter ?

? Quels types d'habitats trouve-t-on dans ce quartier résidentiel (Doc. 3) ?

Doc. 3 Quartier résidentiel de la banlieue de Saintes en Charente-Maritime.

▶ La ville et sa périphérie

La ville est constituée de quartiers très différents (Doc. 2 et 3).

Le centre-ville (Doc. 2), souvent ancien, a des rues étroites, avec des bâtiments historiques, de nombreux commerces, services (mairie, poste) et lieux de culture (musée, bibliothèque). Il comprend des quartiers d'habitations et parfois, des quartiers d'affaires avec de grands immeubles où se concentrent les bureaux.

À la **périphérie** des villes, les banlieues s'agrandissent. Elles forment de vastes quartiers **résidentiels** (Doc. 3) constitués d'immeubles ou de **pavillons**. On y trouve des zones commerciales avec des **hypermarchés** et des parkings, ainsi que des zones industrielles.

Lexique

un hypermarché : magasin en libre-service de très grande dimension.
un pavillon : petite maison le plus souvent entourée d'un jardin.
la périphérie : zone qui entoure une ville.
résidentiel : réservé aux habitations.

→ JE RETIENS

• Le paysage urbain se transforme sans cesse : les villes s'agrandissent, de nouveaux quartiers se construisent en périphérie des villes et empiètent sur la campagne.

• La ville est une zone dynamique qui regroupe, autour de son centre-ville, des quartiers d'habitations, parfois un quartier d'affaires et souvent des banlieues.

Les mots des transports

Cherchons ensemble

- Lis ce texte. Cherche le moyen de transport dont on parle. Quel est son vrai nom ?
- Quels sont les avantages et les inconvénients de ce moyen de transport ?
- Cite d'autres moyens de transport que tu connais.

Le Météor, métro inauguré en 1998.

Le premier métro parisien en 1900.

De tous les moyens de transport, le plus citadin est le métro. La preuve : son vrai nom est « chemin de fer métropolitain », car il est destiné aux métropoles, aux grandes villes. Le premier fut construit en 1863, à Londres, et Paris inaugura le sien en 1900. 90 grandes cités dans le monde l'ont adopté. La raison de son succès : souterrain et aérien, il ignore les embouteillages et offre la garantie d'arriver à l'heure. Mais les usagers sont si nombreux aujourd'hui, qu'aux heures de pointe, le métro devient invivable.

D'après « *Villes, les plus grandes agglomérations du monde* », *Mikado* n° 122, © Milan Presse.

1 Recopie et complète chacune de ces listes.

- **moyens de transport :** métro – autobus…
- **voies de communication :** route – fleuve…

2 Dans chacune de ces listes, trouve l'intrus qui n'appartient pas à la même famille que le mot en vert.

- **avion :** aviateur – avionneur – aviron – aviation
- **bateau :** batelier – bâtard – batellerie – bateau-citerne
- **voiture :** voiturer – voiturette – voiturier – voisinage

3 Recopie le tableau et classe les moyens de transport que tu viens de trouver.

Sur terre	Sur l'eau	Dans les airs
…………	…………	…………

4 Choisis deux moyens de transport et aide-toi de la liste d'adjectifs pour expliquer dans une phrase leurs avantages et leurs inconvénients.

rapide – encombrant – lent – vertigineux – bruyant – polluant – invivable – économique – souterrain – facile – difficile – aérien

5 Recopie et associe chacune des expressions suivantes avec sa signification.

Mener quelqu'un en bateau. •   • Partir.

Prendre le train en marche. •   • Faire croire n'importe quoi.

Mettre les voiles. •   • Prendre quelque chose en cours de route.

→ JE RETIENS

Le vocabulaire des transports peut se classer en trois catégories : le transport aérien, terrestre et naval. Il se compose de noms communs (voiture – train…), d'adjectifs (rapide – polluant…), de verbes (conduire – marcher…) et d'expressions (prendre le train en marche…).

Objectifs : Bien distinguer les différents accents et savoir les placer au bon endroit.

Les accents

Cherchons ensemble

- **Lis le texte et observe les mots en vert. Classe-les suivant l'accent.**

> Chez moi, c'est le **même** appartement que chez Sonia et c'est comme ça jusqu'en haut, il n'y a que la **décoration** qui change et la grandeur des **téléviseurs**. Par chance, notre « téci » n'est pas trop grande, il n'y a pas quinze **étages**, ni cinquante **bâtiments**, on ne peut pas se perdre **à** Crainquebille et nous on **préfère**. Quand mon petit **frère** pleure la nuit, la voisine tape dans le plafond avec son balai et **après**, c'est fichu, tout le monde est **réveillé**, sauf les sourds. […] Les drames et les **fêtes** passent par les murs des appartements sans invitation.
>
> Claire Nadaud, *De ma téci, je t'écris*, Les Mini Syros, © Éditions Nathan/Syros.

Un couloir de HLM à Paris.

1 **Recopie le tableau et classe les mots.**

une cité – après – un musée – une école – très – un hypermarché – une bibliothèque – un père

é	è
....	....

2 **Recopie les mots avec le bon accent : é ou è.**

la lumiere – une agglomeration – severe – une residence – une region – un collegue – interessant – un pere – le metro – un etage

3 **Écris le féminin de ces noms.**

un boucher – un épicier – un charcutier – un pâtissier – un fromager – un boulanger

4 **Trouve et écris un mot de la même famille ayant un accent aigu.**

extrême – elle espère – ils exagèrent – prospère – je repère – elle préfère – je considère

Décoration de Noël.

5 **Recopie et mets le bon accent en t'aidant du dictionnaire.**

Il se promene dans la ville a pied. Il voit des batiments, des monuments, des musees, des bibliotheques… Dans les rues encombrees de badauds, il decouvre les vitrines deco-rees pleines de jouets : c'est Noel !

→ JE RETIENS

Il existe plusieurs accents :
- **l'accent aigu** qui se place seulement sur le **e** : un étage ;
- **l'accent grave** qui se place seulement sur le **e** : un frère, sauf à, là et où ;
- **l'accent circonflexe** qui se place sur toutes les voyelles : un bâtiment ;
- le **tréma** indique que deux voyelles se lisent séparément. Il se met sur la seconde voyelle : égoïste.

L'accord dans le groupe nominal

Cherchons ensemble

• **Lis attentivement le texte. Quels sont le genre et le nombre des groupes nominaux en vert ? Que remarques-tu ?**

On s'est rencontrés devant le grand mur Ordener. Une vraie horreur, ce mur. Gris, sale, et constamment affiché ou tagué. Les riverains râlaient d'avoir ce spectacle déprimant sous les yeux ; alors, un beau jour, la mairie a pris une décision : charger des graffeurs de le recouvrir. Et, en l'espace de quelques semaines, le mur est devenu une fresque magnifique... [...] Une sorte de patchwork de styles différents, imbriqués les uns dans les autres et incrustés de ces grandes initiales entrelacées, à la fois sigles et éléments décoratifs, qui caractérisent le graff...

Gudule, *Barbès Blues*, Le Livre de Poche Jeunesse.

Le mur Ordener à Paris dans le 18e arrondissement.

1 **Recopie les GN des phrases suivantes et indique leur genre : féminin ou masculin.**

• Le graffiti est une sorte de peinture intéressante.
• Il peint un décor grandiose.
• Cet immeuble moderne est recouvert de graffitis colorés.
• Du jet de couleur naissent des formes saisissantes.

2 **Recopie ces phrases. Souligne en vert les GN au singulier et en bleu les GN au pluriel.**

• Dans les villes, l'art peut s'exprimer sous différentes formes.
• Cette nouvelle exposition rassemble les plus grandes toiles de l'artiste.
• Cette petite sculpture témoigne de son immense talent.
• Les musées sont riches en monuments historiques.

3 **Recopie en mettant au pluriel les GN en vert.**

• Tu peux emprunter **un nouveau livre** à la bibliothèque de ton quartier.
• Le cinéma de quartier passe **un beau film**.
• Le parc floral accueille **un concert renommé**.
• Le théâtre joue **une pièce connue** de Molière.
• La ville invite chaque été **une personne célèbre** du monde de la musique.

4 **Recopie ces GN et accorde correctement l'adjectif en gras.**

• un théâtre et un cinéma (**complet**)
• un parc et un jardin (**fleuri**)
• une peinture et une sculpture (**expressif**)
• un livre et une bande dessinée (**intéressant**)

→ JE RETIENS

• Dans **le groupe nominal**, le déterminant et l'adjectif qualificatif s'accordent en genre et en nombre avec le nom : un beau décor – une belle fresque – de beaux tableaux – des belles toiles.
• Parfois, un adjectif qualifie plusieurs noms. Dans ce cas, il se met au pluriel : une ville et une banlieue fleuries.
Attention ! si l'un des noms est au masculin, l'adjectif se met au masculin pluriel : un chanteur et une actrice connus.

Le futur des verbes des 1er et 2e groupes

Cherchons ensemble

- **Lis le texte, puis donne l'infinitif des verbes en vert.**
- **À quel groupe appartiennent-ils ?**
- **Expriment-ils une action déjà passée ou qui va se passer ?**

Grand Standigne
Un jour on démolira
ces beaux immeubles si modernes
on en cassera les carreaux
de plexiglas ou d'ultravitre
on démontera les fourneaux
construits à polytechnique
on sectionnera les antennes
collectives de tévision
on dévissera les ascenseurs
on anéantira les vide-ordures
on broiera les chauffoses
on pulvérisera les frigidons
quand ces immeubles vieilliront
du poids infini de la tristesse des choses

Raymond Queneau, in *Courir les rues*, © Éditions Gallimard.

1 **Recopie uniquement les phrases au futur. Entoure le verbe et indique son groupe.**

- Vous terminerez ce voyage par la visite d'Orléans.
- Nous finissons notre tour de la ville en bicyclette.
- Grâce à son réveil, il réussira à partir à l'heure.
- Ils visiteront prochainement Bordeaux.
- Comment réagira-t-il à cette nouvelle ?
- Ce guide touristique donne beaucoup d'informations.

Des immeubles modernes à Paris.

2 **Mets les verbes en gras au futur.**

- Tu m'(**avertir**) quand tu partiras.
- (**Grimper**)-vous au sommet de la tour Eiffel ?
- Elle (**décider**) de visiter Strasbourg.
- Nous ne nous (**rencontrer**) pas à Bordeaux.
- Les photographies (**pâlir**) avec le temps.

3 **Conjugue ces verbes à la bonne personne du futur.**

- **marcher** (3e personne du singulier)
- **s'agrandir** (2e personne du singulier)
- **réunir** (2e personne du pluriel)
- **s'installer** (1re personne du pluriel)
- **équiper** (3e personne du pluriel)
- **réussir** (1re personne du singulier)
- **oublier** (2e personne du pluriel)

4 **Transforme et écris ces phrases au futur.**

- Les banlieues s'agrandissent et forment de vastes quartiers résidentiels.
- Aujourd'hui, la population s'installe près des grandes villes.
- De nouvelles zones commerciales se développent.

JE RETIENS

On utilise le **futur** pour exprimer une action qui se passera **plus tard**. Pour former le futur des verbes du 1er et du 2e groupe, on met le verbe à l'infinitif et on ajoute les terminaisons du futur.

Marcher : je marcherai – tu marcheras – il/elle marchera – nous marcherons – vous marcherez – ils/elles marcheront
Réussir : je réussirai – tu réussiras – il/elle réussira – nous réussirons – vous réussirez – ils/elles réussiront

Lire un plan et écrire des consignes

Cherchons ensemble

- Observe ce plan. À quoi sert le quadrillage ?
- La place de la Tourbie se trouve en A-5.
- Cherche le théâtre et indique, à l'aide du quadrillage, où il est placé.
- Si tu es place Laënnec en D-5 et que tu dois te rendre au théâtre, quelles rues te faut-il prendre ? Quand dois-tu tourner à gauche ? tourner à droite ? Y a-t-il plusieurs chemins possibles ?

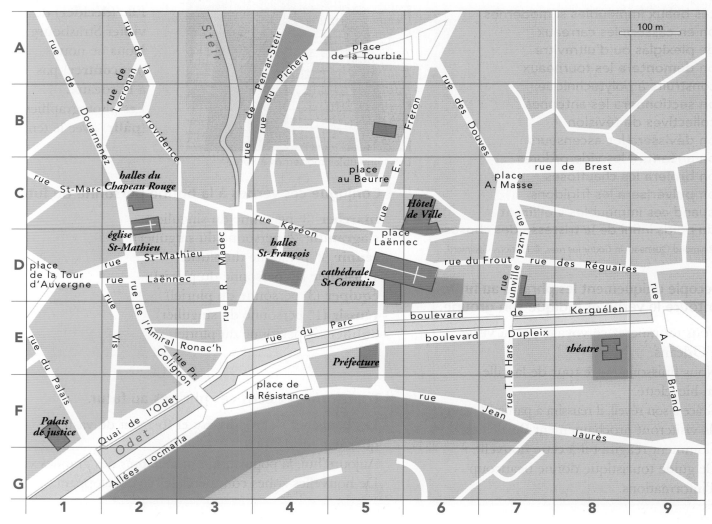

Plan de la ville de Quimper (Bretagne).

1 Observe ce plan et réponds aux questions.

- Où se trouve la place Wagram ? (Sers-toi du quadrillage.)
- Quelle avenue faut-il emprunter pour aller de la place Marine (2-B) à l'école ?
- Quand tu sors de la poste (1-C) :
  – tourne à droite,
  – prends la première rue à droite,
  – puis tourne à droite dans l'avenue Vergniaud et suis-la jusqu'au bout.
  Où arrives-tu ?

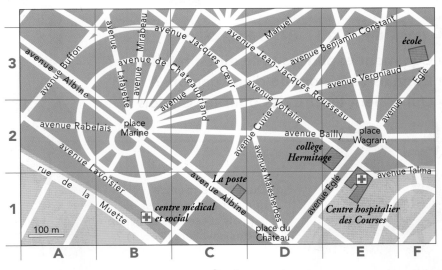

Plan de la ville de Maisons-Laffitte (Île de France).

2 Observe le plan et l'itinéraire que suit Paul pour aller à l'école. Écris la consigne qui indique le trajet à faire pour suivre ce chemin, une fois en utilisant des verbes à l'infinitif, une fois en utilisant des verbes à l'impératif.

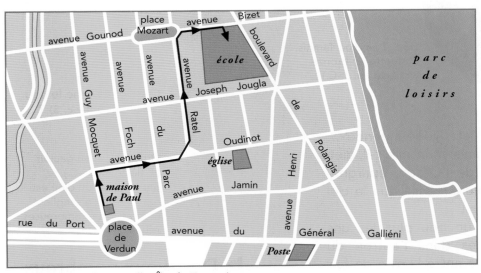

Plan de la ville de Joinville (Île de France).

→ **JE RETIENS**

- Pour **se repérer sur un plan**, on utilise le quadrillage avec les lettres et les chiffres (A-5).
- Pour **écrire une consigne** et indiquer un itinéraire, il faut employer des verbes précis qui décrivent l'action à faire : tourner à droite, prendre à gauche… On peut utiliser l'infinitif (tourner) ou l'impératif (tourne, tournez).

Quelle était la religion

Cherchons ensemble

- Comment expliques-tu le mot « religion » ?
- Connais-tu le nom de dieux gaulois ?
- Qui étaient les druides pour les Gaulois ?

? Quel geste montre que cette déesse est la protectrice des chevaux et des cavaliers (Doc. 1) ?

Doc. 1 La déesse Épona (fin du IIe siècle ap. J.-C.).

? Comment s'appelle ce dieu du ciel (Doc. 2) ?

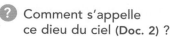

Doc. 2 Le dieu Taranis. Statuette en bronze (Ier siècle ap. J.-C.) .

? Quel bijou orne le cou de ce dieu (Doc. 3) ?

Doc. 3 Un dieu gaulois (Ier siècle av. J.–C.). Sur le corps du dieu est représenté un sanglier, emblème de nombreuses tribus gauloises.

Un nouvel éclair jeta Nédé à genoux.
– Notre dieu Taranis, murmura-t-il, dieu du Tonnerre et de l'Orage, épargne-nous dans ta colère. Fasse que le ciel ne s'effondre pas !
Ils se serrèrent un peu plus les uns contre les autres dans l'entrée du dolmen, partagés entre l'envie de fuir la colère de Taranis et la crainte de déranger sous la grosse pierre les habitants de l'autre monde.

Évelyne Brisou-Pellen, *Le Défi des druides*, © Rageot Éditeur.

? À quel dieu s'adresse Nédé dans le texte ci-dessus ?

? Relève les mots qui montrent que Nédé craint ce dieu.

▶ Des dieux nombreux

La **religion** rythme la vie quotidienne des Gaulois. À chaque événement (naissance, mort, chasse, guerre…) ils font appel aux dieux : Épona est la déesse protectrice des cavaliers et des voyageurs (Doc. 1) ; Taranis est le dieu du ciel et celui qui lance la foudre (Doc . 2) ; Lug préside aux combats et dirige les arts ; Teutatès est le dieu qui protège la tribu. Il existe plus de 400 dieux gaulois, mais ils sont souvent mal connus (Doc. 3).

des Gaulois ?

L'Antiquité

| 3200 av. J.-C. apparition de l'écriture | 476 ap. J.-C. chute de l'Empire romain |

Doc. 4 Une cérémonie religieuse célébrée dans la forêt (gravure du XIXe siècle).

? Dans quel lieu se déroule cette cérémonie religieuse (Doc. 4) ?

▶ Un culte proche de la nature

Les Gaulois n'ont pas de **temples** mais des lieux sacrés : fleuves, sources, forêts. Là se déroulent les cérémonies religieuses (Doc. 4) au cours desquelles le **druide** fait des **offrandes** sur un **autel**.

Les Gaulois respectent les morts car ils croient que l'âme est immortelle. Ils enterrent leurs morts sous des **tumuli** et déposent près du corps des armes ou des bijoux.

Le sais-tu ?

Autrefois, au 6e jour de la Lune, le druide coupait le gui et sacrifiait deux taureaux blancs sous le chêne, arbre sacré. Le gui ainsi cueilli était réputé porter bonheur.

▶ Un homme important : le druide

Le druide détient tous les savoirs (religion, médecine, astronomie…). Il célèbre le **culte** et sert de lien entre les hommes et les dieux. Il rend la justice et joue le rôle de conseiller auprès des chefs de tribu. C'est aussi lui qui enseigne aux enfants. Mais il ne transmet son savoir que par oral. Il ne reste aucun texte écrit sur la vie religieuse des Gaulois.

Lexique

un autel : table où l'on dépose des offrandes.

un culte : cérémonie donnée en hommage à un dieu.

un druide : prêtre gaulois.

une offrande : cadeau fait à un dieu.

une religion : pratiques d'un peuple pour célébrer ses dieux.

un temple : édifice qui sert de lieu de culte.

un tumulus (des tumuli) : petit tas de terre et de pierres, élevé sur une tombe.

JE RETIENS

- Chez les Gaulois, la religion fait partie de la vie de tous les jours. Les dieux sont nombreux. Ils sont proches de la nature. Les Gaulois portent une grande attention à leurs morts.
- Les druides sont à la fois des prêtres, des chefs religieux, des juges, des conseillers et des maîtres.

Les mots et la représentation de la mère

Cherchons ensemble

Les Déesses-Mères
Elles sont représentées soit seules, soit par trois, assises dans des fauteuils d'osier tressé, et portent dans leurs bras des cornes d'abondance et un ou deux bébés qu'elles allaitent ou non. Symbole de fécondité, leur image se trouve dans les sanctuaires de sources, sur les autels familiaux ou les sépultures, où elles jouent un rôle protecteur.

Renée Grimaud, *Sous nos pas la Gaule*, © Renée Grimaud.

- Lis d'abord le texte en entier.
- Relis ensuite la première phrase. Que décrit-elle ?
- Compare la description du texte à la photographie ci-contre. Que remarques-tu ?
- Observe les mots en orange. Quel est le rôle de cette déesse ?

Une déesse-mère (vers le IIe siècle ap. J.-C.). Assise dans son fauteuil en osier, elle nourrit ses bébés.

1 **Parmi ces mots, élimine ceux qui n'ont pas de rapport avec le mot mère.**

maman – maternelle – matériel – matrone – matière – maternité – marmite – materner

2 **Cherche dans le dictionnaire le sens du mot marâtre.**

3 **Trouve un synonyme du mot bébé.**

4 **Explique les expressions ci-dessous.**
- une langue maternelle
- l'école maternelle
- l'amour maternel

5 **Trouve l'intrus dans chacune de ces listes de mots.**
- allaiter – allaitement – alléchant – lait
- laitier – laitage – laiton – laiterie – lacté
- nourrir – nourriture – nouille – nourrice – nourrissant
- poupe – pouponner – poupée – poupon – pouponnière

6 **Recopie ces mots en leur associant une définition et un synonyme.**

Mots	Définitions	Synonymes
• l'abondance	fait d'avoir des petits en grand nombre	la défense
• la fécondité	ce qui met à l'abri	la fertilité
• la protection	qui existe en grande quantité	la richesse

JE RETIENS

- Pour décrire une personne ou un objet, on utilise des mots, mais aussi le dessin ou la sculpture.
- La façon de décrire indique comment l'auteur imagine la personne ou l'objet. Il y a toujours plusieurs façons de voir et de représenter les choses.

Objectif : Connaître les différentes graphies du son [ã].

Le son [ã]

Cherchons ensemble

- Lis le texte. Quel son entends-tu quand tu lis les mots en orange ?
- Quelles lettres permettent de former ce son ?

En langue celte, le mot *druide* signifie *l'homme qui sait* et semble particulièrement bien choisi pour ce personnage respecté de tous, qui est le dépositaire de l'ensemble des connaissances de son peuple.
Intermédiaire entre les hommes et les multiples dieux gaulois, il assure également les fonctions de juge, de professeur, de médecin et même d'ambassadeur auprès d'autres peuples.

Anne Royer, Peggy Adam, *La Gaule*, « Regard Junior », © Éditions Mango.

Druides gaulois (gravure du XVIIIᵉ siècle).

1 Recopie le tableau et classe les mots dans la colonne qui convient.

semble – particulièrement – bien – connaissance – assurent – condamner – entre – médecin – également – même

On entend le son [ã]	On n'entend pas le son [ã]
....	....

2 Recopie ces mots en les complétant par en ou em et entoure la lettre qui suit.

un t...ple – un mom...t – longt...ps – vraim...t – l...t – nov...bre – un ...seignem...t – un tr...blem...t – un m...songe – un m...bre – la t...pête – ...core – ...s...ble

3 Recopie ces mots en les complétant par an ou am et entoure la lettre qui suit.

un s...ctuaire – un ch...p – import...t – une r...pe – une j...be – une offr...de – une ...bi...ce – gr...d – une ch...bre – un c...p – un r...g

4 Recopie ces mots en les complétant par en ou an.

cep...d...t – un ...f...t – il ...t...d – l...tem...t – un p...sem...t – p...d...t – une t...d...ce

5 Récris le texte en complétant les mots avec les lettres qui conviennent.

Au t...ps des Gaulois, les druides sont les représ...t...ts de leur tribu. Une fois par ..., ils se réunissent d...s la forêt des Carnutes. Ils s'y retrouvent généralem...t au print...ps pour tenir leur ass...blée.

6 Cherche la définition des mots ci-dessous, puis écris une phrase avec chacun d'eux.

une tente/une tante – dense/la danse – venter/vanter

→ JE RETIENS

Le son [ã] s'écrit le plus souvent **an** ou **en** : la conn**an**ce – le s**en**s, sauf lorsqu'il est placé devant **b** et **p**. Il s'écrit alors **am** ou **em** : un **am**bassadeur – le t**em**ps.

Objectifs : Connaître les pronoms personnels sujets et savoir les utiliser.

Les pronoms personnels sujets

Cherchons ensemble

• **Lis ce dialogue entre le vieux druide, Fingan, et son élève, Sencha. Quels noms remplacent les pronoms personnels en orange ?**

> – Qu'as-tu retenu d'important ?
> Sencha fut pris au dépourvu. Il dut réfléchir un instant :
> – Je ne sais... La première chose qui me vienne immédiatement à l'esprit, c'est la phrase que j'ai si souvent entendue, la même que vous m'avez toujours répétée : « Honore tes dieux, ne commets pas le mal, fais preuve de courage. »
> – C'est un bon début. [...] Aie confiance, les dix-sept ans qui te restent pour approfondir tes connaissances feront de toi un bon druide.
>
> Évelyne Brisou-Pellen, *Le Défi des druides*, © Rageot Éditeur.

Un druide cueillant le gui avec sa faucille en or (gravure du XIXe siècle).

1 **Recopie uniquement les pronoms personnels sujets. Quand c'est possible, dis quels mots ils remplacent.**

• Tasgétios et Fingan, vous êtes de grands druides !
• Quand le druide cueille le gui, il utilise une serpe en or.
• Comme tu es savant !
• Ces boules de gui sont énormes. Où poussent-elles ?
• Plus tard, je voudrais devenir druide.
• Cette année nous n'avons pas trouvé de gui.

2 **Recopie et remplace les groupes sujets en gras par il, elle, ils ou elles.**

• **Les druides** transmettent les textes sacrés par oral.
• **La cueillette du gui** se fait sur le chêne rouvre.
• **Le druide** étudie pendant plus de vingt ans.
• **Les connaissances des druides** sont vastes.
• **Cette faucille** est en or.

3 **Recopie et complète ces phrases.**

• Toi et moi, ... écoutons le druide.
• Sencha ! ... ne connaît pas cette plante.
• ... crois que cette serpe est à moi.
• À qui confiez-... vos secrets ?

4 **Recopie le texte en le complétant avec les pronoms personnels sujets qui conviennent.**

Le druide Fingan part cueillir du gui dans la forêt. ... emporte sa faucille en or. ... brille au soleil. Son élève Sencha l'accompagne. ... est encore trop jeune pour y aller seul. « Sommes-... bientôt arrivés ? demande-t-... au druide. – Oui, le chêne sacré n'est plus très loin. ... est si grand que ... ne pourras pas le manquer ! »

→ **JE RETIENS**

• **Les pronoms personnels sujets** (je – tu – il – elle – on – nous – vous – ils – elles) remplacent un nom ou un GN : **Sencha** deviendra druide. → **Il** deviendra druide.
• **Je** (ou **j'**) désigne celui qui parle. **Tu** désigne celui ou celle à qui on s'adresse. **Il, elle, on** désignent celui ou celle dont on parle. **Nous** désigne la personne qui parle avec une ou plusieurs personnes. **Vous** désigne ceux ou celles à qui on s'adresse. **Ils, elles** désignent ceux ou celles dont on parle.

Objectifs : Reconnaître les verbes du 3e groupe et savoir les conjuguer au futur.

C o n j u g a i s o n

Le futur des verbes du 3e groupe

Cherchons ensemble

- Observe les verbes en orange. Quel est leur infinitif ? À quel groupe appartiennent-ils ?
- Lesquels ont leur radical qui change au futur ?
- Conjugue au futur le verbe en vert.

Dans quelques jours aura lieu une grande bataille. Pour encourager les guerriers et obtenir la protection des dieux, le druide devra organiser une grande cérémonie. Il rassemblera les gens du village dans la clairière de la forêt de Brocéliande. Il fera le sacrifice de deux taureaux en l'honneur de Teutatès, le dieu unificateur, défenseur de la tribu. Puis il mettra à mort deux autres animaux. Un festin suivra et les guerriers partiront pleins de courage au combat.

Teutatès, dieu gaulois protecteur de la tribu (Ier siècle ap. J.-C.).

1 Conjugue au futur ces verbes réguliers du 3e groupe.

je (**partir**) – tu (**suivre**) – elle (**combattre**) – nous (**défendre**) – vous (**prendre**) – ils (**mettre**)

2 Recopie ces phrases en choisissant la forme correcte du verbe.

- Nous (**ferons/feront**) des offrandes.
- Il (**tiendras/tiendra**) le mouton sur l'autel.
- Elles (**attendrons/attendront**) sous le chêne.
- J'(**ira/irai**) chez le druide.
- Tu (**pourra/pourras**) partir sans crainte.

3 Conjugue au futur ces verbes irréguliers du 3e groupe.

je (**devoir**) – tu (**faire**) – il (**pouvoir**) – nous (**vouloir**) – vous (**venir**) – elles (**savoir**)

4 Récris ce texte en mettant les verbes au futur.

Moi, votre druide, j'(**obtenir**) l'aide des dieux ! Mais vous (**devoir**) faire des sacrifices. Nous (**aller**) tous ensemble dans le sanctuaire et nous (**rendre**) hommage aux dieux. Ainsi, les dieux nous (**entendre**) et nos guerriers (**parvenir**) à battre nos ennemis.

5 Écris six phrases en utilisant les verbes ci-dessous au futur avec je, tu, elle, nous, vous, ils.

devenir – disparaître – savoir – vaincre – revenir – croire

→ JE RETIENS

- Tous les verbes ont la même terminaison au futur : **-ai, -as, -a, -ons, -ez, -ont.**
- Certains verbes du 3e groupe sont **réguliers** et ne changent pas de radical au futur.
Partir : je partir**ai** – tu partir**as** – il/elle partir**a** – nous partir**ons** – vous partir**ez** – ils/elles partir**ont**
- Mais de nombreux verbes du 3e groupe sont **irréguliers** et changent de radical au futur.
Faire : je fer**ai** – tu fer**as** – il/elle fer**a** – nous fer**ons** – vous fer**ez** – ils/elles fer**ont**

Qu'est-ce qu'un paysage

Cherchons ensemble

- Habites-tu la ville ou la campagne ?
- Décris un paysage de campagne que tu connais.
- Quelle est l'activité qui domine à la campagne ?

Doc. 1 Parc régional des volcans d'Auvergne dans le Massif central.

? Observe ces trois photographies (**Doc. 1, 2 et 3**) et décris chaque paysage.

? En quoi le **Doc. 1** représente-t-il au premier plan un paysage naturel ?

? À quoi vois-tu sur les **Doc. 2 et 3** que ce sont des paysages aménagés ?

Doc. 2 Ferme isolée dans la plaine de Beauce.

Doc. 3 Plaine agricole dans les Landes.

▶ Des paysages ruraux variés

Les paysages ruraux (**Doc. 1, 2 et 3**) couvrent une grande partie du territoire français. Ils ont souvent été transformés par l'homme (forêts, bois, champs, villages) pour établir leurs activités notamment **agricoles**.

- Dans le Nord, le Bassin parisien et le Bassin aquitain, on cultive les céréales dans d'immenses champs ouverts avec quelques fermes isolées (**Doc. 2**).
- Dans l'Ouest, on pratique surtout l'élevage. C'est une région de **bocage** (**Doc. 3**).
- Dans le Sud, on cultive des fruits, des légumes, la vigne et l'olivier. Les paysages sont plus variés.

> **Le sais-tu ?**
>
> On appelle les forêts « le poumon de la Terre ». En effet, les arbres transforment le dioxyde de carbone en oxygène, ce qui nous permet de respirer.

rural ?

> J'arrivai à Eyguières vers deux heures. Le village était désert, tout le monde aux champs. Dans les ormes du cours, blancs de poussière, les cigales chantaient comme en pleine Crau. Il y avait bien sur la place de la mairie un âne qui prenait le soleil, un vol de pigeons sur la fontaine de l'église, mais personne pour m'indiquer l'orphelinat.
>
> Alphonse Daudet, *Les Lettres de mon moulin.*

? Que voit le personnage quand il arrive à Eyguières ?

Doc. 5 Champs de vignes à Riquewihr en Alsace.

Doc. 4 Une usine au milieu des champs à Récy dans la Marne.

? Compare les deux photographies (Doc. 4 et 5). En quoi ces deux paysages sont-ils différents ?

▶ Des villages en pleine évolution

Les ruraux habitent dans des fermes isolées ou des villages. Ils ne sont pas très nombreux. Autrefois, ils vivaient surtout de l'agriculture (Doc. 5). Aujourd'hui, ils exercent d'autres activités (**artisanat**, **industrie** et **tourisme**). Ainsi, les villages se transforment. Certains construisent des gîtes et des campings pour accueillir les touristes. D'autres installent des usines en bordure des villages (Doc. 4).

Lexique

agricole : qui se rapporte à la culture de la terre et à l'élevage.

l'artisanat : production d'objets à la main, de façon traditionnelle.

le bocage : région de petits champs entourés de haies.

l'industrie : ensemble des entreprises transformant des matières premières en produits fabriqués.

le tourisme : ensemble des activités de loisirs.

→ JE RETIENS

- Les paysages ruraux sont très variés. Leurs espaces ont été aménagés par l'homme : forêts, domaines protégés, champs, plantations et espaces clos pour l'élevage.
- Les ruraux sont peu nombreux. Ils sont souvent agriculteurs, mais ils vivent de plus en plus d'autres activités (artisanat, industrie, tourisme) qui modifient les paysages.

Objectif : Comprendre la composition des mots et la dérivation.

Les suffixes

Cherchons ensemble

- **Lis le texte, puis observe les mots en vert. Trouve les verbes à l'infinitif qui correspondent à chacun de ces mots. Quelle partie ont-ils en commun ? Quelle partie change ?**

> Le platane et le tilleul se dévêtaient rapidement sous les rafales. À chaque passage de la brise glacée des tourbillons de feuilles détachées par la brusque gelée s'éparpillaient dans le vent comme un envolement d'oiseaux. Jeanne s'habilla, sortit, et pour faire quelque chose, alla voir les fermiers. [...] Une sorte d'intérêt pour les mille choses insignifiantes de l'existence quotidienne, un souci des simples et médiocres occupations régulières renaquit en son cœur.
>
> Guy de Maupassant, *Une Vie*.

Paysage de Saône-et-Loire.

1 **Forme et écris de nouveaux mots en ajoutant -ment ou -té à la fin de ces mots.**

beau – groupe – nouveau – équipe – place – fier – gratuit – grave – riche – pauvre – secrète

2 **Recopie ces listes de mots de la même famille. Souligne la partie commune et entoure les suffixes.**

- planteur – planter – plantation – plantoir
- laiterie – laitier – laitage – laiteux
- herbeux – herbivore – herbage – herborisation
- cultivable – cultivateur – cultiver
- fermage – fermier – fermette

3 **Trouve l'arbre qui correspond à chaque fruit.**

Ex. une cerise → un cerisier

un abricot – une pomme – une poire – une figue – une framboise – une fraise – une amande – une noisette

4 **Transforme les verbes en noms puis en adjectifs. Aide-toi de l'exemple.**

Ex. organiser → une organisation → organisable

habiter – transformer – dégrader – séparer

5 **Cherche dans le dictionnaire la différence entre place et placette. Sur ce modèle, trouve des mots composés à partir des noms ci-dessous et écris-les.**

une pièce – une chanson – une malle – une ferme – une maison – une colonne

6 **Recopie ces mots et entoure leurs suffixes.**

un élevage – campagnard – un commencement – champêtre – accompagner – un ralentissement – régional – une plantation – dangereux – la naissance – publique – blanchâtre – l'existence

→ JE RETIENS

- Les **suffixes** servent à former des mots à partir d'un radical et à passer d'un verbe à un adjectif, à un nom, à un adverbe...

une plante – planter – une plantation

cultiver – un cultivateur – cultivable

- Il existe de nombreux suffixes : -ement, -ation, -age, -ier, -oir... Certains modifient le sens ou apportent une nuance : une maison → une maisonnette (une petite maison).

Objectifs : Identifier et savoir orthographier les différentes graphies du son [f].

Le son [f]

Cherchons ensemble

- **Lis le texte. Quel son entends-tu quand tu lis les mots en vert ?**
- **Recopie ces mots et entoure les différentes graphies de ce son.**

Le matin, j'ouvre au chien et je lui **fais** manger sa soupe. Le soir je lui **siffle** de venir se coucher. Quand il s'attarde par les rues, je l'attends. En outre, maman m'a promis que je **fermerais** toujours la porte des poules. […] J'aide à dévider les écheveaux de **fil**. Je mouds le **café**. Quand M. Lepic quitte ses souliers sales, c'est moi qui les porte dans le corridor, mais sœur Ernestine ne cède à personne le droit de rapporter les **pantoufles** qu'elle a brodées elle-même. Je me charge des commissions importantes, des longues trottes, d'aller chez le **pharmacien** ou le médecin.

Jules Renard, *Poil de Carotte*, Le Livre de Poche Jeunesse.

Frederick Walter, *Les Flâneurs*, peinture à l'huile, 1888.

1 Recopie et classe les mots dans le tableau.

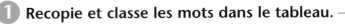

un fermier – un trèfle – un chiffre – une photographie – faire – fertile – un sifflement – une pharmacienne

Je vois **f**	Je vois **ff**	Je vois **ph**
……….	……….	……….

4 Trouve des mots de la famille de photographie. Écris-les.

2 Recopie et complète les mots par f, ff ou ph.

- La …armacie est au bout du village.
- C'est la tempête, le vent sou…le très fort dans la …orêt.
- L'en…ant …erme la porte du poulailler.
- Il m'a o…ert des …leurs.
- Nous …otogra…ions le paysage.

5 Recopie ces mots et entoure la lettre qui précède le f. Que remarques-tu ?

effaroucher – affaiblir – une offre – affamer – effectivement – effeuiller – affectionner – efficace – effrayant – offenser – effacer

3 Trouve des mots de la famille de feuille. Écris-les.

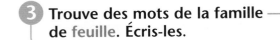

6 Écris deux phrases avec au moins trois mots qui contiennent le son [f].

JE RETIENS

Le son [f] peut s'écrire de trois façons :   **f** : la ferme   **ff** : souffler   **ph** : une photographie
Les mots commençant par **af-, ef-, of-** s'écrivent souvent avec **deux f** : un effort – afficher – offrir.

Les prépositions

Cherchons ensemble

- **Lis le texte. Observe les mots en vert. À ton avis, à quoi servent-ils ?**

Les terres cultivées dépassées, nous voici **en** pleine Camargue sauvage. **À** perte **de** vue, parmi les pâturages, des marais, des roubines luisent **dans** les salicornes. Des bouquets **de** tamaris et **de** roseaux font des îlots comme **sur** une mer calme. Pas d'arbres hauts. L'aspect uni, immense **de** la plaine, n'est pas troublé. De loin en loin, des parcs **de** bestiaux étendent leurs toits bas presque **au ras de** terre.

Alphonse Daudet, *Les Lettres de mon moulin.*

Paysage de la Camargue en France.

1 Recopie et complète ces groupes de mots avec l'une de ces prépositions : **à – en – de.**

une forêt … sapins – un sac … dos – un coucher … soleil – un chalet … bois – un champ … maïs

2 Recopie et complète ces phrases avec les prépositions ci-dessous.

sur – sous – devant – dans – au milieu
- La ferme est … des champs
- Le chien se repose … la table.
- Le renard traîne … le poulailler.
- Les clapiers sont posés … des étagères.
- Elle se promène … la campagne.

3 Recopie et complète ces phrases avec les prépositions ci-dessous.

pendant – avant – après
- … la pluie, vient le beau temps.
- Il est parti … les vacances.
- L'orage éclatera … la fin de la journée.

4 Recopie ces phrases et entoure les prépositions.

- Le pré ou la prairie produisent de l'herbe pour la nourriture du bétail.
- Le pré et le champ sont des terrains gagnés sur la forêt par l'homme qui les a défrichés.
- On trouve les plus jolies fleurs sur les pentes des collines, des montagnes et dans les prairies peu broutées.

5 Complète ces phrases avec des prépositions. Souligne le verbe qui suit immédiatement la préposition quand il y en a un.

- … donner du lait, une vache doit avoir eu un petit.
- … automne, l'hirondelle part … l'Afrique.
- … printemps, l'hirondelle s'envole … retrouver son nid en Europe.

JE RETIENS

- **Les prépositions** sont des mots **invariables**. Elles introduisent un complément :

une machine **à** écrire – un champ **en** friche – une chute **de** pierres.

- Certaines précisent le sens du complément :

pour – sans – dans – sur – sous – contre – après – avant – pendant, etc.

- Après une préposition, le verbe est toujours à l'infinitif :

Il est parti se promener **pour découvrir** la campagne.

Objectif : Savoir reconnaître
un temps simple d'un temps composé.

Conjugaison

Les temps simples et les temps composés

Cherchons ensemble

- Observe les verbes en **vert**, puis les verbes en orange dans le texte.
- **De combien de mots sont-il formés ?**

Un champ de blé dans l'Oise.

> Le champ **est** un terrain cultivé pour un seul type de culture à la fois (maïs, betteraves, blé…). Dans un champ de blé, tout autre plante que le blé **est** une mauvaise herbe pour l'agriculteur qui **emploie** souvent des produits désherbants. Aussi, les fleurs des champs […] ont aujourd'hui pratiquement disparu des moissons. L'utilisation des désherbants, ajoutée à celle des engrais et des insecticides, **permet** une formidable augmentation des rendements des cultures. Mais attention à la pollution chimique !! On s'est aperçu que les insectes nuisibles et les mauvaises herbes résistaient de mieux en mieux aux produits chimiques.
>
> B. de Montmorillon, *La nature jour après jour*, © Hachette Éducation.

1 **Recopie le tableau et classe ces verbes.**

il sema – je fauche – elles ont utilisé – tu entretiendras – nous avons éliminé – ils ont poussé – vous défrichiez – elles se sont multipliées – elles avaient résisté

Temps simple	Temps composé
…………	…………

2 **Recopie ces phrases et entoure le verbe conjugué à un temps simple.**

- Le champ, pas entretenu, retournait à l'état sauvage.
- Les céréales servent de nourriture aux hommes et aux animaux.
- On les sème en automne ou au printemps. On les récoltera en été.
- Le maïs sert surtout d'aliment pour le bétail.

3 **Recopie le verbe conjugué à un temps composé. Mets chaque verbe à l'infinitif.**

- Les insectes nuisibles se sont dispersés à cause des produits chimiques.
- La culture du seigle s'était peu à peu répandue.
- Les grains d'avoine sont tombés avant la récolte.
- Le blé et le seigle ont servi pour fabriquer du pain.

4 **Récris ces phrases en mettant le verbe à un temps simple à chaque fois différent.**

- On a cultivé le blé dans les grandes plaines du Nord.
- La culture du sorgho s'est développée dans le Sud de la France.
- L'orge a permis de nourrir les chevaux, les cochons et la volaille.

JE RETIENS

- Un verbe peut se conjuguer à un **temps simple** (présent, imparfait, futur…) ou à un **temps composé** (passé composé…).
- Dans le temps composé, le verbe se compose de deux mots : un **auxiliaire** (être ou avoir) suivi du **participe passé** du verbe conjugué.

Ils ont cultivé.

auxiliaire **avoir**   participe passé

Elle est revenue.

auxiliaire **être**   participe passé

Écrire un dialogue

Cherchons ensemble

- **Lis ce texte. Grâce à quels signes reconnais-tu qu'il s'agit d'un dialogue ?**
- **Quels sont les différents personnages qui parlent dans ce texte ? Nomme-les et décris-les.**
- **Observe les mots en orange. Que t'indiquent-ils ?**

« Qui es-tu ?

Le garçon que Sencha ne voyait que de dos sursauta et se retourna d'un bond. Il était petit et roux, et semblait avoir tout au plus quatorze ans. Une expression de soulagement se peignit sur son visage criblé de taches de rousseur.

– Tu ne me reconnais pas, Sencha ? Je suis Nédé, du clan d'Azchi.

– C'est vrai... Nédé ! Je comprends maintenant pourquoi tu es là !

Sencha jeta un regard circulaire : la hutte de Fingan, la forêt tapissée de jeunes fougères...

– Ainsi, Nédé, toi qui voulais tant devenir l'élève de notre druide vénéré, tu as réussi. Depuis combien de temps étudies-tu ?

– Un an seulement.

Sencha hocha la tête avant de s'enquérir :

– Fingan n'est pas là ?

– Il est parti de bonne heure ce matin... [...]

– Dans la forêt ?

– Oui, par là ! dit Nédé en désignant un sentier sur la droite. [...]

Nédé fit un geste vague, puis ses yeux fixèrent les fougères.

– Voilà Fingan, murmura-t-il.

Sencha leva la tête et son regard s'obscurcit : le druide semblait plus vieux de dix ans. Son visage était fatigué et ses épaules se courbaient.

– Sencha... souffla-t-il sans le moindre sourire.

Le garçon ouvrit la bouche, mais Fingan ne lui laissa pas le temps de parler.

– Je sais, je sais, dit-il. Les armes sont encore sorties de leur fourreau. Ton père est blessé. Je suis allé consulter les dieux. »

Évelyne Brisou-Pelen, *Le Défi des druides*,
© Rageot Éditeur.

---

1 **Recopie ce texte en mettant les guillemets et les tirets qui ont été oubliés.**

À l'aube, le druide sort de sa hutte pour aller consulter les dieux, lorsqu'il tombe nez à nez avec le chef du village.

Que faites-vous ici de si bon matin ? lui demande-t-il. Il faut que ce soit un bien grave problème qui vous tourmente pour venir si tôt.

En effet, cher druide, répond le chef. C'est mon fils, Bertex, il est au plus mal.

Ne tardons pas alors, je prends mes herbes et nous y allons !

2 **Remets dans l'ordre les éléments du dialogue ci-dessous.**

Le chef et le druide arrivent au chevet du petit garçon malade. Bertex a le teint pâle et semble abattu.

- dit le druide. | répond le petit garçon.

  – Oui, j'ai très mal à la tête, | « Bonjour Bertex,

  Et en plus, j'ai mal au ventre. | As-tu mal quelque part ?

- s'inquiète Bertex. | – Alors je vais t'examiner,

  poursuit le druide. | – Non pas du tout »,

  le rassure le druide. | – Vous allez me faire mal ?

Objectifs : Comprendre
la présentation d'un dialogue
et savoir en écrire un.

3 **Recopie ce dialogue en le complétant avec les verbes appropriés.**

répond – dit – ajoute – demande – gémit

Le druide examine consciencieusement Bertex. Celui-ci s'inquiète et … : « C'est grave ? monsieur le druide.

– Je ne pense pas, … le druide. Tu n'as pas de fièvre et je crois que tu n'es pas très malade.

– Pourtant, j'ai encore mal au ventre, … le petit garçon.

– Dans ce cas, je vais te préparer une potion aux herbes, … le druide.

– C'est une bonne idée, … le père de Bertex. Ainsi il sera plus vite guéri ! »

4 **Dans l'exemple ci-dessous, les deux textes racontent la même histoire. L'un est écrit sous la forme d'un récit (texte 1), l'autre sous la forme d'un dialogue (texte 2). En t'inspirant de ce modèle, transforme en dialogue le texte 3.**

Exemple

Un jour, Joak demanda à son maître, le druide Tersitan, s'il pourrait bientôt aller dans la forêt cueillir le gui avec la serpe d'or. Mais, malheureusement, celui-ci lui répondit que c'était une chose impossible pour le moment car il n'avait pas encore atteint les sept années d'enseignement obligatoire avant de pouvoir pratiquer un tel acte.

Texte 1

Un jour, Joak demanda à Tersitan :

« Maître, pourrais-je bientôt aller dans la forêt cueillir le gui avec la serpe d'or ?

– Mon garçon, répondit le druide, c'est une chose impossible pour le moment car tu n'as pas encore reçu les sept années d'enseignement nécessaire avant de pouvoir pratiquer un tel acte. »

Texte 2

Enfin, le jour arriva où Tersitan put emmener son élève Joak cueillir du gui dans la forêt. Il le mena jusqu'à une clairière et lui demanda d'abord s'il reconnaissait, parmi tous ces arbres, l'arbre sacré. Joak, surpris par la question, répondit au druide qu'il s'agissait sans doute du gros arbre là-bas. Le druide lui expliqua alors que cet arbre-ci n'était qu'un simple marronnier sur lequel ne pousserait jamais aucun gui. Et il lui montra l'arbre sacré, un majestueux chêne au feuillage abondant.

Texte 3

5 **La maîtresse est en train de faire une leçon d'histoire. Elle parle de beaucoup de choses intéressantes, mais les élèves ne comprennent pas tout. Imagine un dialogue entre quelques élèves et la maîtresse.**

→ **JE RETIENS**

Dans un récit, pour faire parler les personnages, on utilise **le dialogue**. Cela rend l'histoire plus vivante.

• Pour écrire un dialogue, il faut utiliser des signes de ponctuation précis : **les guillemets (« »)** ouvrent et ferment le dialogue. **Le tiret** (–) marque le passage d'un personnage à un autre.

• Les verbes dire, demander, répondre, expliquer, répéter, murmurer, s'écrier indiquent qui parle et précisent la façon dont les paroles sont prononcées.

Comment Rome a-t-elle

Cherchons ensemble

- **Où est située la ville de Rome ?**
- **Qui étaient Jules César et Vercingétorix ?**

Doc. 1 Pièce
de monnaie en argent
avec le portrait
de Jules César (44 av. J.-C.).

? Observe la carte et suis la marche de l'armée romaine.

? En quelle année a eu lieu la bataille de Gergovie ?
Qui l'a gagnée ?

Doc. 3 La conquête de la Gaule par les Romains.

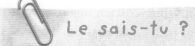

Le sais-tu ?

La ville de Rome est située en Italie,
près d'un fleuve, le Tibre. Selon
la légende, elle a été fondée
par Romulus en 753 av. J.-C.

? Observe ces deux pièces de monnaie (Doc. 1 et 2).

? Comment est représenté Jules César (Doc. 1) ?

? Que porte-t-il sur la tête ?

? Compare ce portrait (Doc. 1)
avec celui de Vercingétorix (Doc. 2).

Doc. 2 Pièce de monnaie
en or avec le portrait
de Vercingétorix
(Iᵉʳ siècle av. J.-C.)

▶ Les Romains contre les Gaulois

Au Iᵉʳ siècle av. J.-C., les Romains ont bâti un **empire**
tout autour de la Méditerranée (voir la carte à la fin du
livre). Ils occupent le Sud de la Gaule appelé la
Narbonnaise. Dans le reste de la Gaule, les tribus gauloises sont divisées. En 58 av. J.-C., Jules César (Doc. 1),
un général romain, décide de partir à la conquête de la
Gaule. Il se heurte à un jeune chef gaulois, Vercingétorix
(Doc. 2), qui a pris la tête de la résistance gauloise. César
est battu à Gergovie en 52 av. J.C (Doc. 3).

conquis la Gaule ?

L'Antiquité

3200 av. J.-C.
apparition
de l'écriture

476 ap. J.-C.
chute de
l'Empire romain

Vercingétorix, apercevant les siens du haut de la citadelle d'Alésia, sort de la place ; il fait porter en avant les fascines, les perches, les toits de protection, les faux et tout ce qu'il avait préparé en vue d'une sortie. On se bat partout à la fois, on s'attaque à tous les ouvrages [...]. César, qui a choisi un bon observatoire, suit l'action dans toutes ses parties ; il envoie du renfort sur les points menacés. Des deux côtés règne l'idée que cette heure est unique, que c'est celle de l'effort suprême : les Gaulois se sentent perdus s'ils n'arrivent pas à percer ; les Romains pensent que, s'ils l'emportent, c'est la fin de toutes leurs misères.

Jules César, *La Guerre des Gaules*, livre VII, 52 av. J.-C,
trad. L. A. Constans, © Les Belles Lettres, Paris.

? Où se passe la bataille décrite dans ce texte ?

? Quels sont les deux chefs en présence ?
que font-ils ?

▶ La victoire des Romains

L'armée romaine est très organisée et ses soldats, les **légionnaires**, sont disciplinés et bien équipés **(Doc. 4)**.

Après la bataille de Gergovie, César et son armée repoussent les Gaulois et les obligent à se replier dans la forteresse d'Alésia. Ils **font le siège** de la ville. Au bout d'un mois et demi, épuisés et manquant de vivres, Vercingétorix et son armée doivent se rendre. Les Gaulois sont vaincus. Les Romains occupent la Gaule.

? Quelles sont les armes offensives et défensives de ce légionnaire ?

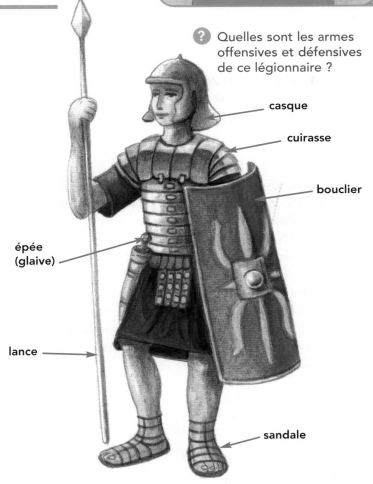

casque

cuirasse

bouclier

épée
(glaive)

lance

sandale

Doc. 4 Un légionnaire romain.

Lexique

un empire : vaste territoire dirigé par un empereur.

faire le siège : encercler une ville afin d'obliger les habitants à se rendre.

un légionnaire : soldat qui appartient à une légion, un groupe d'environ 4 000 hommes, dans l'armée romaine.

→ JE RETIENS

• Rome aurait été fondée en 753 av. J.-C. En quelques siècles, cette ville devient la capitale d'un immense empire.

• Les Romains occupent la Gaule en plusieurs étapes. En 52 av. J.-C., le chef gaulois Vercingétorix est vainqueur à Gergovie, mais il est vaincu par Jules César à Alésia. La Gaule devient romaine.

Les mots du combat

Cherchons ensemble

- Lis le texte. Observe les mots en orange. Quel radical ont-ils en commun ?
- Trouve dans le texte l'autre mot qui a le même sens que combattant.

Le second choc fut encore plus terrible que le premier. Les vagues déferlantes des légionnaires romains venaient de frapper la barrière serrée que formaient les rebelles. Les hurlements des combattants se mêlaient aux cris des blessés. Plus loin, le vacarme de la cavalerie faisait retentir ses tonnerres. Pas à pas, pied à pied, Dexter avançait. Il avait lancé son *pilum*, abattant un premier adversaire. Maintenant, il combattait au glaive, cette épée courte et lourde faite pour les coups de pointe.
Tout à sa tâche de guerrier, le centurion Dexter eut soudain l'impression de rester seul au combat.

Jean-Luc Déjean, *Les Lions de César*, Le Livre de Poche Jeunesse.

Deux légionnaires romains à l'assaut (Iᵉʳ siècle ap. J.-C.).

1 Cherche un mot de la même famille que chacun des mots suivants ayant un lien avec le combat.

bagarre – cognement – heurt – bastonnade – frappe – accrochage

2 Recopie et associe deux par deux les mots qui sont de sens proche.

bastion •   • troupe
soldat •   • lance
glaive •   • adversaire
cri •   • coup
armée •   • forteresse
javelot •   • guerrier
ennemi •   • épée
choc •   • hurlement

3 Trouve l'intrus caché dans chacune de ces listes de mots.

- attaque – attacher – attaquer – attaquant
- assaut – assaillant – assez – assaillir
- bataille – bataillon – bâillonner – batailler
- guerre – guerroyer – guerrier – guérir
- lutte – lutin – lutter – lutteur

4 Cherche dans le dictionnaire la signification des mots ci-dessous.

un légionnaire – un centurion – la cavalerie – l'infanterie

5 Recopie ces mots en les rangeant du plus doux au plus violent.

- crier – murmurer – hurler – parler
- une guerre – une dispute – une empoignade – une bagarre
- terrifier – apeurer – effrayer – épouvanter
- la colère – l'irritation – la rage – la fureur

→ JE RETIENS

La diversité du vocabulaire permet de nuancer sa pensée et d'être précis.
Ainsi, il existe plusieurs mots et familles de mots pour parler du **combat** : bagarre – bataille – guerre – conflit.

Distinguer on et ont

Cherchons ensemble

- **Lis le texte et observe les mots en** orange.
- **Quels sont ceux que tu peux remplacer par** avaient **?**

La ville de Rome aurait été fondée en 753 av. J.-C. On raconte que deux frères jumeaux, Romulus et Remus, ont été abandonnés dans un panier sur un fleuve, le Tibre. Une louve les a recueillis jusqu'à ce que des bergers s'en occupent. Un jour, les deux frères ont décidé de construire une ville là où ils avaient été trouvés. Mais au cours d'une dispute, Romulus a tué son frère. Il a alors fondé seul la ville à qui il a donné son nom : Rome. Mais on sait bien que ce n'est qu'une légende…

Romulus et Remus buvant le lait de la louve (statue en bronze du vᵉ siècle av. J.-C.).

1 **Récris ces phrases en remplaçant le mot en gras par** avaient **quand c'est possible.**

- C'est près du Tibre qu'**on** a construit la ville de Rome.
- Des bergers **ont** élevé les deux frères.
- Où a-t-**on** trouvé Romulus et Remus ?
- Les jumeaux **ont** été trouvés par une louve.
- Les eaux **ont** emporté le panier.
- Un jour, **on** a retrouvé Romulus et Remus.

2 **Remets ces groupes de mots dans l'ordre pour faire une phrase cohérente.**

- Romulus et Rémus | dit que | ont | dans un panier. | été déposés | On
- pourquoi. | été abandonnés | mais | ont | Les jumeaux | on | ne sait pas
- une dispute. | ont | croit que | On | Romulus et Rémus | eu
- on | de fonder Rome ? | ont | le nom des deux frères | Connaît- | qui | décidé

3 **Remplace le GN sujet par** on **quand c'est possible.**

- Les archéologues ont trouvé des vestiges de Rome.
- Il a tué son frère.
- Un homme discute avec Romulus.
- Les Romains sont fiers de leur capitale.
- Quelqu'un a inventé une légende.

4 **Récris ce texte en le complétant par** on **ou** ont**.**

… ne sait pas comment naissent les légendes. Des Romains … entendu celle de Romulus et Remus. Ils … écrit l'histoire des débuts de Rome. Puis des historiens … essayé grâce à l'archéologie de vérifier ce que dit la légende. … pense que ce sont des bergers qui … installé leur village sur les bord du Tibre.

→ **JE RETIENS**

- **Ont** est une forme conjuguée du verbe **avoir** au présent. Il peut être remplacé par **avaient** (l'imparfait du verbe **avoir**) : Ils **ont** fondé Rome. (Ils **avaient** fondé Rome.)
- **On** est un pronom sujet. Il est toujours suivi d'un verbe à la 3ᵉ personne du singulier. Il peut être remplacé par **il** ou **elle** : **On** a fondé Rome. (**Il** a fondé Rome.) – **On** est content. (**Il** est content.)

Le complément du nom

Cherchons ensemble

- **Lis le texte. Observe les GN en orange. De combien de mots sont-ils composés ?**
- **Quel est le nom principal dans ces GN ? Quel mot relie ces noms ?**

Depuis la hauteur de la colline de Flavigny, Jules César dirige et surveille l'achèvement des travaux d'encerclement. [...]
Pour protéger ces travaux et éviter d'être surpris par une sortie massive des Gaulois, César ordonne de creuser, au pied de l'oppidum, un vaste fossé de vingt pieds de large (6 mètres) aux parois verticales. Entre ce fossé et leurs fortifications, ils installent une multitude de pièges redoutables. [...] Les Romains élèvent également tous les quatre-vingts pieds (24 mètres), des tours de bois munies de plates-formes de défense.

Jean-Pierre et François Davot, *Alésia*, « Les Jours de l'Histoire »,
© Casterman S.A.

Fortifications construites par César autour d'Alésia en 52 av. J.-C. (dessin de P. Connolly, 1981).

1 **Recopie ces GN et souligne chaque complément du nom.
Entoure la préposition qui l'introduit.**

l'achèvement du travail – des tours en bois –
des travaux d'encerclement – un fossé aux parois verticales – des plates-formes de défense

2 **Récris ces phrases en les complétant avec les prépositions de, du, en ou à.**

un terrain ... pente – une palissade ... 20 mètres – des guerriers ... cheval – la construction ... rempart – une ligne ... fortification

3 **Récris ces GN en remplaçant les adjectifs par des compléments du nom.**

Ex. la conquête **romaine** → la conquête des Romains

- des armes guerrières → ...
- un mur défensif → ...
- une épée métallique → ...
- des fortifications géantes → ...
- un casque pointu → ...

4 **Recopie ce texte en le complétant avec les prépositions correctes.**

En voyant la profondeur ... fossé et la hauteur ... la palissade ... bois, l'inquiétude ... Vercingétorix grandit. Pour la première fois, il doute de l'issue ... siège ...'Alésia. Enfin, l'armée ... secours qu'il attendait arrive. Vercingétorix tente une percée mais César et son armée ... légionnaires les écrasent. C'est la fin ... combat.

→ JE RETIENS

- Dans un GN, le nom peut être complété par un autre nom que l'on appelle le **complément du nom**. Celui-ci est généralement relié au nom principal par un mot invariable, une préposition :

un fossé   de   6 mètres
(nom)   (préposition) (complément du nom **fossé**)

- Les prépositions les plus utilisées sont : de – du – en – à – au.

Le participe passé

Objectifs : Identifier le participe passé et savoir orthographier le participe des verbes fréquents.

Cherchons ensemble

- Lis le texte. Observe la terminaison des participes passés en orange. Donne leur infinitif. À quel groupe appartiennent-ils ?
- Trouve dans le texte les participes passés des auxiliaires être et avoir.

Vercingétorix aurait pu s'échapper, n'ayant été ni capturé, ni blessé, mais il espérait, parce que les Arvernes avaient eu autrefois des relations amicales avec César, obtenir son pardon. Aussi il vint à lui sans avoir été annoncé [...], suscitant l'émotion parmi ceux qui étaient présents, car avec sa haute taille et ses armes, il était impressionnant. Le calme revenu, sans un mot, Vercingétorix tomba à genoux, les mains tendues. [...] Mais César n'eut pas pitié de lui ; il le fit enchaîner et plus tard, après l'avoir envoyé à Rome pour le triomphe, il le fit mettre à mort.

Dion Cassius (155-235 ap. J.-C.), D. R.

Vercingétorix, prisonnier de César en 52 av. J.-C. (estampe, 1935).

1 Recopie et associe le verbe à l'infinitif et son participe passé.

échapper • • fait

avoir • • été

être • • mis

obtenir • • obtenu

faire • • échappé

mettre • • eu

2 Écris le participe passé de ces verbes, entoure leur terminaison, puis donne leur groupe.

faire – espérer – venir – pardonner – aller – susciter – blêmir – dire – tomber – enchaîner – triompher – prendre – finir – pouvoir

3 Recopie les participes passés de ce texte et entoure leur terminaison.

Après avoir perdu la bataille d'Alésia, Vercingétorix a décidé de se rendre. César a accepté et il a distribué les guerriers gaulois aux légionnaires pour leur servir d'esclaves. Vercingétorix a eu moins de chance. On l'a emmené à Rome, mis en prison, puis étranglé. Les Romains se sont installés en Gaule et la Gaule s'est soumise à l'occupant romain.

4 Récris les phrases en mettant les verbes en gras au participe passé.

- César a (**vaincre**) Vercingétorix.
- Il a (**achever**) la conquête de la Gaule.
- Vercingétorix a été (**battre**).
- Après sa défaite, il s'est (**rendre**).
- Courageux, il ne s'est pas (**enfuir**).

→ JE RETIENS

- Chaque verbe possède un **participe passé** qui se termine :
- – en **-é** pour les verbes du 1er groupe : capturé (capturer) ;
- – en **-i** pour les verbes du 2e groupe : fini (finir) ;
- – en **-u, -s, -t** pour les autres verbes : vu (voir) – pris (prendre) – offert (offrir).
- Le participe passé des auxiliaires **être** et **avoir** sont : été (être) – eu (avoir).
- La plupart du temps les participes passés sont utilisés avec les auxiliaires **être** et **avoir** dans les temps composés : Ce guerrier **est vaincu**. – Ils **ont vaincu** ce guerrier.

Qu'est-ce qu'un paysage

Cherchons ensemble

- **Es-tu déjà allé(e) à la montagne ? En quelle saison ?**
- **Quelles montagnes connais-tu ?**
- **Quel est l'arbre le plus typique d'un paysage de montagne ?**

? Observe ce dessin. Repère l'étagement de la végétation. Combien y a-t-il d'étages ?

? Retrouve sur le **Doc. 2** les éléments du **Doc. 1**.

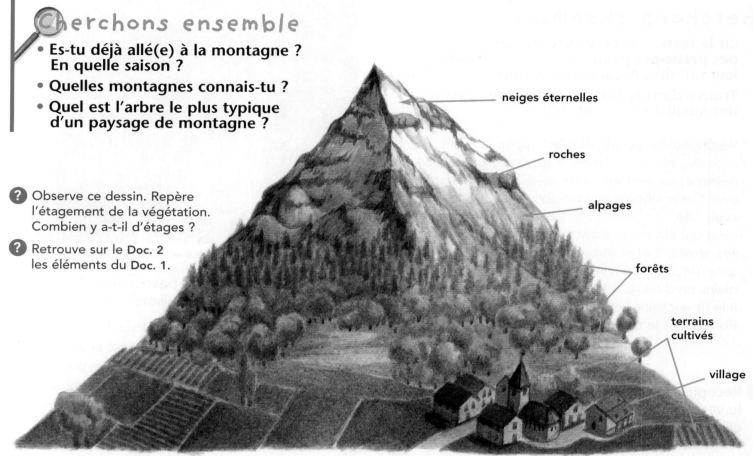

neiges éternelles

roches

alpages

forêts

terrains cultivés

village

Doc. 1 Dessin de l'étagement de la végétation et de l'organisation de l'espace en montagne.

▶ Un paysage dominé par la pente

Les montagnes sont des reliefs situés à plus de 500 mètres d'**altitude**. Les montagnes élevées aux sommets pointus atteignent plus de 1 800 mètres (Alpes, Pyrénées et Massif corse), tandis que les montagnes moyennes aux sommets arrondis s'élèvent entre 500 et 1 800 mètres (Massif central, Vosges et Jura).

En montagne, plus on monte, plus la température diminue et plus les précipitations augmentent.

La végétation et les activités varient donc selon l'altitude à laquelle on se trouve **(Doc. 1 et 2)**. Au pied de la montagne, on trouve les terrains cultivés, puis vient la forêt, ensuite l'**alpage** et enfin, au-dessus de 3 000 mètres, les roches nues et les **neiges éternelles**.

Doc. 2 Village de la Clusaz au col des Aravis.

montagnard ?

L'Edelweiss

Là-haut sur le mont Blanc
L'edelweiss y fleurit,
J'y vois toute la terre
Et la France et Paris.
Là-haut sur le mont Blanc
L'edelweiss y fleurit,
Il fleurit, beau mystère,
Pour la France et Paris.

Robert Desnos, extrait de *Chantefables et Chantefleurs*,
© Éditions Gründ, Paris.

? Où fleurit l'edelweiss ?

? À quoi vois-tu que le poète à l'impression de dominer le monde ?

▶ Des paysages transformés par l'homme

Le climat en montagne est rude. Les habitants sont peu à peu partis s'installer dans les vallées car il y fait moins froid.

Récemment, la construction de stations de sports d'hiver (Doc. 3) a permis aux régions de montagne (Alpes Pyrénées,…) de se développer. Grâce au tourisme (ski l'hiver, randonnée l'été), les activités économiques (hôtels, restaurants, boutiques) se sont multipliées. Cependant les aménagements (autoroutes, immeubles, remontées mécaniques) ont profondément modifié les paysages et certains sites ont dû être protégés.

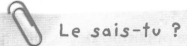

Le sais-tu ?

Le 16 juillet 1965 a été inauguré le tunnel du Mont-Blanc après 6 années de travaux. Il relie la France à l'Italie et mesure 11,6 kilomètres de long. Aujourd'hui encore, celui-ci est le 6e tunnel le plus long du monde.

? Quels sont les principaux équipements présents dans cette station de ski ?

Doc. 3 Station de sports d'hiver de La Plagne dans les Alpes en France.

Lexique

un alpage : prairie naturelle où l'on fait paître le bétail l'été en haute montagne.

une altitude : hauteur d'un lieu calculée à partir du niveau de la mer.

des neiges éternelles : neiges qui ne fondent jamais au sommet des hautes montagnes.

JE RETIENS

• En France, on trouve des montagnes moyennes (Jura, Massif central, Vosges) et des hautes montagnes (Alpes et Pyrénées). En raison de la pente et du climat, la végétation est étagée et les hommes ont dû modifier leurs activités.

• Le développement du tourisme a transformé les paysages de montagne et permis aux Alpes et aux Pyrénées de devenir des régions dynamiques.

Les mots de la publicité

Cherchons ensemble

- Observe cette publicité. Décris l'image.
- Lis le slogan et explique avec tes mots ce qu'est une zone industrielle.
- Cette photo correspond-elle à l'idée que tu te fais d'une zone industrielle ?

Le Saint-Nectaire vous présente sa zone industrielle

Une publicité pour un fromage.

1 Repère sur cette publicité le produit et la marque dont on parle et recopie-les.

2 Écris le nom d'autres produits et d'autres marques que tu connais.

3 Découpe des publicités dans des journaux ou des revues et recopie les slogans.

4 Imagine un stylo qui corrige les fautes d'orthographe ; trouve-lui un nom et un slogan.

5 Imagine une affiche pour lancer un nouveau produit sur le marché.

Trouve une image, pense à mettre en avant le nom du produit et la marque qui le fabrique, invente un slogan.

6 Voici une photo. Imagine quel produit elle pourrait mettre en avant.

JE RETIENS

La publicité parle des produits qui sont sur le marché ; elle cherche à les rendre très attractifs, à provoquer des envies et à inciter les consommateurs à les acheter. Pour cela, le publicitaire crée des **slogans** : c'est une phrase ou un mot qui doit amuser ou faire rêver. Ce slogan doit se mémoriser facilement.

Distinguer son et sont

Cherchons ensemble

- **Lis le texte et repère les mots** son et sont.
- **Remplace** son **par** mon. **Que remarques-tu ?**
- **Remplace** sont **par** étaient. **Que constates-tu ?**

Tout près de la falaise, la route étire son ruban presque noir sillonné de files incessantes de véhicules. Et dans ce lac [...] qui borde la route, l'image renversée du mont Blanc tremblote sous la brise légère courant sur l'eau.

C'est une atmosphère de kermesse et de joie. Ils sont là des milliers qui regardent, profanes et alpinistes fervents, liés par un même enthousiasme : aujourd'hui 15 août, à Chamonix, c'est la grande fête des guides et personne ne court la montagne.

René Antona, *La Grande Course*, D. R.

Le bureau des guides à Chamonix (Haute-Savoie).

1 **Complète ces phrases avec** mon **ou** sont.

- En montagne, les rayons du soleil … redoutables.
- … guide me prévient que les avalanches en montagne … dangereuses.
- Ne pas s'écarter des pistes qui … balisées.
- Pour que la foudre ne m'atteigne pas, je m'éloigne des sommets et je pose un pied sur … sac.
- En Europe, 50 pour 100 des terrains d'altitude … des prés, des cultures ou des alpages.

2 **Recopie ces phrases en les complétant avec** étaient **ou** son.

- Les boussoles … très utiles pour se repérer en montagne.
- Jacques Balmat et Michel-Gabriel Paccard … les premiers à avoir vaincu le mont Blanc en 1786.
- Les techniques d'escalade et d'alpinisme s'… améliorées.
- … sport préféré est l'alpinisme.

3 **Récris les phrases avec le mot qui convient.**

- La plupart des observatoires astronomiques **son/sont** situés en altitude.
- Avec **son/sont** atmosphère de faible densité et non polluée, la montagne est un lieu privilégié pour observer le ciel.
- Les étoiles **son/sont** utiles pour se repérer dans le ciel.

4 **Récris ce texte et complète-le avec** son **ou** sont.

Les conditions météorologiques … imprévisibles en montagne. C'est pourquoi, avant de partir, il faut penser à : – rassembler dans un sac … pull, … T-shirt, … coupe-vent et des provisions ;
– emporter … bonnet et ses lunettes de soleil qui … indispensables pour éviter les brûlures ;
– préparer … itinéraire la veille et annuler si les conditions … défavorables ;
– prévenir quelqu'un de … itinéraire et de … heure probable de retour.

JE RETIENS

- **Sont** (verbe **être** au présent à la 3ᵉ personne du pluriel) peut se remplacer par **étaient** (verbe **être** conjugué à la même personne à l'imparfait) : Les alpinistes **sont** (étaient) courageux.
- **Son** est un déterminant qui peut se remplacer par un autre déterminant **mon** :
Il cherche le mot « boussole » dans **son** (mon) dictionnaire.

L'accord du participe passé sans auxiliaire

Cherchons ensemble

- **Lis le texte. Quelle est la nature des mots en vert ?**
- **Quelle est la nature des mots qui composent les GN écrits en orange ?**
- **Quels sont le genre et le nombre de ces groupes nominaux ?**

L'adret et l'ubac

D'un versant à l'autre, selon l'altitude, la vie et la végétation varient. Dans les Alpes, on appelle « adret » le flanc ensoleillé, exposé au sud et abrité du vent. Sur ce versant, les hommes construisent généralement leurs villages.

Le flanc opposé, plus humide et plus ombrageux, s'appelle l' « ubac ». Le vent y souffle et la végétation monte moins haut, bien que certaines espèces d'arbres, comme le mélèze, s'adaptent parfaitement à ce climat plus rude.

Les conifères

Les conifères sont très adaptés au climat de la montagne. Leur sève épaisse, la résine, ne gèle pas. Grâce à leurs racines profondes, ils peuvent résister aux éboulis et aux avalanches.

Laurence Ottenheimer, *Le Livre de la montagne*, Découverte Cadet, © Éditions Gallimard.

Un sapin enneigé.

1 **Parmi ces GN, ne recopie que ceux qui comportent un participe passé.**

un versant exposé – les Hautes-Pyrénées – une forêt défrichée – une cascade gelée – un climat tempéré – le chemin herbu – une grande beauté – un sapin majestueux – un sommet pointu

2 **Recopie les participes passés. Entoure leur terminaison et indique leur genre et leur nombre.**

- Les foins rentrés nourriront le bétail tout l'hiver.
- L'adret est le versant de la montagne exposé au Soleil.
- Les hommes, installés dans les vallées, ont construit des villages.
- Une forêt formée de pins et de mélèzes domine la montagne.
- Les bergers partis pour la transhumance ne reviendront pas au village pendant trois mois.

3 **Recopie ces phrases. Entoure le participe passé et souligne le nom auquel il se rapporte.**

- Les hommes ont à leur disposition de nombreux moyens pour accéder aux montagnes les plus élevées.
- Aujourd'hui, même la plus reculée des vallées possède sa route.

4 **Récris ce texte en accordant chaque participe passé avec le nom auquel il se rapporte.**

En hiver, les montagnes recouvert… de neige rendent la vie et les déplacements difficiles. Les routes verglacé… obligent les montagnards à être très prudents. Les maisons sont regroupées dans les villages situé… dans les vallées.

JE RETIENS

Les participes passés sont parfois employés sans auxiliaire. Le participe passé employé sans auxiliaire s'accorde en genre et en nombre avec le nom auquel il se rapporte :

le village perché – les villages perchés – la ville construite – les villes construites.

Objectif : Savoir conjuguer
les verbes **être** et **avoir** au passé composé.

C o n j u g a i s o n

Le passé composé des verbes **être** et **avoir**

Cherchons ensemble

- **Lis le texte, puis observe les verbes en vert.
De combien de mots sont-ils constitués ?**
- **Quel est l'auxiliaire utilisé pour conjuguer ces verbes ?**

Les parcs nationaux sont des zones très protégées. Ouverts à tous, on peut y découvrir la faune et la flore qu'ils préservent. Nous avons eu la chance de visiter le parc des Écrins dans les Hautes-Alpes françaises l'été dernier. Nous avons été impressionnés par la multitude de plantes et d'oiseaux qu'on y trouve : il existe 90 espèces d'oiseaux et plus de 3 000 espèces de plantes différentes ! Un guide-moniteur nous a accompagnés. Il nous a été d'une grande aide pour découvrir la richesse du parc. C'est aussi lui qui a eu la charge de recenser les différents animaux et les différentes plantes de ce lieu magique.

Un bouquetin dans les Alpes en été.

1 **Recopie le verbe être lorsqu'il est conjugué au passé composé.**

- Dans les parcs nationaux, la chasse et les constructions ne sont pas autorisées.
- J'ai été content de ma randonnée en montagne.
- 34 couples d'aigles royaux ont été dénombrés dans les Écrins.
- Le loup a été réintroduit en France dans le parc du Mercantour.

2 **Recopie le verbe avoir lorsqu'il est conjugué au passé composé.**

- Les guides ont surveillé la montagne.
- Les randonneurs n'ont pas eu la chance de voir de vautour fauve dans le parc des Cévennes.
- Il y a de nombreux bouquetins et chamois dans le parc de la Vanoise.
- Nous avons eu la visite du garde qui m'a aidé à réparer la clôture.

3 **Recopie seulement les verbes conjugués au passé composé et donne leur infinitif.**

- Il y a eu un traité de protection et d'aménagement de la montagne qui a été signé par les 7 pays qui se « partagent » les Alpes.
- Dans la vallée des Merveilles, vous avez eu la chance de voir des gravures préhistoriques.
- Des lois ont été créées pour protéger notre patrimoine naturel.
- La frontière du parc national des Pyrénées a été signalée par des balises peintes sur les rochers.

4 **Mets ces phrases au passé composé.**

- Vous (**avoir**) la chance d'aller randonner dans le cirque de Gavarnie, dans les Pyrénées.
- Tu (**avoir**) trop chaud.
- Cette prairie (**être**) piétinée par de nombreux randonneurs.
- Nous (**être**) très contents de notre promenade en montagne.

→ JE RETIENS

- Pour conjuguer le verbe **être** ou le verbe **avoir** au passé composé, on utilise uniquement l'auxiliaire **avoir** au présent + le participe passé du verbe.
- Le participe passé du verbe **être** est **été**. Le participe passé du verbe **avoir** est **eu**.

Être : j'ai été – tu as été – il/elle a été – nous avons été – vous avez été – ils/elles ont été
Avoir : j'ai eu – tu as eu – il/elle a eu – nous avons eu – vous avez eu – ils/elles ont eu

Décrire un personnage historique

Cherchons ensemble

- Observe d'abord cette statue. Quel personnage représente-t-elle ?
- Décris la silhouette générale de cet homme.
- Comment est-il habillé ?
- Maintenant, lis le texte. Que décrivent les mots en orange ?
- L'attitude de ce personnage te semble-t-elle correspondre à celle d'un empereur ? Pourquoi ?

Cette statue représente Jules César, debout. Il est grand et mince. Il porte une tunique et, par-dessus, une cuirasse décorée. Il est chaussé de sandales. Il a sur le dos une cape agrafée sur l'épaule. Elle représente en réalité le manteau rouge que portait le chef de guerre dans l'armée romaine. Ce vêtement indique qu'il s'agit d'un personnage important : c'est un général en chef. Son visage est celui d'un homme jeune. Il a des cheveux courts, un nez droit, des traits fins.

L'attitude générale du personnage est à la fois digne, majestueuse et détendue : il a un pied en avant et l'autre en arrière, le genou légèrement plié. L'allure globale du personnage incite au respect mais aussi à la sympathie : le visage est souriant ; l'homme tend la main gauche. On dirait presque qu'il marche et qu'il va s'adresser à nous.

C'est une sculpture qui présente un portrait très flatteur de Jules César. Elle a été faite au moment où celui-ci est au sommet de sa gloire : il est empereur des Romains et vient de gagner la guerre des Gaules.

Jules César
(statue en marbre,
50 av. J.-C.).

1 Observe ces visages. Dis quelle impression te fait chacun d'eux, puis décris-les (forme du visage, cheveux, yeux, nez, bouche, menton).

Julia Domna, femme de l'empereur Septime Sévère (195 ap. J.-C.).

Magnence, empereur romain (IVe siècle ap. J.-C.).

2 Observe cette statue de Vercingétorix et fais la description du personnage.

- Décris d'abord sa silhouette (taille). Comment est-il habillé ?
- Décris ensuite son visage. A-t-il des particularités ? Quel détail est intéressant ?
- Décris enfin son attitude générale. Dans quelle position est-il ? Tient-il quelque chose dans la main ? Indique ce que montre cette attitude sur le caractère de ce personnage.

Vercingétorix (statue du XIXe siècle).

JE RETIENS

- **Faire la description d'un personnage**, c'est décrire :
  – son **aspect physique**, ce à quoi il ressemble : son allure générale (grand, petit…) et son visage (rond, long…) ;
  – son **caractère**, ce qui révèle sa personnalité (intelligent, brutal, doux…).
- Quand il s'agit d'un personnage historique, le portrait nous donne souvent des indications sur la place qu'il a occupée (empereur, chef de guerre, soldat…) et l'époque où il a vécu.

Qu'est-ce que la Gaule

Cherchons ensemble

- **Connais-tu des vestiges romains qui se trouvent dans ta région ?**
- **Qu'appelle-t-on la « romanisation » ?**
- **Pourquoi les Gallo-Romains avaient-ils une vie plutôt agréable ?**

? Observe ce pont-aqueduc (**Doc. 1**).
Combien de rangées d'arcades vois-tu ?

Doc. 1 Le pont du Gard (Ier siècle ap. J.-C.).

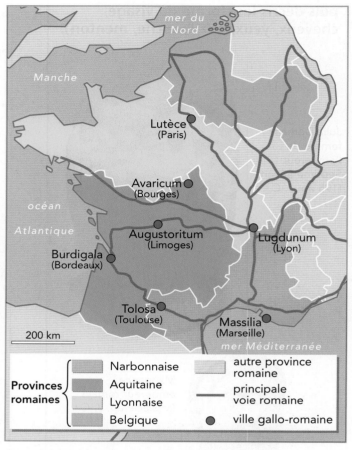

Doc. 2 La Gaule romaine au IIe siècle ap. J.-C.

Naissance d'une cité romaine

Des voies parcouraient toute l'étendue de la ville qui ressemblait à un échiquier. Presque tous les pâtés de maisons ou *insulae* étaient des carrés de 70 mètres de côté. On avait prévu d'entourer la ville d'une haute muraille fortifiée [...].

Les urbanistes dessinèrent un forum, futur centre administratif et religieux de la ville. Ils placèrent des fontaines publiques, l'aqueduc qui amènerait l'eau, un marché central, des bains publics, et le quartier des spectacles avec théâtre et amphithéâtre.

David Macaulay, *Naissance d'une cité romaine*,
© L'École des loisirs.

? Quels bâtiments publics les Romains ont-ils construits dans cette ville ?

? Nomme les quatre provinces de la Gaule romaine (**Doc. 2**).

? Dans quelle province se situe la région où tu habites actuellement ?

? Observe la position de la capitale, Lugdunum. Quels sont les avantages de cet emplacement ?

▶ Une forte présence romaine en Gaule

Après la victoire de Jules César à Alésia, les Romains s'installent en Gaule et font régner la paix. Ils organisent le territoire en 4 provinces (**Doc. 2**) et prennent pour capitale Lugdunum (Lyon). Ils réalisent de nombreux aménagements (fortifications, routes) et construisent des villes et des **aqueducs** (**Doc. 1**).

Sous l'influence des Romains, la Gaule se transforme : c'est la **romanisation**.

romaine ?

L'Antiquité

3200 av. J.-C.
apparition
de l'écriture

476 ap. J.-C.
chute de
l'Empire romain

Doc. 3 Les arènes d'Arles
(IIe siècle ap. J.-C.).

? Comment appelle-t-on
ce monument (Doc. 3) ?

? Dans quel matériau est-il
construit ?

? À quelle activité était-il
destiné ?

Le sais-tu ?

En même temps qu'ils ont conquis
la Gaule, les Romains ont investi
une petite ville qu'ils ont appelée Lutèce.
Cette cité, habitée par une tribu
gauloise, les Parisii, deviendra Paris !

▶ **Des habitants gallo-romains**

Les Romains construisent en Gaule des villes
sur le modèle de Rome. Elles comportent de
nombreux bâtiments publics (théâtre,
thermes, arène (Doc. 3), temple…). L'artisanat
et le commerce y sont très développés.

La culture romaine influence les Gaulois qui
habitent ces villes. Ils adoptent les coutumes
des Romains et parlent latin. Ils deviennent
des Gallo-Romains.

Lexique

un aqueduc : canal permettant de transporter l'eau
d'un lieu à un autre.

une arène (ou un amphithéâtre) : bâtiment de
forme ovale où ont lieu les combats de gladiateurs.

une coutume : habitude et usage suivis
dans un pays ou une région.

un Gallo-Romain : personne qui mélange tradition
gauloise et mode de vie romain.

le latin : langue parlée par les Romains
et à l'origine de la langue française.

la romanisation : adoption de la civilisation romaine.

un théâtre : lieu où se jouent des pièces.

des thermes : bains publics.

JE RETIENS

• La paix romaine favorise la construction de routes, de ponts et de villes en Gaule. Aqueducs,
théâtres ou thermes ressemblent aux monuments romains. C'est la romanisation.

• Les citadins gaulois adoptent le mode de vie et la langue des Romains. Ainsi commence
la civilisation gallo-romaine.

Objectifs : sensibiliser à la notion d'étymologie et comprendre l'importance du latin dans la langue française.

Le latin, la langue des Romains

Cherchons ensemble

• **Lis cet extrait de bande dessinée. L'image du milieu montre deux Gallo-Romains en train de discuter. Ils parlent latin. Reconnais-tu un mot qui ressemble au français ? Lequel ?**

© 2004, Éditions Albert René/Goscinny – Uderzo.

1 **Beaucoup de mots français viennent du latin. Associe chaque mot français de la liste ci-dessous à son ancêtre latin.**

• Français : empereur – arc – triomphe – peintre – ciel – main

• Latin : triumphus – imperator – arcus – manus – caelum – pinctor

2 **Trouve un mot français qui vient de ces mots latins.**

homo – statua – bonus – tempus – barba

3 **Observe ces mots latins que l'on entend dans le langage courant. Trouve l'intrus qui s'est glissé dans la liste.**

ex-æquo – terminus – maximum – chewing-gum – minimum – peplum

4 **À partir du mot latin ambulare (se promener), trouve la réponse à ces devinettes.**

• Un marchand qui se déplace, c'est un marchand … .
• Une personne qui marche en dormant, c'est un … .
• Un véhicule qui transporte des malades, c'est une … .
• Une personne qui marche sur un fil, c'est un … .
• Lorsqu'une personne se promène sans but précis, on dit qu'elle … .

5 **Cherche dans le dictionnaire l'origine, ou étymologie, des mots ci-dessous et utilise-les dans une phrase.**

romain – domination – liberté

→ JE RETIENS

• Les Gaulois sous domination romaine ont adopté la langue des Romains, **le latin**. Puis celle-ci a évolué pour donner **le français**. Le latin est à l'origine de nombreux mots français.
• L'étude de l'origine des mots s'appelle l'**étymologie** : manus (latin) → main (français).

Objectif : Savoir déterminer s'il s'agit de l'infinitif ou du participe passé.

Orthographe

Infinitif en -er ou participe passé en -é

Cherchons ensemble

- **Lis le texte, puis observe les verbes en** orange**. À quel groupe appartiennent-ils ?**
- **Parmi ces verbes, lesquels peux-tu remplacer par un verbe du 3ᵉ groupe à l'infinitif comme** prendre **?**

Sur les routes de pierre

[...] Des bornes sont plantées à chaque mille dans tout l'Empire. Les routes sont souvent étroites et mal empierrées. Seules celles d'État, les célèbres voies romaines, sont rectilignes et constamment entretenues. [...] Pour les construire, les Romains commencent par creuser deux fossés parallèles pour l'écoulement des eaux. Ils déblaient ensuite le fond de la future route jusqu'à la roche et la recouvrent de quatre couches successives de sable et de mortier. Enfin, pour paver la surface de la voie, toujours bombée au centre, ils emploient des pierres plates taillées dans des roches très dures.

Louis-René Nougier, *Les Romains*, « La Vie privée des hommes », Hachette Jeunesse.

Ancienne voie romaine (Iᵉʳ siècle ap. J.-C.).

1 **Recopie uniquement les phrases où tu peux remplacer le verbe en** orange **par l'infinitif** prendre**.**

- Ils ont creusé les fossés en premier.
- Les fossés servent à écouler les eaux.
- Ensuite, ils ont dû déblayer le fond.
- Puis, la surface de la route a été pavée.
- Ils ne doivent employer que des pierres plates.

2 **Recopie uniquement les phrases où tu peux remplacer le verbe en** orange **par le participe passé** pris(es)**.**

- Les Romains ont tracé des routes droites.
- Les voies romaines permettent de circuler vite.
- Les distances sont calculées en milles.
- Un mille doit compter 1 481,50 mètres.
- Les routes sont bombées.

3 **Récris ces phrases en choisissant la forme correcte du verbe.**

- Il a (**trouvé/trouver**) la route bien longue.
- La route est (**bordée/border**) de fossés.
- Nous sommes (**passés/passer**) par Lugdunum.
- Le pont permet de (**traversé/traverser**) le fleuve.
- Elle peut (**marcher/marchée**) le long de la route.

4 **Récris ces phrases et complète la fin du verbe par -é ou par -er.**

- Quelle route peut nous men... à Lutèce ?
- Les Romains ont aménag... des routes.
- Ils sont presque arriv... à Massalia.
- Pourquoi veut-il se déplac... rapidement ?
- Les routes ont favoris... les échanges.

JE RETIENS

L'infinitif en **-er** et **le participe passé** en **-é** des verbes du **1ᵉʳ groupe** se prononcent de la même façon. Pour les distinguer et écrire correctement leur terminaison, on les remplace par un verbe du 3ᵉ groupe dont la forme à l'infinitif est très différente de celle du participe passé :
prendre (infinitif) – **pris** (participe passé).
Il doit **poser** des pierres plates. (Il doit **prendre** des pierres plates.) → infinitif en **-er**
Il a **posé** des pierres plates. (Il a **pris** des pierres plates.) → participe passé en **-é**

L'accord du participe passé avec l'auxiliaire être

Cherchons ensemble

- Lis le texte, puis observe les participes passés en orange. Sont-ils au singulier ou au pluriel ? au masculin ou au féminin ?
- Avec quel auxiliaire sont-ils conjugués ?

Combat de gladiateurs (mosaïque du IVᵉ siècle ap. J.-C.).

> Un gladiateur gaulois, un mirmillon, avec un bouclier rond et une épée recourbée, affronte un grand gladiateur samnite, portant bouclier rectangulaire et longue épée. Le combat est inégal car le mirmillon a peur de se battre et se contente de courir entre les cordes pour éviter les coups. Les spectateurs sont déçus.
> « Attaque donc ! crie un homme.
> – Froussard ! dit un autre.
> – Joues-tu les idiots ! demande une femme.
> – Poltron ! »
> Le mirmillon est vite assommé. L'assistance murmure mécontente.
>
> Odile Weulersse, *Tumulte à Rome*, Le Livre de Poche Jeunesse.

1 Recopie ces phrases, puis souligne l'auxiliaire. Entoure le sujet du verbe et la terminaison du participe passé.

- Le mirmillon est armé d'un bouclier rond.
- La longue épée est tenue par le grand gladiateur.
- Le gladiateur gaulois est battu.
- La femme est déçue.
- Les spectateurs sont très excités.

2 Recopie ces phrases en choisissant la forme correcte du participe passé.

- Les gladiateurs sont (**dressés/dressé**) pour tuer.
- L'épée du gladiateur est (**fendu/fendue**) en deux.
- Les arènes sont (**remplis/remplies**) de monde.
- Ce gladiateur est (**attaqué/attaqués**) par un ours.
- Des lions sont (**introduit/introduits**) dans l'arène.

3 Recopie ces participes passés en les complétant avec la bonne terminaison.

- Les combats de gladiateurs sont très appréci…
- Les mauvais gladiateurs sont vend…
- Les bêtes sauvages sont lach… dans l'arène.
- Quel spectacle es-tu ven… voir ?
- Les vainqueurs sont applaud…

4 Recopie ces phrases en remplaçant le verbe à l'infinitif par un participe passé.

Ex. Les lions sont (**entrer**) dans l'arène.
→ Les lions sont entrés dans l'arène.

- Les spectateurs sont (**installer**) sur des gradins.
- Les femmes sont (**asseoir**) sur des coussins.
- L'arrivée des fauves est (**attendre**) avec impatience.
- Le mirmillon est (**vaincre**).
- Le spectacle est (**finir**).
- Les lions sont (**remettre**) dans leur cage.
- La foule est (**partir**).
- Le calme est (**revenir**).

JE RETIENS

Quand le participe passé est employé avec l'auxiliaire **être**, il s'accorde en genre et en nombre avec le sujet du verbe :

Le spectateur est déçu. – La spectatrice est déçue. – Les spectateurs sont déçus.

Le passé composé des verbes du 1er groupe

Objectif : Savoir conjuguer au passé composé.

Cherchons ensemble

- **Lis le texte. Observe les verbes en orange. De combien de mots sont-ils composés ?**
- **Quels sont les verbes conjugués avec l'auxiliaire être ? avec l'auxiliaire avoir ?**

Pour la première fois en France, des archéologues ont découvert à Arras (Nord) un fortin romain datant de 30 à 40 avant J.-C. Alain Jacques a interrogé un des spécialistes qui a fouillé ce site.
– *Pouvez-vous nous parler du fortin ?*
Il était en bois et mesurait 70 m de côté. Nous avons retrouvé, à l'intérieur, des pointes de flèches et de lances en fer, ainsi qu'un morceau de casque qui est encore surmonté d'une petite crête rouge.
– *À quoi servait ce fortin ?*
Après leur victoire sur les Gaulois, les Romains se sont installés dans la région. Ils ont construit ce fort dans le but de maintenir la paix.

D'après *Mon Quotidien*, jeudi 26 septembre 2002.

www.monquotidien.com

Reconstitution d'un fort à l'époque de la Gaule romaine.

1 **Recopie les verbes au passé composé, entoure l'auxiliaire et souligne le participe passé.**

- Les Romains ont fortifié beaucoup de villes.
- Es-tu demeuré longtemps à Arras ?
- Ils ont bien protégé les frontières.
- La ville a peu changé.

2 **Récris les phrases en les complétant avec la forme correcte de l'auxiliaire. Entoure la terminaison du participe passé.**

ai – as – a – avons – avez – ont

- Vous … trouvé un casque romain.
- J'… visité le fortin d'Arras.
- Nous n'… pas fouillé le sous-sol.
- Tu … mesuré la longueur du fortin.
- Ils … interrogé un spécialiste.
- …-t-elle parlé du fortin romain ?

3 **Récris les phrases en les complétant avec la forme correcte de l'auxiliaire. Entoure la terminaison du participe passé.**

suis – es – est – sommes – êtes – sont

- Ils … arrivés dans le Nord.
- …-vous passés par Arras ?
- Je … monté en haut du fortin.
- Nous … restés en bas du fortin.
- Tu … tombé sur un vieux casque.
- Elle … entrée par ici.

4 **Conjugue ces verbes au passé composé à la personne demandée et écris-les.**

- **rentrer** (2ᵉ pers. du sing.)
- **arrêter** (3ᵉ pers. du sing.)
- **attraper** (3ᵉ pers. du pl.)
- **rester** (2ᵉ pers. du pl.)
- **arriver** (1ʳᵉ pers. du pl.)
- **ramasser** (1ʳᵉ pers. du sing.)

JE RETIENS

- Le passé composé est formé de l'auxiliaire **être** ou **avoir** + le participe passé du verbe.

Entrer : je **suis** entré(e) – tu **es** entré(e) – il/elle **est** entré(e) – nous **sommes** entré(e)s – vous **êtes** entré(e)s – ils/elles **sont** entré(e)s

Trouver : j'**ai** trouvé – tu **as** trouvé – il/elle **a** trouvé – nous **avons** trouvé – vous **avez** trouvé – ils/elles **ont** trouvé

- Avec l'auxiliaire **être**, le participe passé s'accorde avec le sujet : elle **est** entrée.
- Avec l'auxiliaire **avoir** le participe passé ne s'accorde pas avec le sujet : elle **a** trouvé.

Qu'est-ce qu'un paysage

Cherchons ensemble

- **Quel océan et quelles mers bordent la France ?**
- **Quels paysages de bord de mer connais-tu ?**
- **Quelle est la différence entre un port de pêche et un port de plaisance ?**

Le sais-tu ?

Depuis 1967, 65 pétroliers ont fait naufrage dans le monde. Ils ont déversé dans les mers et océans 7 millions de tonnes de pétrole. Ils ont ainsi tué des milliers de poissons et d'oiseaux et abîmé les littoraux.

? Décris ces photographies (Doc. 1, 2 et 3).
En quoi ces littoraux sont-ils très différents les uns des autres ?

Doc. 1 Falaises d'Étretat en Normandie.

Doc. 2 Plage du cap de l'Homy dans les Landes.

Doc. 3 Côtes rocheuses en Provence.

▶ Des paysages côtiers très variés

La France possède plus de 3 000 kilomètres de littoral dont le paysage varie en fonction du relief de l'arrière-pays. Ainsi les plaines aboutissent à des côtes basses constituées de longues **plages** sableuses (**Doc. 2**) et de **dunes** (océan Atlantique). Les montagnes se terminent par des côtes rocheuses (**Doc. 3**) (mer Méditerranée) et les plateaux s'achèvent par des **falaises** (**Doc. 1**) surplombant la mer (Manche).

Ici la mer

Je suis la mer. On me connaît. Je suis salée. Je suis bleue quand le ciel est bleu, verte quand le ciel est… vert. Si vous me préférez rouge, je suis la mer Rouge. Noire, je suis la mer Noire. Jaune. De corail. Etc.
Je vous ai tous vus sur mes plages, tous, avec vos pâtés de sable, vos cannes à lancer, vos huiles à bronzer, vos filets à crevettes.

René Fallet, *Bulle ou la Voix de l'océan*, © Éditions Denoël.

? Relève dans le texte toutes les couleurs que prend la mer.

littoral ?

Doc. 4 Le port industriel du Havre en Normandie.

? Observe ces deux documents (Doc. 4 et 5). S'agit-il de paysages naturels ou de paysages aménagés ?

? Quelles sont les principales activités représentées ?

▶ Des littoraux aménagés

Les littoraux sont des zones de grande activité où les aménagements sont nombreux. Des ports ont été construits pour accueillir les bateaux de pêche. Certains grands ports (**Doc. 4**) se sont spécialisés dans le transport maritime et les activités industrielles. Des parcs ont été installés pour pratiquer l'élevage d'huîtres et l'**aquaculture**. Enfin, l'arrivée chaque été de très nombreux touristes a entraîné la construction de logements, d'hôtels, de campings et de **ports de plaisance** (**Doc. 5**).

Toutes ces transformations ont rendu le littoral très fragile (risque de pollution). C'est un milieu qu'il faut protéger.

Doc. 5 Un port de plaisance sur l'île des Embiez dans le Var.

Lexique

l'aquaculture : élevage de poissons, de coquillages et de plantes.

une dune : colline de sable formée par le vent.

une falaise : versant abrupt.

une plage : étendue de sable ou de galets au bord de la mer.

un port de plaisance : port qui accueille les bateaux de tourisme.

➔ JE RETIENS

• Le littoral français présente une grande variété de paysages : longues plages de sable, dunes, falaises et côtes rocheuses.

• Le littoral a été aménagé pour développer les activités de pêche, de commerce, d'industrie et de tourisme. Des ports et de nombreux équipements touristiques ont été construits. Profondément modifiés, les littoraux sont devenus des milieux très fragiles.

Objectif : Comprendre la composition des mots et la dérivation.

Les préfixes

Cherchons ensemble

- **Lis le texte, puis observe les mots en vert.
Trouve des mots de la même famille
et repère la partie qui leur est commune.**

Il **embrassa** la mer d'un regard et se rendit compte de l'infinie solitude où il se trouvait. [...] D'étranges ondulations **parcouraient** l'eau calme. Les nuages se portaient à la rencontre des alizés. En avant de la barque, un vol de canards sauvages se **découpait** contre le ciel ; il **disparut**, puis **reparut**, et le vieux sut que nul n'est jamais complètement seul en mer.

Ernest Hemingway, *Le Vieil Homme et la mer*, trad. Jean Dutourd, © Éditions Gallimard.

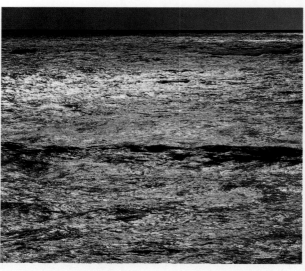

L'océan Atlantique.

1 **Recopie ces listes de mots de la même famille.
Souligne la partie commune et entoure les préfixes.**

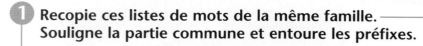

- transporter – supporter – reporter – apporter – emporter
- revenir – parvenir – intervenir – survenir
- entrevoir – revoir – prévoir
- concentrer – recentrer – décentrer – excentrer
- promener – emmener – démener – surmener – ramener
- démonter – surmonter – remonter

2 **Forme de nouveaux verbes en ajoutant en- ou em-
devant ces mots et écris-les.**

Ex. barque → **em**barquer

sable – bras – pile – caisse – jambe – vol – tas – flamme

3 **Télé est un mot grec qui veut dire loin.
Écris des mots composés à partir de ce préfixe.**

4 **À partir des verbes ci-dessous,
écris des mots composés avec
le préfixe dé-. Que remarques-tu ?**

faire – monter – plier – peupler – centrer – couper – localiser – friser – compter – charger

5 **Trouve le contraire des mots
ci-dessous en rajoutant
les préfixes in- ou im-.**

poli – patient – partial – mobile – perméable – audible – buvable – fini

6 **Recopie ces mots et souligne
le préfixe. Pour chaque mot, trouves-en
un autre qui a le même préfixe.**

assombrir – l'aquaculture – le dépaysement – surplomber – malhabile – une mésaventure – une prévision – un parapluie – un illettré – l'impatience

→ JE RETIENS

- À partir du radical, on peut former des mots dérivés en ajoutant un **préfixe**.
- Le préfixe est un élément qui se place au début d'un mot et qui permet d'en préciser le sens : voir – revoir (voir à nouveau).
- Voici le sens de quelques préfixes très courants :
– le préfixe **en-** (ou **em-**) signifie « mettre dans » : emporter ; – les préfixes **a-** ou **dé-** sont des préfixes privatifs ;
– le préfixe **re-** signifie « faire de nouveau » : revenir ; – le préfixe **pré-** signifie « avant » : précéder.

Objectif : Identifier les caractéristiques des noms féminins se terminant par **-té** ou **-tié**.

Orthographe

Les noms féminins en -té ou -tié

Cherchons ensemble

- **Lis le texte, puis observe les mots en vert. Par quelle syllabe se terminent-ils ?**
- **À quel genre appartiennent ces mots ?**

La dune du Pyla est unique en son genre. Cette immense dune surprend par sa beauté. Elle culmine à 117 mètres : c'est la plus haute d'Europe. Elle a 8 000 ans et mesurait 35 mètres en 1855 : elle grandit de 1 à 4 mètres par an ! Elle accumule le sable apporté par la mer et le vent, dévore la forêt, bouleversant le paysage côtier. Sa grande renommée attire une foule de touristes dont la majorité ne veut pas rater l'ascension de la dune. Quel dommage en effet de s'arrêter à la moitié du chemin car le panorama est vraiment superbe !

La dune du Pyla dans les Landes.

1 **Récris et complète les mots par -té ou -tié.**

une ci… – la majori… – la pi… – une communau… – la moi… – la bon… – une activi… – la sale… – la propre… – l'ami… – la rare…

3 **Recopie le tableau et classe ces noms. Que remarques-tu ?**

l'autorité – une pelletée – une brouettée – une propriété – une société – une platée – la priorité – une assiettée

Nom qui désigne un contenu	Autre nom
………	………

2 **Transforme ces adjectifs en noms se terminant par -té.**

Ex. dense → la densité

grave – habile – sévère – brutal – fragile – féroce – léger – fidèle – capable – humide – clair

4 **Recopie ces phrases en complétant les mots féminins avec -té ou -tée.**

- La mon… de cette dune est pénible.
- Tu habites à l'extrémi… de la ville.
- La côte ouest de l'Europe est bordée par l'immensi… de l'océan.
- J'aime me promener sur la je….

→ JE RETIENS

- **Les noms féminins** qui se terminent par **-té** ou **-tié** ne prennent pas, le plus souvent, de **e** à la fin : la densité – la beauté – la moitié – l'amitié.
- Sauf les noms désignant le contenu d'une chose : une pelletée et quelques exceptions : la dictée – la jetée – la montée – la portée…

Les compléments du verbe

Objectif : Distinguer les deux types de compléments : les compléments **essentiels** et les compléments **non essentiels**.

Cherchons ensemble

- **Lis le texte. Observe les phrases en vert et repère les verbes.**
- **Quel élément de ces phrases peux-tu facilement déplacer et supprimer ?**
- **Quel élément de ces phrases ne peux-tu pas supprimer ?**

> **En éternel mouvement**
>
> Sous l'action des vagues et des courants, les côtes sont sans cesse remodelées et même transformées.
>
> Les vagues creusent les falaises à leur base, formant des fissures et des grottes de plus en plus profondes, jusqu'à ce que la voûte, fragilisée par les eaux d'infiltration, s'effondre de son propre poids.
>
> Les parties rocheuses les plus résistantes avancent dans la mer 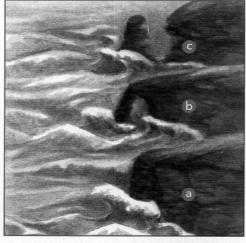ⓐ.
> Les vagues et les courants peuvent y créer une arche ⓑ. Quand le toit de l'arche s'écroule, son extrémité forme un îlot isolé ⓒ.
>
> Valérie Tracqui et Françoise Claro,
> *Copain des mers*, © 1992, Éditions Milan.

L'action de la mer sur les côtes.

① **Recopie ces phrases. Encadre le verbe, souligne le groupe sujet en vert et le complément du verbe en bleu.**

- La mer modèle de nombreux rivages.
- La France importe et exporte différents produits.
- L'homme a aménagé des ports.
- Les régions côtières accueillent de nombreux touristes.

② **Recopie les compléments que l'on ne peut pas déplacer ou supprimer.**

- Pendant l'été, les côtes françaises attirent des millions de touristes.
- Certains touristes choisissent l'hôtel comme mode d'hébergement.
- Les constructions sur les côtes françaises ont transformé le paysage des littoraux français.

③ **Repère les compléments et classe-les dans le tableau.**

- Dans les dunes, le vent balaye le sable.
- Les animaux sont rejetés sur la plage.
- Chaque pêcheur doit ramener au port le poisson le plus gros possible.
- Dans les parcs à huîtres, on pratique l'élevage.

Compléments essentiels	Compléments non essentiels
....	....

➡ JE RETIENS

Le verbe est souvent accompagné d'un ou de plusieurs compléments.

- Certains compléments ne peuvent être ni déplacés, ni supprimés car la phrase n'aurait plus de sens. Ce sont des **compléments essentiels** : Les côtes françaises attirent **des millions de touristes**.

- D'autres compléments peuvent être déplacés ou même supprimés. Ce sont des **compléments non essentiels** : **Pendant l'été**, les côtes françaises attirent des millions de touristes.

Le passé composé des verbes du 2e groupe

Cherchons ensemble

- Lis le texte. Observe les verbes en vert.
- De combien de mots sont-ils composés ?
- Quel est leur infinitif ?

La baignade

Par mesure de sécurité, nous avons choisi d'aller sur une plage surveillée par un maître nageur.
Son rôle est de surveiller la zone de bain délimitée par la chaîne de bouées jaunes flottant à la surface de l'eau. Il est prêt à plonger car deux nageurs ont franchi la zone autorisée et peuvent se retrouver en difficulté. Malgré sa vigilance, certaines choses peuvent lui échapper. C'est pourquoi il ne faut pas hésiter à lui signaler des situations suspectes (un enfant qui a dormi longtemps au soleil et qui entre brutalement dans l'eau, un bateau à la dérive…).

Plage des Catalans à Marseille.

1 Forme des phrases. Récris-les.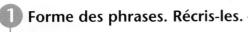

Tu •	• ont péri dans un naufrage en mer.
Ils •	• ai réussi à entrer dans l'eau.
Elle •	• n'avons pas fini de nous baigner.
Nous •	• avez choisi de devenir secouriste.
J' •	• as franchi la zone limite !
Vous •	• a puni son fils qui n'a pas respecté les règles de sécurité.

2 Complète ces phrases en mettant les verbes en gras au passé composé.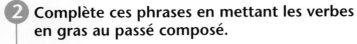

- Nous (**finir**) de jouer sur la plage.
- Il (**saisir**) sa chance de faire de la planche à voile.
- J' (**réussir**) à faire du surf.
- Vous (**applaudir**) lorsque les nageurs (**finir**) de nager.

3 Récris ce texte au passé composé en commençant par : « L'été dernier… ».

Nous allons tous les jours à la plage ; mais nous n'avons le droit de nous baigner que dans la zone surveillée. Au début, je trouve l'eau froide et j'ai du mal à rester dedans. Ensuite, je m'habitue et je fais des plongeons dans les vagues. Je finis par trouver l'eau vraiment bonne.

→ JE RETIENS

Au passé composé, les verbes du 2e groupe (infinitif en **-ir** et 1re pers. du pluriel en **-issons**) se conjuguent comme **réussir** :

j'**ai** réussi – tu **as** réussi – il/elle **a** réussi – nous **avons** réussi – vous **avez** réussi – ils/elles **ont** réussi

Écrire un texte explicatif

Cherchons ensemble

- Lis le texte. De quoi parle-t-il ? Qui l'a écrit ?
- Lis les mots en vert. Quelles informations te donnent-ils ?
- À quoi correspond chaque paragraphe ?
- Observe les photographies. À quel paragraphe correspond chacune d'elle ?
- À quoi sert ce texte ?

L'ÉLEVAGE DES HUÎTRES

Quand nous sommes allés à l'île Madame, nous avons rencontré un aquaculteur. Il nous a expliqué l'élevage des huîtres.

Tout d'abord la reproduction. […] Une huître peut « pondre » entre 20 millions et 100 millions d'œufs.

Quand une huître est petite, c'est une larve et elle n'a pas de coquille. Elle est microscopique et elle nage dans la mer pendant une vingtaine de jours en attendant de se fixer sur un support. Pour les recueillir, l'éleveur dispose sur les tables d'élevage des collecteurs : des paquets de tuiles, des fagots de tubes, des coquilles St-Jacques, des coupelles en plastique... pour que les larves viennent s'y poser. […]

Quelques semaines plus tard, les petites huîtres ont déjà beaucoup grandi et mesurent quelques millimètres. On les décolle de leurs supports. On les met alors dans des sacs avec des mailles fines pour que l'eau circule et qu'elles puissent se nourrir : elles filtrent l'eau pour se nourrir.

Six mois après, elles commencent à prendre forme et à avoir une coquille parfaite. Il faut les retirer des sacs, les nettoyer et les remettre dans d'autres sacs à mailles plus grandes.

Au bout de 2 où 3 ans, l'huître est prête à être commercialisée. On les prend et on les met dans des bassins creusés dans un terrain argileux que l'on appelle des « claires ». Dans ces bassins, elles vont s'affiner. Les huîtres se gavent d'algues microscopiques, « les navicules bleues », qui leurs donneront leur belle couleur verte et leur bon goût. Ensuite, on doit les trier avant de les vendre. On les trie en fonction de leur taille.

École Florian, La Rochelle.

Doc. 1 Pose des collecteurs sur les tables d'élevage.

Doc. 2 Nettoyage des huîtres.

Doc. 3 Installation des huîtres dans les bassins.

1 **Associe à chaque photographie le texte qui lui correspond, puis mets-les dans l'ordre.**

Doc. 1

Doc. 2

Doc. 3

A. Sous l'action du vent et du soleil, l'eau commence à s'évaporer ce qui entraîne une concentration du sel dans l'eau. Le paludier ramasse d'abord la fleur de sel qui flotte à la surface de l'eau.

B. Les marais salants sont des bassins artificiels situés au bord de la mer qui fonctionnent avec la marée. L'eau de mer remplit les bassins les uns après les autres.

C. Le paludier récolte ensuite le gros sel qu'il dépose sur les plates-bandes qui séparent les bassins.

2 **Écris un court texte explicatif sur la récolte du sel en te servant des informations ci-dessus.**

3 **Observe les dessins et écris un texte qui explique les différentes étapes de la construction d'un château de sable. N'oublie pas de donner un titre à ton texte.**

→ **JE RETIENS**
- Un texte explicatif sert à **décrire les différentes étapes** d'une évolution ou d'une construction.
- Pour écrire un texte explicatif, il faut décrire les différentes étapes dans **l'ordre chronologique**. Il faut aussi utiliser un vocabulaire précis et adapté au sujet.

Comment vivaient

Cherchons ensemble

- Qu'est-ce qu'une villa gallo-romaine ?
- À quoi servent des thermes ?
- Quels sont les différents loisirs des Gallo-Romains ?

? Observe ce dessin. Quelle est la pièce centrale de la maison ?

? Qu'est-ce qu'un péristyle ?

1 **Vestibule :** entrée de la maison.

2 **Atrium :** grande pièce centrale de la maison qui n'est pas couverte en son milieu.

3 **Bassin.**

4 **Tablium :** bureau où le maître reçoit.

5 **Péristyle :** cour ou jardin entourés de colonnes.

6 **Salle à manger.**

7 **Cuisine.**

8 **Chambre.**

9 **Salle de bains.**

Doc. 1 Reconstitution d'une maison gallo-romaine.

Titus Prolimus, accompagné de sa femme, de ses enfants et de Diatorix, traverse l'atrium luxueux de sa maison bâtie depuis peu, puis le tablium, et pénètre dans la galerie couverte entourant le jardin intérieur. Cette galerie, aux murs ornés de panneaux en mosaïque, permet de gagner les différentes pièces : salle à manger, chambres, salle de bains…

Bertrand Solet, *Diatorix et Marcus*, © Éditions Flammarion, 1999.

? Quelles sont les pièces de la maison citées dans le texte ? Retrouve-les sur le dessin ci-dessus.

▶ La vie à la campagne

Dans la Gaule romaine, 8 habitants sur 10 vivent à la campagne. La plupart sont des paysans qui cultivent des petits lopins de terre et habitent dans des huttes en chaume. Mais les riches Gallo-Romains possèdent de vastes domaines et font construire de grandes « **villae** ». La maison des **maîtres** (Doc. 1) y est séparée des autres bâtiments : écurie, porcherie… Elle est construite sur le même modèle que la « **domus** », la maison des riches habitants des villes. C'est une grande maison aux murs décorés de **mosaïques**. Pour entretenir ces maisons, les maîtres ont de nombreux **esclaves**.

les Gallo-Romains ?

L'Antiquité

3200 av. J.-C.
apparition
de l'écriture

476 ap. J.-C.
chute de
l'Empire romain

Doc. 2 Vase en céramique
(Iᵉʳ siècle ap. J.-C.).

? De quelle couleur est cette poterie typique
du travail des artisans gallo-romains (Doc. 2) ?

? Observe cette mosaïque (Doc. 3), puis décris
le conducteur de char.

Doc. 3 Course de chars (mosaïque du IIIᵉ siècle ap. J.-C.).

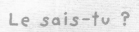

Le sais-tu ?

En ville, seul un petit nombre de Gallo-Romains
habite dans des maisons. Beaucoup vivent dans
des *insulae*. Ce sont des groupes d'habitations
qui font parfois jusqu'à sept étages !

▶ La vie en ville

Dans les villes, les rues sont très animées car les
rez-de-chaussée des habitations sont occupés
par les boutiques des commerçants et les
ateliers des artisans : forgerons, potiers (Doc. 2)…
Les citadins gallo-romains imitent la façon de
vivre des Romains. Ils vont aux thermes et
assistent à des spectacles (Doc. 3).
Dans les familles riches, les jeunes garçons
vont à l'école. Ils apprennent le latin et les
mathématiques mais aussi la discipline.

Lexique

un esclave : personne qui appartient à
un maître et qui n'est pas libre.

un maître : personne qui possède des biens
(un domaine, des esclaves…).

une mosaïque : décoration faite de petits
morceaux multicolores qui sont assemblés
pour faire un dessin.

une villa (des villae) : grande ferme composée
d'une maison pour le maître et sa famille, et
de plusieurs bâtiments d'exploitation agricole.

→ JE RETIENS

• À l'époque gallo-romaine, la majorité de la population vit à la campagne. Ce sont des paysans.
Les riches Gallo-Romains habitent dans de vastes maisons (les villae) où ils vivent confortablement.
Ils ont de nombreux esclaves.
• Les habitants des villes sont surtout des commerçants ou des artisans. Ils adoptent le mode
de vie des Romains, vont aux bains et au spectacle.

Objectif : Découvrir les familles de mots utilisés pour parler de la famille.

Les mots de la famille

Cherchons ensemble

- Lis le texte. Diatorix est un Gaulois qui a été recueilli petit par une famille romaine installée en Gaule. Comment s'appellent le fils et la fille des maîtres de maison ?
- Relève les mots qui désignent les différents membres de la famille.

La famille des maîtres disparaît dans la riche maison, les portes se referment. [...]

Dans la salle à manger, des domestiques apportent des rafraîchissements, des pâtisseries, du vin, le tout disposé sur des tables basses entourées de couches où les Romains s'allongent pour manger. [...]

– Demain comme vous le savez, je pars pour Cenabum ; je voudrais qu'auparavant, nous réglions ensemble une affaire grave. C'est de toi qu'il s'agit Diatorix. Depuis longtemps, mon plus cher désir est que tu épouses ma fille. Tu es un homme à présent, décide-toi, le veux-tu ou non ?

La question aussi brutalement posée surprend chacun ; Diatorix relève la tête : Marcus paraît heureux et il l'est c'est sûr ; la mère sourit de son visage fardé, Sabina semble partagée entre la satisfaction et une certaine hésitation ; peut-être rêve-t-elle à cet instant à Rome, où elle a si souvent envie de retourner ? Bah, ce sont des idées de jeune fille... Et puis, d'ailleurs, elle n'a rien à dire, son père décide pour elle.

Diatorix repose sa coupe. Le vin lui fait chaud à la tête et au cœur. Il pense que ces quatre-là qui l'entourent sont sa famille depuis longtemps. Ils le traitent comme un fils, jamais il n'a eu à se plaindre d'eux, au contraire...

Bertrand Solet, *Diatorix et Marcus,* © Éditions Flammarion, 1999.

Scène de repas à l'intérieur d'une maison (bas-relief gallo-romain du IIe siècle ap. J.-C.).

2 Voici une famille. Cherche qui est qui.

Luc et Martin sont frères. Luc a épousé Flamina. Ensemble, ils ont eu trois enfants : Siméon, Augustine et Udo. Martin s'est marié avec Sélénée. Ils ont eu quatre enfants : Antoine, Flavien, Lucie et Claudia.

- Qui est la femme de Martin ?
- Lucie est-elle la nièce ou la tante de Flamina ?
- De qui Udo est-il le fils ?
- Martin est-il l'oncle ou le neveu de Siméon ?
- Combien Claudia a-t-elle de frère(s) et sœur(s) ?
- Qui est le mari de Flamina ?
- Que sont Augustine et Flavien l'un pour l'autre ?
- Comment s'appelle la belle-sœur de Luc ?

1 Trouve l'intrus caché dans chacune de ces listes de mots.

- enfant – enfantillage – enfanter – enfin – enfance – enfantin
- famille – familiarité – famine – familial – familier
- frère – fratrie – fraternité – frérot – frasque – fraterniser
- parent – parenté – pariétal – parental – parentèle
- père – paternalisme – paternité – patère – paternel

3 Trouve le synonyme de épouser, puis le verbe de sens contraire.

→ **JE RETIENS**

Les mots qui parlent de **la famille** servent à indiquer le lien de parenté entre les personnes : mari/femme – père/mère – fils/fille – frère/sœur – neveu/nièce – oncle/tante – gendre/belle-fille – beau-frère/belle-sœur – grand-père/grand-mère...

Objectifs : Distinguer et savoir orthographier les homonymes grammaticaux.

Distinguer ou et où

Cherchons ensemble

- **Lis le texte, puis observe les mots en** orange. **Comment s'écrivent-ils ?**
- **Quels sont ceux que tu peux remplacer par** ou bien **?**

Les Gallo-Romains apprécient beaucoup la coutume romaine qui consiste à se rendre quotidiennement aux thermes ou bains publics. C'est un lieu très agréable où ils se retrouvent entre amis. Ils y passent souvent une ou deux heures par jour. L'usage est de commencer par les étuves ou saunas. Puis il faut passer successivement par le bassin d'eau chaude où il fait délicieusement bon se tremper, par la salle tiède et, enfin, par la piscine froide ou « frigidarium ». Les thermes comportent aussi une salle de massages, une salle de gymnastique où l'on peut faire du sport, et même une bibliothèque.

Jeunes filles en maillot de bain jouant à la balle (mosaïque romaine du IVe siècle ap. J.-C.).

1 **Recopie uniquement les phrases dans lesquelles tu peux remplacer** ou **par** ou bien.

- Les Gallo-Romains vont aux thermes le soir ou le matin.
- Le « frigidarium » est une piscine où l'eau est froide.
- L'eau de ce bassin est-elle chaude ou froide ?
- Je vais aux thermes seule ou avec des amies.
- Il aime les étuves où il fait très chaud.

2 **Formule les questions qui correspondent aux réponses ci-dessous.**

- Nous nous rendons aux thermes de Lutèce.
- Je suis dans la piscine d'eau chaude.
- Il vaut mieux nager que rester assis.
- Il se dirige vers la bibliothèque.
- Elle préfère les massages à la gymnastique.

3 **Choisis entre** ou **et** où, **puis recopie les phrases correctement.**

- Sais-tu (**ou/où**) sont situés les thermes ?
- Préfères-tu jouer (**ou/où**) faire du sport ?
- Je me demande (**ou/où**) se trouve la salle tiède.
- Par (**ou/où**) faut-il passer en premier ?
- Tu choisis la gymnastique (**ou/où**) la bibliothèque ?

4 **Récris ces phrases en les complétant à l'aide de** ou **et** où.

Les Gallo-Romains vont aux thermes pour se laver … pour faire du sport. Certains passent directement des étuves … ils prennent un bain de vapeur à la piscine d'eau froide. Dans la piscine d'eau chaude, les gens nagent, plongent … discutent. C'est un endroit agréable … on peut rester longtemps.

JE RETIENS

- **Où** avec un accent indique **un endroit**, un lieu :
Je sais **où** se trouvent les thermes. (Je sais **à quel endroit** se trouvent les thermes.)
Où vas-tu ? (**À quel endroit** vas-tu ?)
- **Ou** sans accent indique **un choix** ; on peut le remplacer par **ou bien** :
Vous préférez les étuves **ou** la piscine ? (Vous préférez les étuves **ou bien** la piscine ?)

Objectif : Reconnaître les compléments essentiels dans le groupe verbal.

Les compléments essentiels

Cherchons ensemble

- **Lis le texte, puis observe les GN en** orange. **Peux-tu les déplacer ou les supprimer ?**
- **Trouve d'autres compléments essentiels dans le texte.**

À propos : et le pensum que je t'avais donné ?
– le pensum ? répéta Caïus.
– Oui. Tu devais me calligraphier dix fois ta liste de mots grecs.
– Pas eu le temps … J'ai été malade.
– Tiens ! Tu étais malade ? C'est très regrettable. Mais aujourd'hui tu as l'air en excellente santé. Prends donc cette tablette et ce stylet, va t'asseoir dans la salle de classe, et au travail ! Quant aux autres, ils prendront chacun un volume de Saluste dans la bibliothèque, et ils réviseront un peu l'histoire romaine.

Henri Winterfeld, *L'Affaire Caïus*, Le Livre de Poche Jeunesse.

Scène d'école (bas-relief en pierre du IIe siècle ap. J.-C.).

1 **Recopie les GV et souligne les compléments qui répondent à la question :** qui **ou** quoi **?**

- Le maître donne une punition à Caïus.
- Ils regardent le maître écrire au tableau.
- Caïus pose son cahier sur la table.
- Il choisit un livre dans la bibliothèque.

2 **Recopie uniquement les phrases où il y a un complément essentiel.**

- Caïus copie sa liste de mots grecs.
- Il ne sait pas très bien sa leçon.
- Le maître s'adresse à ses élèves.
- Je recopie un texte en latin.
- Ils s'assoient dans la salle de classe.

3 **Recopie les phrases en ne gardant que les compléments essentiels.**

Ex. Il prend son stylet pour écrire.
→ Il prend son stylet.

- Ils révisent l'histoire romaine avec enthousiasme.
- Caïus a fait une faute dans sa dictée.
- Dans la classe, le maître réclame le silence.
- Les élèves quittent l'école vers midi.
- Le maître frappe son pupitre avec sa baguette.

4 **Écris des phrases en ajoutant un complément essentiel de ton choix.**

- À l'école, les élèves ….
- Nous écrivons ….
- Le professeur ….
- Je prends ….
- Elle termine ….
- Tu révises ….
- Où avez-vous mis ….
- En classe, ils font ….
- Nous demandons ….
- Je ….

JE RETIENS

- Le groupe verbal comprend un verbe et souvent un ou plusieurs compléments. Certains compléments sont **essentiels** : on ne peut ni les supprimer, ni les déplacer. Ce sont des **compléments d'objet** :
Il pose **sa tablette et son stylet** sur la table.
- Les compléments essentiels peuvent être **un nom** seul ou **un GN** :
Le maître gronde **Caïus**. (nom) – Le maître gronde **les élèves trop bavards**. (GN)

Le passé composé des verbes du 3ᵉ groupe

Cherchons ensemble

- **Observe dans le texte les verbes en** *orange*. **De combien de mots sont-ils composés ?**
- **Donne l'infinitif de ces verbes. À quel groupe appartiennent-ils ?**

– Assez discuté ! jeta joyeusement Apollonius.
Il fit tinter des pièces au creux de sa main et ajouta :
– Je vous invite au théâtre !
– Mais, s'indigna Lupus, du théâtre nous en *avons fait* toute la matinée !
– Cet après-midi, reprit Apollonius, tu verras de grands acteurs. J'*ai appris* que l'édile avait autorisé la troupe de Saturnius, une des meilleures de Rome, à venir à Pompéi. Ils jouent l'*Adrienne* de Térence.

Annie Jay, *L'Esclave de Pompéi*, Le Livre de Poche Jeunesse.

Scène de théâtre (bas-relief du Iᵉʳ siècle ap. J.-C.).

1 **Ne recopie que les verbes du 3ᵉ groupe au passé composé.**

il a discuté – j'ai fait – tu verras – vous avez appris – il a autorisé – nous sommes venus – ils ont joué – elle a vu – vous faites – il a appris

2 **Recopie ces phrases en les complétant avec le participe passé correct du verbe.**

- Ce comédien a (**mettre**) un masque sur son visage.
- Ils ont (**pouvoir**) voir la pièce en entier.
- Les acteurs ont (**recevoir**) des compliments.
- Le spectacle est (**offrir**) par le gouverneur.
- Nous sommes (**aller**) au théâtre.

3 **Conjugue ces verbes au passé composé à la personne demandée.**

- savoir (2ᵉ pers. du sing.)
- permettre (1ʳᵉ pers. du pl.)
- dire (2ᵉ pers. du pl.)
- entendre (1ʳᵉ pers. du sing.)
- découvrir (3ᵉ pers. du pl.)
- prendre (3ᵉ pers. du sing.)

4 **Recopie les phrases suivantes en les mettant au passé composé.**

- Elle part tôt pour arriver à l'heure au spectacle.
- Je veux absolument voir cette pièce !
- Nous croyons tous à ses pleurs.
- Vous attendrez longtemps avant le début de la pièce.
- Ces comédiens atteignent la perfection.

→ JE RETIENS

Le passé composé des verbes du 3ᵉ groupe se forme, comme les verbes des 1ᵉʳ et 2ᵉ groupes, avec l'auxiliaire **être** ou **avoir** conjugué au présent + le participe passé du verbe.

Prendre	Faire	Aller	Venir
j'ai pris	j'ai fait	je suis allé(e)	je suis venu(e)
tu as pris	tu as fait	tu es allé(e)	tu es venu(e)
il/elle a pris	il/elle a fait	il/elle est allé(e)	il/elle est venu(e)
nous avons pris	nous avons fait	nous sommes allés(es)	nous sommes venus(es)
vous avez pris	vous avez fait	vous êtes allés(es)	vous êtes venus(es)
ils/elles ont pris	ils/elles ont fait	ils/elles sont allés(es)	ils/elles sont venus(es)

Objectifs : Reconnaître et savoir conjuguer les verbes du 3ᵉ groupe au passé composé.

Qu'est-ce qui caractérise

Cherchons ensemble

- Qu'évoquent pour toi les noms de ces îles : la Martinique, la Guadeloupe, la Réunion, Tahiti ?
- Quels fruits exotiques poussent dans ces îles ?

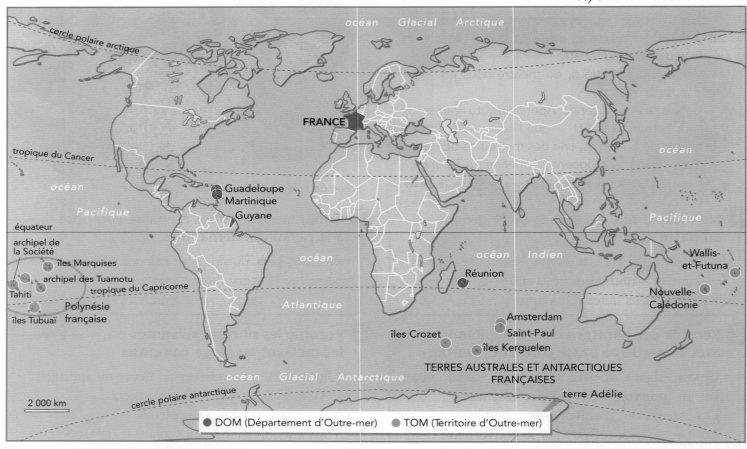

océan Glacial Arctique

cercle polaire arctique

FRANCE

tropique du Cancer

océan

océan

Pacifique

Pacifique

Guadeloupe
Martinique
Guyane

équateur

archipel de
la Société

océan Indien

Wallis-
et-Futuna

îles Marquises

archipel des Tuamotu

Réunion

Tahiti

tropique du Capricorne

Nouvelle-
Calédonie

Polynésie
française

Atlantique

Amsterdam

îles Tubuaï

Saint-Paul

îles Crozet

îles Kerguelen

TERRES AUSTRALES ET ANTARCTIQUES
FRANÇAISES

2 000 km

océan Glacial Antarctique

terre Adélie

cercle polaire antarctique

● DOM (Département d'Outre-mer)   ● TOM (Territoire d'Outre-mer)

Doc. 1 La France d'Outre-mer

? Quels sont les DOM-TOM situés dans l'océan Pacifique ? dans l'océan Atlantique ? dans l'océan Indien ?

? Où se trouve la Guyane ? Est-ce une île ?

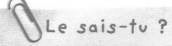

Le sais-tu ?

Les îles de Wallis-et-Futuna, la Nouvelle-Calédonie, les terres Australes et Antarctiques, la Polynésie sont tous des territoires situés à plus de 16 000 km de la France !

▶ Des territoires sur tous les océans

La France possède plusieurs territoires hérités de son ancien **empire colonial**. Ce sont les Départements et les Territoires d'Outre-mer (**DOM-TOM**). Ils sont surtout constitués d'îles situées loin de la **Métropole** dans la zone des tropiques (Doc. 1). Les îles de la Guadeloupe et de la Martinique sont dans l'océan Atlantique, la Réunion dans l'océan Indien, la Polynésie et la Nouvelle-Calédonie dans l'océan Pacifique. La Guyane en Amérique du Sud et la terre Adélie dans l'Antarctique sont les uniques territoires continentaux.

les DOM-TOM ?

Îles

Îles
Îles
Îles où l'on ne prendra jamais terre
Îles où l'on ne descendra jamais
Îles couvertes de végétations
Îles tapies comme des jaguars
Îles muettes
Îles immobiles
Îles inoubliables et sans nom
Je lance mes chaussures par-dessus bord
   [car je voudrais bien aller jusqu'à vous.

Blaise Cendrars, *Feuilles de route*,
© Éditions Denoël.

? Qu'évoquent les îles pour le poète ?

▶ Des îles tropicales très touristiques

Grâce au climat chaud toute l'année et à la présence de paysages magnifiques **(Doc. 2)**, le tourisme s'est beaucoup développé dans les îles. On y fait aussi la culture de fruits tropicaux (bananes, cannes à sucre, mangues, noix de coco, ananas…).

Mais ce climat tropical entraîne l'apparition fréquente de **cyclones** qui ravagent tout sur leur passage. De plus, trois îles (la Guadeloupe, la Martinique et la Réunion) possèdent des volcans encore en activité qui menacent la population.

Doc. 2 Plage des Salines en Martinique.

Lexique

un cyclone : tourbillon accompagné de vents violents et de fortes pluies.

DOM : département d'Outre-mer.

un empire colonial : ensemble des territoires conquis par la France autrefois.

la Métropole : État principal (la France) par opposition à ses territoires éloignés (les DOM-TOM).

TOM : territoire d'Outre-mer.

→ JE RETIENS

• Les DOM-TOM sont des territoires français très éloignés de la Métropole et dispersés dans tous les océans.

• Situées essentiellement dans la région des tropiques, les îles offrent des paysages exotiques qui attirent de nombreux touristes. Mais les conditions naturelles y font parfois des ravages.

Les mots de la peinture

Cherchons ensemble

- **Lis le texte, puis observe le tableau de P. Gauguin.
Repère les mots en vert qui décrivent le tableau.**
- **Trouves-en d'autres.**

Paul Gauguin, *Joyeusetés ou Arearea*, dit autrefois *Le Chien Rouge*,
1892, huile sur toile, 75 × 94 cm, musée d'Orsay.

> ### Joyeusetés ou Arearea
> Sur ce tableau, deux femmes sont assises sur l'herbe.
> L'une d'entre elles joue de la flûte tandis qu'au fond
> du tableau, des personnages dansent devant une
> idole. Un chien rouge occupe le premier plan. Tout
> n'est qu'harmonie : la nature, l'homme, la musique et
> la danse. Avec un trait bleu, Gauguin dessine les
> contours des figures sur la toile. Le ciel a disparu […].
> Tout repose sur l'effet de contraste des couleurs […] :
> le blanc du paréo est relevé par le marron-brun de la
> peau de la Tahitienne. La couleur est ici un sujet
> essentiel, elle ne représente plus la réalité.
>
> Nelly Brunel-Raynal, *Les Plus Beaux Tableaux du monde*, Hachette Jeunesse.

1 **Recopie les mots qui appartiennent
au vocabulaire de la peinture.**

un chevalet – une fusée – une touche – des tubes –
un chevalier – la soie – l'émail – une palette – un pinceau –
un couteau – une aquarelle – une pincée – une toile –
du papier – acrylique – l'eau de Javel – une truelle –
une étoile – un crayon – le fusain – le bois – l'encre

2 **Cherche l'intrus qui n'appartient pas
à la famille du mot en vert.**

- **papier** : papelard – papyrus – papoter – paperasse –
papetier
- **collage** : collant – colle – collège
- **touche** : toucher – toucan – touchant

3 **Associe chaque couleur de la liste n° 1
avec un mot de la liste n° 2.
Il peut y avoir plusieurs solutions.**

- **Liste n° 1 :** vert – rouge – jaune – bleu – noir
- **Liste n° 2 :** sang – pistache – canard –
d'encre – d'or – d'eau – pomme – azur

4 **Observe le tableau et décris-le.**

Paul Gauguin, *Le Repas* ou *Les Bananes*, 1891, huile sur
papier marouflé sur toile, 73 × 92 cm, musée d'Orsay.

JE RETIENS

- Les peintres peignent sur différents **supports** (bois, soie, papier, toile…) avec différents **outils**
(pinceau, truelle, bâton, couteau, aérographe…), différents **matériaux** (papier mâché, papier peint,
peinture, sable, goudron, ficelle, carton, et même des objets !) et différentes **techniques** (collage,
sérigraphie, peinture à l'huile, aquarelle, acrylique…).
- Pour décrire un tableau, on peut observer les différents **plans** (premier plan, deuxième plan, arrière-
plan), les couleurs, les techniques et les matériaux utilisés.

Objectifs : Bien distinguer le son [ɲ] et savoir l'orthographier.

Orthographe

Le son [ɲ]

Cherchons ensemble

- **Lis le texte. Quel est le son que tu entends quand tu lis les mots en vert ?**

Grosse Baleine et Nganaoa

Au lever du soleil, Nganaoa poussa son bateau à l'eau. Son frère et sa sœur l'**accompagnaient** à la pêche. Le jeune garçon déplia la voile et la pirogue s'**éloigna** tandis que ses parents, un peu inquiets, lui criaient : « N'allez pas trop loin ! Grosse Baleine pourrait vous attaquer ! » Mais le soleil était si chaud, la mer si belle, que Nganaoa oublia bien vite cette recommandation : la petite pirogue quitta le lagon qui protégeait l'île et s'engagea sur l'océan.

Brigitte Bulard-Cordeau, Claude-Catherine Ragache et Éric Sanvoisin, « Légende de Polynésie » in *Mes Premières Légendes animaux malins*, Hachette Jeunesse.

Pirogue à Moorea en Polynésie française.

1 **Lis les mots à voix haute et classe-les dans le tableau.**

une guitare – une montagne – une baleine – une grenouille – un chignon – une pirogue – se renseigner – un pagne

On entend le son [ɲ]	On n'entend pas le son [ɲ]
....	....

2 **Recopie les mots et entoure en bleu les lettres qui font le son [ɲ].**

un agneau – la campagne – un cygne – une araignée – un rossignol – une poignée – une châtaigne

3 **Trouve les verbes qui correspondent aux noms ci-dessous.**

Ex. un renseignement → **se renseigner**

- un règne
- un peigne
- un bain
- un soin
- un grognement
- un soulignement
- une signature
- un gain

4 **Recopie et complète les phrases avec n ou gn.**

- Elles ont ma...ié les rames avec habileté.
- Les danseuses tahitiennes portent aux poi...ets de ma...ifiques bijoux.
- Le pa...e de la vahiné est formé de fibres végétales.
- Il n'a pas mis de noix de coco dans son pa...ier.

5 **Recopie les mots ci-dessous et entoure les intrus.**

mignon – oignon – fanion – chignon – signer – égratigner – panier – cogner – lorgnon – compagnon – trognon – champignon – ligne – compagne

6 **Invente trois phrases dans lesquelles tu mettras un mot contenant le son [ɲ].**

→ **JE RETIENS**
Le son [ɲ] s'écrit **gn** : gagner – magnifique. **Attention !** le son [ɲ] ne s'écrit jamais **ni** : un panier.

Objectifs : Reconnaître les compléments circonstanciels dans une phrase et identifier leur fonction.

Les compléments circonstanciels

Cherchons ensemble

- **Lis le texte, puis observe les groupes nominaux en vert.**
- **Relis les phrases en supprimant les groupes nominaux : les phrases ont-elles un sens ?**

Gare aux cyclones

De janvier à mars, les météorologues surveillent les trajets des grandes dépressions tropicales qui se forment dans le Sud-Ouest de l'océan Indien. Ils classent ces phénomènes naturels en six catégories selon la vitesse du vent, en allant de la dépression à la tempête puis au cyclone. Un système d'alerte permet de prévenir les habitants : la vigilance cyclonique maintient l'activité normale, mais proscrit toute promenade en mer ou en montagne.

Île de la Réunion, Guide Hachette Vacances, Hachette Livre.

Cyclone tropical Hary en 2002.

1 **Recopie les compléments circonstanciels des phrases ci-dessous. Trouve la question qui introduit le complément circonstanciel (où ?, quand ?, comment ?).**

- Dans les îles tropicales, il y a de terribles cyclones où les vents peuvent atteindre une vitesse vertigineuse.
- En 1986, le piton de la Fournaise sur l'île de la Réunion a provoqué deux coulées de lave qui ont obligé 500 personnes à évacuer leurs villages.
- La cuisine réunionnaise mélange savamment des traditions et des épices indiennes.
- Les plantations de bananes sont cultivées avec beaucoup de soins aux Antilles.
- Les mangues sont présentes sur les étals de novembre à février.
- La papaye, l'ananas, les mangues… sont des fruits cultivés sous les tropiques.

2 **Classe les compléments circonstanciels ci-dessous dans le tableau.**

en voiture – avant l'orage –
dans le Nord de l'île – dans les années 1970 –
là-haut – avec appétit

Complément de temps Quand ?	Complément de lieu Où ?	Complément de manière Comment ?
....	....	....

3 **Ajoute le maximum de précisions pour chacune de ces phrases en utilisant des compléments circonstanciels.**

La tempête souffle. – Le volcan est actif. – Les orchidées poussent. – Les plages sont belles.

4 **Écris trois phrases avec des compléments circonstanciels. Précise, pour chacune, s'il s'agit d'un complément de lieu, de manière ou de temps.**

JE RETIENS

Les **compléments circonstanciels** sont des compléments qui peuvent être supprimés ou déplacés. Ce ne sont pas des compléments essentiels à la phrase mais ils apportent des précisions qui l'enrichissent.
- Les compléments de **lieu** répondent à la question **Où ?** : en Martinique.
- Les compléments de **temps** répondent à la question **Quand ?** : pendant l'été – en 2005.
- Les compléments de **manière** répondent à la question **Comment ?** : avec joie.

Objectif : Savoir conjuguer les verbes être et avoir à l'imparfait.

Conjugaison

L'imparfait des verbes **être** et **avoir**

Cherchons ensemble

- **Lis le texte. Peux-tu donner l'infinitif des verbes en** vert **?**
- **À quel temps sont conjugués ces verbes ?**

Village

Le cordonnier
s'appelait Alténor
et le menuisier
Thémistocle
Celui qui avait
une si belle voix
et chantait
la messe de minuit
à Noël
était Euloge
et Théodamise sa femme
connaissait les plantes
pour guérir
toutes les maladies
[...]

Et celle qui venait
le samedi
avec des poissons
de toutes les couleurs
enfilés par grappes
dans un panier de bambous
devinez quel joli nom
elle avait :

Sébastianise

Joseph Zobel, *Poèmes de moi-même,*
© Joseph Zobel.

Femme antillaise, peinture à l'aquarelle.

1 **Choisis la forme correcte à l'imparfait. Récris les phrases.**

- J'**était/étais** un aventurier venu m'installer sur l'île.
- Vous **aviez/avez** découvert la faune et la flore de l'île lors d'une randonnée.
- Il y **avais/avait** de nombreux santals (arbres) en Nouvelle-Calédonie.
- Ces villes **était/étaient** pleines de charme.

2 **Recopie et relie chaque GS au groupe verbal correspondant.**

La Nouvelle-Calédonie ·
Tu ·
Nous ·
Vous ·
J' ·
Les baleines à bosse ·

· **avions** un bateau pour aller d'île en île.
· **était** une terre d'accueil.
· **étais** parti en croisière dans l'archipel des îles Marquises.
· **avais** travaillé dans une mine de nickel en Nouvelle-Calédonie.
· **étaient** parvenues à destination.
· **aviez** découvert que la vanille est une orchidée.

3 **Mets les verbes de ces phrases à l'imparfait.**

- Les plages en Martinique sont nombreuses mais différentes.
- Elles ont un sable blanc ou noir selon la région.
- La Martinique est épargnée par les ouragans de force 3 et 4 depuis quelques années.
- Il y a de nombreuses randonnées à faire sur l'île.
- Vous êtes subjugués par la beauté du paysage.

JE RETIENS

- Pour décrire une situation ou un événement du **passé**, tu peux utiliser l'**imparfait** :

La plage **était** belle. – Nous **avions** pris le bateau.

- L'imparfait des verbes **être** et **avoir** est régulier. Leur radical ne change pas.

Être : j'**étais** – tu **étais** – il **était** – nous **étions** – vous **étiez** – ils **étaient**
Avoir : j'**avais** – tu **avais** – elle **avait** – nous **avions** – vous **aviez** – elles **avaient**

Écrire une lettre

Cherchons ensemble

- Observe la lettre de gauche. À qui s'adresse-t-elle ?
- Qui l'a écrite ? Quand ? Comment ?
- Comment se termine la lettre ?
- Quel est le but de cette lettre ?
- Observe la lettre de droite et réponds aux mêmes questions.
- Quelles sont les différences entre les deux lettres ?

Monsieur Guillout
13 rue Jules Ferry
51210 Montmirail

Le 10 mars 2005,

M. Barisset
Agence de voyages
86, avenue de la République
02400 Château-Thierry

Monsieur,

J'ai bien reçu le descriptif du voyage à Bora Bora que vous m'avez adressé. Je vous confirme ma réservation pour 5 personnes : 2 adultes et 3 enfants pour le voyage du 10 juillet au 3 août. Je vous remercie de bien vouloir faire toutes les réservations nécessaires.

Vous trouverez ci-joint un chèque pour confirmer ma réservation.

Avec mes remerciements ,

Guillout

---

le 15 juillet 2005

Manou et Papy Léo chéris,

Je suis bien arrivée à Bora Bora le voyage s'est bien passé mais c'était drôlement long.

Il fait très beau et très chaud. On va tous aller se baigner cet après-midi avec Papa et Maman. Ce soir, il y a un spectacle de danse à l'hôtel.

Je vous fais plein de gros bisous et on pense très fort à vous,

Lou

P.S. Une caresse et un câlin pour mon chat.

Le lagon de Bora Bora vu du ciel.

1 **Observe cette lettre. Dessine sa silhouette. Légende-la avec les mots ci-dessous comme sur le modèle.**

destinataire – date – objet de la lettre – formule de politesse – signature – émetteur

date

Madame Bocq
École élémentaire
13 Allée Diderot
22590 Pordic

Le 25 septembre 2005,

Monsieur le Directeur
Musée Paul Gauguin
35 rue Belle Angèle
29930 Pont-Aven

Monsieur,

Je souhaite organiser pour ma classe de CE2 de 25 élèves une visiter de votre musée au mois de novembre.
Veuillez me faire parvenir tous les documents nécessaires et m'indiquer les dates disponibles.

Je vous prie d'agréer, Monsieur, mes sincères salutations,

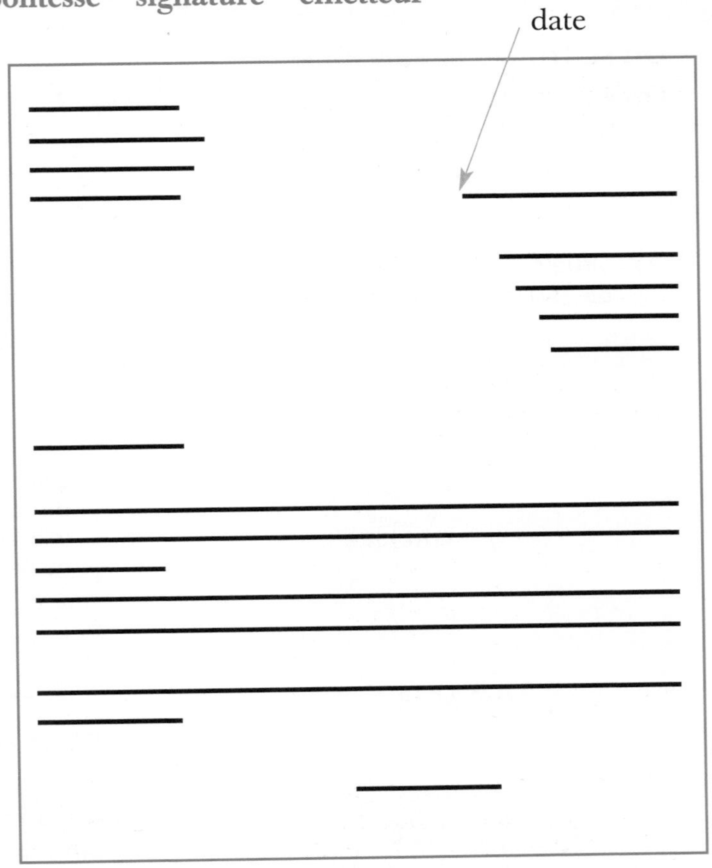

2 **À toi d'écrire... Choisis l'une de ces deux propositions.**

• Écris une lettre à une agence de voyages pour lui demander des documents sur les îles d'Europe pour faire un dossier ou un exposé. N'oublie pas de donner tes coordonnées et de mettre une formule de politesse.
• Écris une lettre à une amie pour lui proposer de venir en vacances avec toi.

→ **JE RETIENS**
• Il y a **différents types de lettres** selon le destinataire (lettres à un maire, à un directeur d'école, à une agence de voyage, à un ami...).
• Quand on écrit une lettre, quelle que soit la lettre, il ne faut pas oublier de préciser :
– **la date** ;
– **le destinataire** (à qui on écrit) ;
– **l'objet** (pourquoi on écrit) ;
– **la signature** (qui écrit).
Pour les lettres officielles, on précise qui est **l'émetteur**. On donne son identité (nom, adresse...) au début de la lettre et on met **une formule de politesse** avant la signature.

Comment naît

Cherchons ensemble

- Où se trouve la Palestine ?
- Qu'est-ce qu'une religion monothéiste ?

? Situe sur la carte (Doc. 1) le temple de Jérusalem (Doc. 2).

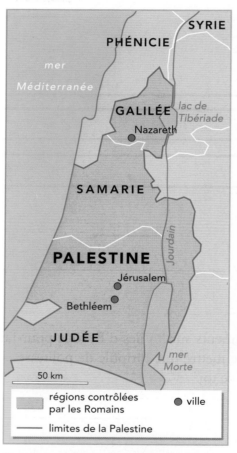

SYRIE
PHÉNICIE
mer Méditerranée
GALILÉE
lac de Tibériade
Nazareth
SAMARIE
Jourdain
PALESTINE
Jérusalem
Bethléem
JUDÉE
mer Morte
50 km

régions contrôlées par les Romains
● ville
limites de la Palestine

Doc. 1 La Palestine au temps de Jésus.

Doc. 2 Temple de Jérusalem. (mosaïque du IVe siècle).

Jésus enseigne et guérit

Il parcourait toute la Galilée, enseignant dans leurs synagogues, proclamant la Bonne Nouvelle du Royaume et guérissant toute maladie et toute langueur parmi le peuple. Sa renommée gagna toute la Syrie, et on lui présenta tous les malades atteints de divers maux [...]. Des foules nombreuses se mirent à le suivre, de la Galilée, de la Décapole, de Jérusalem, de la Judée et de la Transjordane.

Matthieu, *Évangiles*, in *La Bible de Jérusalem*, Éditions du Cerf.

? Que proclame Jésus ? Qui guérit-il ?

▶ L'origine du christianisme

Vers 1200 av. J.-C., les Hébreux s'installent en Palestine (Doc. 1). C'est un peuple qui ne croit qu'en un seul dieu : il est **monothéiste**. Sa religion s'appelle le **judaïsme**. Au Ier siècle ap. J.-C., les Romains occupent la région. Ils sont **polythéistes**. Ils imposent leur religion et détruisent le temple de Jérusalem, un important lieu de culte juif (Doc. 2). Le peuple hébreu supporte mal la domination des Romains. Il attend la venue d'un **messie** qui doit les libérer. Un jour, Jésus, un juif, se présente comme le messie.

Le sais-tu ?

Le judaïsme est la première religion à dire qu'il n'existe qu'un seul Dieu. Ceux qui la pratiquent s'appellent les juifs. Ils ont un livre sacré : la Bible.

le christianisme ?

L'Antiquité

3200 av. J.-C.
apparition
de l'écriture

476 ap. J.-C.
chute de
l'Empire romain

? Où est Jésus sur cette mosaïque (Doc. 3) ?
Que fait-il ?

▶ La vie de Jésus

Selon les Évangiles, Jésus, fils de Marie et de Joseph, naît à Bethléem en Judée. Vers 30 ans, il parcourt le pays et annonce la « Bonne Nouvelle » : Dieu est unique et Il aime tous les hommes. Les paroles et les actes de Jésus (Doc. 3) attirent les foules, mais inquiètent les autorités romaines. Il est condamné à mort et **crucifié**.

Doc. 3 Jésus guérissant un aveugle (mosaïque du VIe siècle, Ravenne).

? Quel élément de cette sculpture montre qu'il s'agit d'art chrétien (Doc. 4) ?

Doc. 4 Poisson à la croix (IVe – Ve siècles). Pour les chrétiens, le poisson est un symbole qui représente le Christ. Pendant les persécutions, il leur servait de signe de reconnaissance.

▶ Le début du christianisme

Les **disciples** de Jésus-Christ continuent de parler en son nom et fondent le **christianisme** (Doc. 4). Du Ier au IIIe siècle, les Romains s'opposent aux chrétiens et les **persécutent**. Mais le christianisme s'étend (voir la carte à la fin du livre) et, au IVe siècle, il devient la religion officielle de l'Empire romain.

Lexique

christianisme : religion chrétienne fondée sur la parole de Jésus-Christ.

crucifier : attacher quelqu'un sur une croix pour le faire mourir.

un disciple : personne qui suit l'enseignement d'un maître.

Évangile : récit qui raconte la vie de Jésus et son enseignement.

judaïsme : religion juive fondée sur l'alliance de Dieu avec Abraham.

un messie : envoyé de Dieu.

monothéiste : qui croit en un seul dieu.

persécuter : faire souffrir.

polythéiste : qui croit en plusieurs dieux.

→ JE RETIENS

- Le christianisme apparaît en Palestine, au Ier siècle. Jésus et ses disciples enseignent la croyance en un Dieu unique. Ils attirent beaucoup de monde.
- Les Romains crucifient Jésus et persécutent les chrétiens. Mais le christianisme progresse et, à partir du IVe siècle, il devient la religion de tout l'Empire romain.

Les mots de la religion

Cherchons ensemble

- **Lis le texte en entier, puis observe les mots en orange. Quelle différence y a-t-il entre la religion des Romains et la religion des chrétiens ?**
- **Qui sont Jésus-Christ et Hercule ?**

Jésus-Christ, le Bon Pasteur (mosaïque du Vᵉ siècle).

Sacrovir arpente la petite soupente sous le toit de tuiles.

« Alors, tu es chrétienne ! » répète-t-il accablé.

Toutilla lève vers son oncle un visage confiant : « Je crois en notre Seigneur Jésus-Christ, le seul et vrai Dieu.

– Dire qu'il y a tant de dieux dans l'Empire romain, et que tu as choisi celui-là ! Un inconnu dont on dit le plus grand mal. Mort sur une croix de bois comme un misérable ! »

Toutilla explique : « Il a choisi la mort des plus pauvres car il est le dieu des plus humbles. »

Sacrovir est très agacé : « Ne parle pas comme ton évêque ! Par Hercule, tes paroles me fendent la tête. D'ailleurs une fille ne doit pas disserter sur ces choses-là.

– Femme ou homme, nous sommes tous égaux pour aimer le Seigneur. »

Sacrovir lève les bras.

« Ciel ! Que dois-je entendre et supporter ! Vit-on jamais un oncle plus malchanceux que moi ? Tu veux ma ruine ! »

Odile Weulersse, *Le Serment des catacombes*, Le Livre de Poche Jeunesse.

1 **Cherche la définition du mot religion dans le dictionnaire.**

2 **Trouve l'intrus dans chacune de ces listes de mots.**

- chrétien – christianisme – christ – chrysalide – chrétienté
- croire – croyance – création – incroyable – crédible
- dieu – déesse – divin – divaguer – divinités
- juif – judaïsme – juive – judoka – judaïque
- islam – islamique – islandais – islamisation – islamisme

3 **Associe la représentation de chacun de ces dieux romains à son rôle.**

Hercule   Diane   Jupiter

- Roi des dieux, maître du ciel et de la foudre.
- Demi-dieu doté d'une force surhumaine.
- Déesse de la chasse.

4 **Le préfixe poly- signifie plusieurs et le préfixe mono- signifie un seul. Associe chaque mot ci-dessous à sa définition.**

monothéiste – polygone – monologue – polythéiste

- Qui croit en plusieurs dieux.
- Figure géométrique qui a plusieurs côtés.
- Qui croit en un seul dieu.
- Scène de théâtre récitée par une seule personne.

JE RETIENS

Selon les lieux et les époques, les hommes pratiquent différentes religions.

- Certains, comme les Romains, croient en plusieurs dieux et déesses (Jupiter, Hercule, Diane…). Ils sont **polythéistes**.
- Certains ne croient qu'en un dieu unique, comme les chrétiens, les juifs, les musulmans. Ils sont **monothéistes**.

Objectifs : Savoir reconnaître et ne pas confondre les noms et les verbes terminés par -ent.

Orthographe

Distinguer les noms et les verbes terminés par -ent

Cherchons ensemble

- **Lis le texte, puis observe les mots en** orange. **Comment se prononcent-ils ?**
- **Lequel est un nom ? Lequel est un verbe ?**

La naissance de Jésus (enluminure du XVᵉ siècle).

> À l'époque où Jésus naît, l'empereur de Rome possède tous les pays autour de la Méditerranée : il se prend pour le roi du monde ! Il organise un grand recensement pour compter ses sujets. Dans le village de Nazareth, en Palestine, le charpentier Joseph obéit comme tout le monde. Avec son épouse enceinte, Marie, il va se faire inscrire dans la petite ville d'où vient sa famille : Bethléem.
> Et voici que l'enfant va naître ! Marie et Joseph s'installent dans une pièce à l'écart. L'enfant naît. Marie l'enveloppe de langes et le couche dans une mangeoire.
>
> *Théo Junior,* © Droguet & Ardant, 2000 Monseigneur Michel Dubost et Christine Pedotti.

1 **Recopie le tableau, puis classe les mots ci-dessous.**

déroulement – possèdent – prennent – fondement – organisent – apaisement – comptent – obéissent – naissent – enveloppement

On entend le son [ɑ̃]	On n'entend pas le son [ɑ̃]
....	....

2 **Ne recopie que les phrases où il y a un nom qui se termine par** -ent.

- Marie et Joseph partent pour Bethléem.
- Ils attendent la naissance de leur enfant.
- C'est un déplacement long et difficile.
- À l'arrivée, il installe un campement.
- Elle éprouve un grand sentiment de joie.

3 **Recopie les mots qui se terminent par** -ent **et indique s'il s'agit d'un nom ou d'un verbe.**

Au moment de la naissance de l'enfant Jésus, des bergers aperçoivent dans le ciel une étoile qui brille plus fort que les autres dans le firmament. Ils décident de la suivre et l'étoile les mène jusqu'à l'enfant.

4 **Recopie les phrases, puis repère les mots terminés par** -ent. **Souligne en** rouge **les noms et en** bleu **les verbes.**

- La naissance d'un enfant est un événement.
- Tous le regardent avec émerveillement.
- En Orient, des Rois Mages découvrent l'étoile.
- Ils quittent leur pays et se dirigent vers Bethléem.
- Ils apportent chacun un présent.

JE RETIENS

Différentes sortes de mots se terminent par **-ent**.
- Quand un nom commun se termine par **-ent**, on entend le son [ɑ̃] : un recensem**ent**.
- Quand un verbe se termine par **-ent**, on ne prononce pas le son [ɑ̃]. Il s'agit de la terminaison du présent à la 3ᵉ personne du pluriel : ils pens**ent**.

Distinguer COD et COI

Cherchons ensemble

- **Lis le texte. Les GN en vert sont des COD. Quelle question faut-il poser après le verbe pour les identifier ?**
- **Observe les COI en orange. Quel mot les sépare du verbe ? Quelle question faut-il poser après le verbe pour les identifier ?**

Le dernier repas de Jésus avec ses disciples (peinture du XIIIᵉ siècle).

À partir du Iᵉʳ siècle, une nouvelle religion, née en Palestine, se répand dans l'Empire romain. Un Galiléen, Jésus, se disant le fils de Dieu, est reconnu par certains comme le Messie (le Christ) annoncé par les prophètes. Il enseigne sa doctrine à ses disciples, les apôtres, et crée le christianisme. Les empereurs persécutent les chrétiens qui rejettent la religion officielle et refusent de célébrer le culte impérial. Jésus est crucifié.

Jean-Paul Dupré, *Méga histoire*, © Éditions Nathan (Paris, France) 1992.

1 **Recopie uniquement les GN qui répondent aux questions Quoi ? ou Qui ? après le verbe.**

- Jésus habitait en Galilée.
- Il a choisi douze disciples, les apôtres.
- Les chrétiens refusent d'adorer les dieux romains.
- Les empereurs interdisent la religion chrétienne.

2 **Recopie uniquement les GN qui répondent aux questions À quoi ? ou À qui ?, De quoi ? ou De qui ? après le verbe.**

- Les Romains persécutent les chrétiens.
- Ils conseillent aux chrétiens de s'enfuir.
- Beaucoup ne renoncent pas à leur religion.
- Ils parlent de leurs amis en cachette.
- Des Romains se convertissent au christianisme.

3 **Recopie ce texte, puis souligne en rouge les COD et en bleu les COI.**

Pendant le Iᵉʳ siècle, les empereurs romains refusent de reconnaître la religion chrétienne. Ils persécutent les chrétiens et leur interdisent de se réunir. Ceux-ci sont donc obligés de se retrouver dans des endroits secrets. Ce n'est qu'au IVᵉ siècle que l'empereur Constantin met fin aux persécutions et autorise le christianisme.

4 **Écris une phrase avec un COD, puis une phrase avec un COI avec chacun des verbes ci-dessous.**

Ex. parler → Il parle latin.
Il parle de son père.

expliquer – commencer – offrir

JE RETIENS

Parmi les compléments essentiels qui ne peuvent être ni supprimés, ni déplacés, il faut distinguer le **COD** (Complément d'Objet Direct) et le **COI** (Complément d'Objet Indirect).
- **Le COD** se trouve en posant les questions **Qui ?** ou **Quoi ?** après le verbe :
Il annonce une bonne nouvelle. Il annonce **quoi ?** → une bonne nouvelle (COD) ;
- **Le COI** se trouve en posant les questions **À qui ?** ou **À quoi ?**, **De qui ?** ou **De quoi ?**
Il parle de sa vie à ses amis. Il parle **de quoi ?** → de sa vie (COI), **à qui ?** → à ses amis (COI).

L'imparfait des verbes des 1er, 2e et 3e groupes

Cherchons ensemble

- **Lis le texte, puis indique s'il est écrit au passé, au présent ou au futur.**
- **Donne l'infinitif des verbes en** orange**. À quel groupe appartiennent-ils ?**

Au 1er siècle, les Romains rejetaient le christianisme et persécutaient les chrétiens. Beaucoup mouraient sous la torture et finissaient leur vie en martyre.

En Gaule, Lugdunum (Lyon) était une ville où vivait une importante communauté de chrétiens. C'est là qu'eut lieu en 177 le martyre de Blandine, une jeune esclave chrétienne. Elle fut attachée à un poteau et exposée aux bêtes fauves. Mais aucune bête ne toucha son corps. Pour la faire mourir, on dut l'enfermer dans un filet et la jeter devant un taureau.

Le martyre de Blandine (gravure du XIXe siècle).

1 **Recopie ces phrases en les complétant avec le bon pronom.**

Je – Tu – Elle – Nous – Vous – Ils

- … faisait pitié à voir.
- … organisaient de nombreux procès.
- … les surprenais par ton courage.
- … deviez fuir les persécutions.
- … blêmissais de peur.
- … sentions qu'ils avaient peur.

2 **Mets ces phrases à l'imparfait en choisissant la forme verbale correcte.**

- Blandine (**croyais/croyait**) en Dieu.
- Les chrétiens (**se cachaient/se cachait**) pour prier.
- Nous (**souffrions/souffrons**) beaucoup.
- Les lions (**rugissaient/rugissent**) dans leur cage.
- Vous (**plaignez/plaigniez**) les martyrs.

3 **Recopie ces phrases en mettant le verbe entre parenthèses à l'imparfait.**

- Les chrétiens ne (**craindre**) pas les Romains.
- Blandine (**vivre**) à Lugdunum.
- Les croyants (**se réunir**) en secret.
- Les martyrs ne (**renoncer**) jamais.
- Malgré les risques, ils ne (**s'enfuir**) pas.

4 **Construis cinq phrases en utilisant les verbes ci-dessous à l'imparfait.**

aller – découvrir – craindre – grandir – faire

➜ JE RETIENS

À l'imparfait, les terminaisons sont identiques pour les verbes des 1er, 2e et 3e groupes.

Parler (1er groupe)	**Finir** (2e groupe)	**Venir** (3e groupe)	**Prendre** (3e groupe)
je parl**ais**	je finiss**ais**	je ven**ais**	je pren**ais**
tu parl**ais**	tu finiss**ais**	tu ven**ais**	tu pren**ais**
elle parl**ait**	il finiss**ait**	il ven**ait**	il pren**ait**
nous parl**ions**	nous finiss**ions**	nous ven**ions**	nous pren**ions**
vous parl**iez**	vous finiss**iez**	vous ven**iez**	vous pren**iez**
elles parl**aient**	elles finiss**aient**	ils ven**aient**	ils pren**aient**

Comment s'est produite la

Cherchons ensemble

- **Qu'est-ce qu'un peuple barbare ?**
- **À ton avis, pourquoi les Barbares ont-ils envahi l'Empire romain ?**
- **Sais-tu qui était Attila ?**

? Observe la carte : combien y a-t-il d'empires romains ?

? Cite la capitale de chacun des Empires romains.

? Quels sont les peuples barbares qui ont envahi l'Occident ?

Le sais-tu ?

Les Germains regroupent plusieurs peuples barbares : les Alamans les Angles, les Burgondes, les Francs, les Ostrogoths, les Vandales, les Wisigoths…

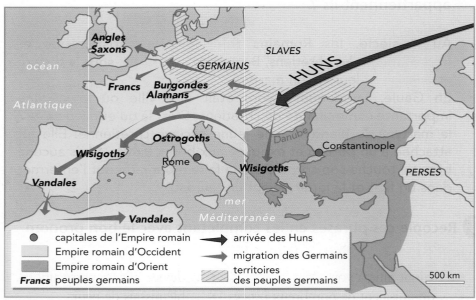

Doc. 1 Les invasions Barbares au début du Vᵉ siècle.

? Observe ce cavalier (**Doc. 2**). Décris son équipement.

Doc. 2 Cavalier germain (650 ap. J.-C.).

▶ Les attaques des Germains

À partir du IIIᵉ siècle, l'Empire romain est fréquemment attaqué par des peuples **barbares**, les Germains (Doc. 2). Ils sont très attirés par les richesses de l'Empire et ils y font de nombreux pillages. Pour se défendre, les Romains construisent des remparts autour des villes et le long des frontières. En 395, ils partagent l'Empire romain en deux : l'Empire romain d'Occident et l'Empire romain d'Orient (Doc. 1).

L'Antiquité

3200 av. J.-C.
apparition
de l'écriture

476 ap. J.-C.
chute de
l'Empire romain

chute de l'Empire romain ?

Marche des Huns

Lorsque les Huns s'en vont combattre,
Marchent-ils par deux ou par quatre ?
Non, ils marchent par rangs de un,
Par rangs de un marchent les Huns !
Chacun des Huns
Derrière un Hun
Marche toujours en file
Et, un par un,
Chacun des Huns
Derrière un Hun défile !
Un ! deux !
Un ! deux !
Derrière les uns des uns
Les Huns
Marchent un par un
Chacun derrière un Hun !
Hun !

Cami, *Le Voyage de M. Rikiki*,
Société Nouvelle des Éditions Pauvert.

? Comment marchent les Huns lorsqu'ils vont combattre ?

? Qui est représenté (Doc. 3) ?

? Décris ce personnage.

▶ L'installation des Francs

Les Germains s'installent dans l'Empire romain et créent des royaumes. Les Francs occupent le Nord de la Gaule et vivent en paix avec les Gallo-Romains. Les modes de vie se mélangent. Le latin et les langues germaniques fusionnent et donnent naissance à d'autres langues dont le français.

▶ L'arrivée des Huns

Au Vᵉ siècle, les Huns conduits par Attila (Doc. 3) attaquent les peuples germaniques. Terrorisés, les Germains fuient vers l'Empire romain. Ce sont les « Grandes Invasions ». En 410, Rome est pillée par les Wisigoths. L'Empire romain d'Occident est complètement envahi. Il disparaît en 476.

Doc. 3 Attila « fléau de Dieu », plaquette en bronze représentant le chef des Huns.

Lexique

barbare : au temps des Romains, personne étrangère à la civilisation romaine.

→ JE RETIENS

• Au IVᵉ siècle, l'Empire romain est envahi par les peuples germains appelés « barbares ». En 476, l'Empire romain d'Occident disparaît. C'est la fin de l'Antiquité.

• Les Francs s'installent en Gaule du Nord. Ils se mélangent aux Gallo-Romains et fondent une nouvelle civilisation.

Les mots des Barbares

Cherchons ensemble

• Lis le texte, puis relève tous les mots qui décrivent la violence et la cruauté des actes des Barbares.

Des peuples sans nombre et d'une férocité inouïe ont occupé la Gaule tout entière. [...] Mayence, jadis illustre cité, a été prise et détruite : dans l'église, plusieurs milliers de personnes ont été massacrées. Worms est ruinée après un long siège. La puissante ville de Reims, les pays d'Amiens, d'Arras, Tournai, Spire, Strasbourg sont devenus germaniques. Les provinces d'Aquitaine, la Lyonnaise et la Narbonnaise ont été dévastées. La guerre au dehors, à l'intérieur, la famine, dépeuplent ces villes.

Lettres de saint Jérôme (vers 406 ap. J.-C.), D. R.

Pillage d'un village par une horde de Huns (gravure du XXᵉ siècle).

1 Un des peuples barbares qui a envahi l'Empire romain s'appelle les Vandales. Ce nom propre a donné naissance à un nom commun : un vandale. Cherche sa définition dans le dictionnaire.

2 Donne l'adjectif et l'adverbe qui appartiennent à la même famille que chacun des noms ci-dessous.

Ex. la brutalité → brutal (adjectif) – brutalement (adverbe)

la férocité – la violence – la cruauté – la sauvagerie – une atrocité

4 Trouve le nom qui appartient à la même famille que chacun des verbes ci-dessous. (Aide-toi du dictionnaire si nécessaire.)

ruiner – détruire – dévaster – ravager – anéantir – saccager

3 Recopie ces mots en les associant à leur définition, puis à un mot de sens contraire.

massacrer •   • manque de nourriture qui peut entraîner la mort •   • repeupler
dépeupler •   • tuer en grand nombre et avec sauvagerie •   • l'abondance
la famine •   • vider de ses habitants   •   • épargner

5 Décris en deux ou trois lignes l'image ci-dessus.

→ **JE RETIENS**

Dans une même famille de mots, on rencontre différentes classes de mots (verbe, nom, adjectif, adverbe...) :
féroce (adjectif) – férocité (nom) – férocement (adverbe) ;
détruire (verbe) – destruction (nom) – destructible (adjectif).

Objectif : Savoir repérer et écrire correctement les homonymes grammaticaux.

Distinguer se et ce

Cherchons ensemble

- **Lis le texte. Observe bien le mot qui suit ce.**
  S'agit-il d'un nom ou d'un verbe ? Fais de même avec se.
- **Lequel de ces deux petits mots est un déterminant ?**

Un guerrier barbare (manuscrit du XIIIe siècle).

> Il y a très longtemps, à l'époque des Romains, vivait un roi barbare. Quand ce roi eut un fils, une bonne fée lui apparut, qui lui dit ces mots :
> – Ton fils est immortel, il ne mourra jamais. De plus il deviendra un grand guerrier, plein d'audace et de bravoure, et il fera de grandes choses. Mais tout cela à une condition !
> – Laquelle, demanda le roi.
> – C'est, dit la fée, que tu lui donnes le nom de Lustucru.
> Le roi eut une hésitation. Même pour un barbare, le nom de Lustucru est un peu ridicule.
> Cependant il se dit que la bravoure et l'immortalité valaient bien qu'on supporte ce petit inconvénient et, après réflexion, il répondit :
> – J'accepte.
>
> Pierre Gripari, *Contes de la rue Broca*, © Éditions La Table Ronde, 1967.

1 **Recopie ces phrases en mettant les verbes conjugués à la 3e personne du singulier ou du pluriel.**

- Je me dis que c'est un bon roi.
- Tu te crois un grand guerrier.
- Nous nous prenons pour des Barbares.
- Vous vous considérez comme de grands guerriers.

2 **Recopie ces phrases en mettant les GN en gras au masculin singulier.**

- **Cette reine** vivait à l'époque des Romains.
- Le roi hésite devant **ces choix difficiles**.
- Le roi est fier de **cette fille**.
- Il oubliera vite **ces petits défauts**.

3 **Recopie uniquement les phrases où tu peux remplacer ce par ceci ou cela.**

- Ce n'est pas facile d'être roi.
- Ce guerrier est brave.
- Que penses-tu de ce nom ?
- Le roi écoute ce que dit la fée.
- Il se dit que ce n'est pas grave.

4 **Recopie ce texte en le complétant avec ce ou se.**

Lustucru. Comme ... nom est drôle ! Le roi ... demande vraiment si un barbare peut ... nommer ainsi. ... n'est pas très sérieux. Mais ... qu'offre la fée en échange est si attirant. Comme il ... sentirait bien si son fils devenait immortel ! Raisonnablement, est-... possible ?

→ JE RETIENS

- Quand **ce** est placé devant un nom, il s'écrit toujours **ce**. C'est un déterminant. Son féminin est **cette** et son pluriel est **ces** : Ce roi est bon.
- Devant un verbe, on peut trouver **ce** ou **se** :
- **ce** est un pronom que l'on peut remplacer par **ceci, cela** : C'est un bon roi. Ce peut être un tyran.
- **se** est un pronom qui fait partie d'un verbe appelé verbe pronominal :
Le roi **se** dit qu'il peut accepter. – Le roi **s'**est dit qu'il pourrait accepter. (verbe **se** dire)

Objectifs : Reconnaître les adverbes les plus courants et savoir les utiliser dans une phrase.

L'adverbe

Cherchons ensemble

- **Lis le texte, puis observe les mots en orange. Sont-ils au masculin ou au féminin ? au singulier ou au pluriel ?**
- **Ces mots sont-ils variables ou invariables ?**

> À la veille des Grandes Invasions, l'Empire romain paraissait encore solide. D'abord centré autour de la Méditerranée, il s'étendait au IVᵉ siècle de l'Angleterre à l'Asie Mineure [...]. Attirés par ses richesses, les Barbares ont constamment menacé ses frontières, qu'ils sont même parvenus à franchir au IIIᵉ siècle. Mais Rome a résisté et [...] l'Empire est devenu une véritable forteresse : les camps militaires des frontières furent reconstruits et les villes protégées par de puissants remparts ; dans la campagne, les fortifications se sont multipliées.
>
> Louis-René Nougier, *Les Gaulois et autres Barbares*, « La Vie privée des hommes », Hachette Jeunesse.

Rempart construit par l'empereur Aurélien pour protéger Rome des attaques barbares (IIIᵉ siècle ap. J.-C.).

1 **Recopie ces phrases et entoure les adverbes.**

- Au IVᵉ siècle, l'Empire romain est très étendu.
- Les Barbares étaient particulièrement cruels.
- Ils se sont d'abord installés à la frontière.
- Souvent, ils pillaient les villes romaines.
- Les Romains craignaient beaucoup les Barbares.

2 **Recopie ces phrases en les complétant avec l'adverbe de temps qui convient.**

ensuite – longtemps – parfois – autrefois

- … les Barbares terrorisaient les Romains.
- Ils n'ont pas mis … à détruire l'Empire.
- Les Romains arrivaient … à repousser les Barbares.
- Ils ont tout détruit. …, ils sont repartis.

3 **Recopie ces phrases en les complétant avec l'un des adverbes de lieu ci-dessous.**

ici – loin – partout – ailleurs

- Les Huns sont venus de ….
- Poussés par les Huns, les Germains sont allés ….
- …, à la frontière, il y a de hauts remparts.
- Les Barbares font … des ravages.

4 **Forme un adverbe de manière à partir de chacun des adjectifs ci-dessous et écris-le.**

Ex. long → longuement

grand – solide – riche – véritable – militaire – fort

5 **Écris trois phrases en utilisant les adverbes ci-dessous.**

toujours – jamais – rarement

→ JE RETIENS

- **L'adverbe** est un mot **invariable**, qui complète le sens d'un adjectif, d'un verbe, ou d'un autre adverbe : Les Barbares étaient **très** nombreux. – Ils pillaient **violemment** les villes. – Ils avançaient **très rapidement**.
- Il existe des adverbes de **temps** (d'abord – toujours – bientôt – demain…), de **lieu** (ici – ailleurs – partout…) et de **manière** (encore – très – constamment – lentement…).

Objectifs : Repérer les formes pronominales d'un verbe et savoir les utiliser.

Les verbes pronominaux

Cherchons ensemble

- Lis le texte. Observe les verbes conjugués en orange. Par quel petit mot sont-ils précédés ?
- Mets ces verbes à l'infinitif. De combien de mots sont-ils composés ?

Situé sur la route des invasions barbares, Lutèce, au IVe siècle, est une base militaire de défense très importante pour les Romains. [...] 451... La panique s'est emparée de la ville. Attila et sa horde de Mongols se dirigent droit sur Paris ! [...] Terrorisés, les Parisiens ne songent qu'à la fuite. C'est alors qu'une humble bergère de Nanterre nommée Geneviève, grâce à son courage et à sa ténacité, entre dans la légende de Paris. Animée d'une foi profonde, elle persuade les habitants de ne pas abandonner la ville, et leur promet, au nom de Dieu, qu'elle sera épargnée. Ses prières sont exaucées : Attila se détourne, Paris est sauvé.

Françoise et Philippe Fix, *Le Livre de Paris*, coll. Découverte Cadet , © Gallimard Jeunesse.

Sainte Geneviève rassurant les Parisiens qui veulent fuir devant Attila (gravure, 1920).

1 Recopie ces phrases, puis entoure les verbes pronominaux.

- Lutèce se situe sur la route des Barbares.
- Nous nous défendrons contre les envahisseurs.
- Tu te prénommais Geneviève.
- Vous vous refusez de céder à la peur.

2 Recopie ces phrases en les complétant avec le pronom qui convient.

me – te – se – nous – vous – se

- Autrefois, Paris ... nommait Lutèce.
- Nous ... battrons contre les Barbares.
- Tu ... souviens de l'arrivée des Huns.
- Quand les Parisiens ... sont-ils enfuis ?
- Je ... rends à Lutèce.
- Vous ... méfiez des Barbares.

3 Recopie les verbes conjugués et indique à quel temps ils sont.

- Les Huns se sont arrêtés devant Paris.
- Geneviève se promet de sauver Paris.
- Les Huns se déplaçaient en hordes.
- Attila se dit chef des Huns.
- Les Parisiens ne s'enfuiront pas.

4 Recopie, puis complète ce texte avec les verbes conjugués au présent.

Grâce à Geneviève, les Parisiens (**se mobiliser**) pour sauver Paris. Les Huns (**s'arrêter**) non loin de Paris. Ils (**se diriger**) vers Orléans, mais (**se heurter**) aux Wisigoths. Après une violente bataille, Attila (**se replier**) en Europe centrale.

JE RETIENS

- Les **verbes pronominaux** sont précédés de **se** ou **s'** à l'infinitif : **se** rendre – **s'**enfuir.
- Les verbes pronominaux sont toujours précédés d'un pronom qui change selon la personne :
me – te – se – nous – vous – se.
Se sauver : je **me** sauve – tu **te** sauves – il/elle **se** sauve
nous **nous** sauvons – vous **vous** sauvez – ils/elles **se** sauvent

Écrire une fiche documentaire

Cherchons ensemble

- Observe cette page d'un ouvrage documentaire. Que regardes-tu en premier ?
- De quel sujet traite-t-elle ?
- Combien y a-t-il de paragraphes ? Comment les repères-tu ?
- Lis les 1ᵉʳ et 3ᵉ paragraphes. À quoi renvoient les indications entre parenthèses ?
- Que représente la gravure en bas à droite ? Quel paragraphe illustre-t-elle ?

LES GRANDES INVASIONS

Le partage de l'Empire romain

Au IIIᵉ siècle, l'Empire romain est menacé par les Barbares au Nord et à l'Est. L'empereur Dioclétien se rend compte que son Empire devient de plus en plus difficile à défendre. En 286, il nomme d'autres empereurs (ci-contre) pour diriger l'Empire avec lui. En 395, l'Empire est divisé en deux : l'Empire romain d'Orient et l'Empire romain d'Occident.

Les peuples barbares

Installés aux frontières de l'Empire, les Germains, que les Romains appellent « barbares », regroupent de nombreux peuples : Goths, Wisigoths, Vandales, Saxons, Francs… Ce sont des peuples guerriers qui n'hésitent pas à franchir les frontières pour aller piller les riches villes de l'Empire romain.

Les quatre empereurs à la tête de l'Empire romain au IIIᵉ siècle (sculpture du IVᵉ siècle).

L'arrivée des Huns

Au Vᵉ siècle, les Huns, un peuple venu d'Asie, déferlent sur l'Europe. Dirigés par Attila (ci-dessus), ils sèment la terreur et pillent l'Empire romain. Ils ravagent l'Est de la Gaule et menacent Rome.

La fin de l'Empire romain d'Occident

Sous la pression des Huns, les Barbares envahissent l'Empire romain. En 410, les Wisigoths pillent Rome. Plusieurs peuples barbares s'installent sur le territoire romain. En 476, l'Empire romain d'Occident disparaît. Seul subsiste l'Empire romain d'Orient avec Constantinople pour capitale.

Entrée des Wisigoths dans Rome en 410 (gravure du XIXᵉ siècle).

1 **Lis ce texte et choisis l'illustration qui convient le mieux pour l'accompagner.**

À la fin du IIIe siècle règne l'empereur Constance. En 306, celui-ci meurt et son fils, Constantin, lui succède. Il se convertit au christianisme et autorise les chrétiens à pratiquer leur religion. En 330, il fonde une nouvelle capitale qu'il nomme Constantinople.

Doc. 1 Buste de l'empereur Jules César (Ier siècle).

Doc. 3 Buste de l'empereur Constantin (IVe siècle).

Doc. 2 Pièce de monnaie avec le portrait de l'empereur Dioclétien (IIIe siècle).

2 **Observe et lis les différents éléments ci-dessous : titres, textes et image. À partir de tous ces éléments construis une fiche documentaire : Donne un titre à la fiche, organise les paragraphes (mets-les dans l'ordre et attribue leur à chacun un titre), puis indique où tu placerais l'image.**

- Attila
- La fin de l'empire d'Attila
- L'arrivée des Huns
- Les Huns

Titre de la fiche et titres des paragraphes.

Vers 435, Attila se fait nommer roi des Huns. Surnommé « le fléau de Dieu », il a pour ambition de conquérir l'Empire d'Orient. Il battit une véritable armée avec laquelle il n'hésite pas à attaquer l'Empire romain.

Texte 3

En 451, les Huns franchissent le Rhin et pillent Metz et Reims. Ils épargnent Paris, puis doivent finalement se replier après une importante défaite près d'Orléans. En 453, Attila meurt brutalement. C'est la fin du royaume des Huns.

Texte 1

Image : Attaque d'une horde de Huns (peinture, 1960).

À la fin du IVe siècle, les Huns s'installent en Europe centrale. Ce sont de redoutables guerriers qui ravagent tout sur leur passage.

Texte 2

JE RETIENS

- Une **fiche documentaire** sert à donner des informations. Elle associe des textes et des images (dessins, photographies).
- Pour écrire une fiche documentaire, il faut organiser l'information :
– donner un **titre** à la fiche ;
– mettre dans l'ordre les différents **paragraphes** et leur donner un titre ;
– placer chaque **illustration** près du paragraphe auquel elle correspond.

Alphabet phonétique

1. LES VOYELLES

[i] i   : un biface
       y   : un cyclone

[a] a   : un esclave, le climat

[ɑ] â   : un âne

[e] é   : une résidence
       er   : un foyer
       ez   : un nez

[ɛ] è   : une sphère
       ê   : une tête
       ai, aî : une sagaie, un maître
       ei   : la neige
       et   : un alphabet
       er   : la mer
       ett, ell, err : une palette, elle, la terre
       e + cons : tu es, le bec, le relief

[ə] e   : devenir

[œ] eu   : un propulseur
       œu   : un cœur

[ø] eu   : une banlieue
       œu   : un nœud

[y] u   : une rue
       û   : sûr
       eu   : tu as eu

[o] o   : le métro
       ô   : un pôle
       au   : la Gaule
       eau : un bateau

[ɔ] o   : un col, un dolmen
       au   : Paul

[u] ou   : rouge

[ɑ̃] an, am : un océan, un ambassadeur
       en, em : résidentiel, un empire, le temps

[ɔ̃] on, om : un bidonville, rompre

[ɛ̃] in, im : un bassin, une imprimerie
       ein   : une empreinte
       ain, aim : un Romain, la faim

[œ̃] un, um : lundi, un parfum

2. LES SEMI-VOYELLES

[j] y   : les yeux
      i   : un panier
      il, ill : un œil, une bataille

[ɥ]   : un druide, un duel

[w]   : loin, une mouette, un roi, oui

3. LES CONSONNES

[p] p, pp : un pictogramme, une steppe

[b] b, bb : un barbare, un abbé

[t] t, tt : un paléontologue, attendre

[d] d, dd : un calendrier, une addition

[k] c, cc : un continent, accomplir
      qu, q : une mosaïque, un coq
      k   : le ski
      ch   : une chronologie
      ck   : un ticket

[g] g, gu : gallo-romain, archéologue

[f] f, ff : une falaise, une offrande
      ph   : la périphérie

[v] v   : un versant
      w   : un wagon

[s] s, ss : la Seine, un bassin
      c, ç : une différence, une façon
      t   : une portion
      sc   : fascinant

[z] z   : une zone
      s   : un artisan
      x   : le dixième

[ʃ] ch   : un chamois

[ʒ] j   : le judaïsme
      g   : émergée, métallurgie

[m] m, mm : l'humanité, un homme

[n] n, nn : un nomade, le tonnerre

[ɲ] gn   : une montagne

[l] l, ll : altitude, une ville

[r] r, rr : rural, la Terre

[ŋ] ing : un camping

MÉMENTO DE FRANÇAIS

Les principaux déterminants

ARTICLES INDÉFINIS **un – une – des**	Masculin	un globe des artisans
	Féminin	une villa des métropoles
ARTICLES DÉFINIS **le – la – l' – les**	Masculin	le silex l'alpage les océans
	Féminin	la Préhistoire l'aquaculture les torques
DÉTERMINANTS POSSESSIFS **mon – ton – son** **ma – ta – sa** **mes – tes – ses** **notre – votre – leur** **nos – vos – leurs**	Masculin	mon pluviomètre ton galet son champ notre papyrus votre quartier leur harpon mes bateaux tes disciples ses climats nos pictogrammes vos poissons leurs témoignages
	Féminin	ma région mon offrande ta résidence ton alimentation sa ferme son invention notre maison votre vannerie leur région mes mosaïques tes poules ses fresques nos vacances vos sources leurs feuilles
DÉTERMINANTS DÉMONSTRATIFS **ce – cet – cette – ces**	Masculin	ce menhir cet aqueduc ces légionnaires
	Féminin	cette planète ces houes

La conjugaison
des auxiliaires **être** et **avoir**

ÊTRE	AVOIR
Présent (de l'indicatif)	
je suis tu es il (elle) est nous sommes vous êtes ils (elles) sont	j'ai tu as il (elle) a nous avons vous avez ils (elles) ont
Imparfait (de l'indicatif)	
j'étais tu étais il (elle) était nous étions vous étiez ils (elles) étaient	j'avais tu avais il (elle) avait nous avions vous aviez ils (elles) avaient
Futur (de l'indicatif)	
je serai tu seras il (elle) sera nous serons vous serez ils (elles) seront	j'aurai tu auras il (elle) aura nous aurons vous aurez ils (elles) auront
Passé composé (de l'indicatif)	
j'ai été tu as été il (elle) a été nous avons été vous avez été ils (elles) ont été	j'ai eu tu as eu il (elle) a eu nous avons eu vous avez eu ils (elles) ont eu
Présent (de l'impératif)	
sois soyons soyez	aie ayons ayez

La conjugaison des verbes du 1er groupe **chanter, manger** et **lancer**

CHANTER	MANGER	LANCER
Présent (de l'indicatif)		
je chante	je mange	je lance
tu chantes	tu manges	tu lances
il (elle) chante	il (elle) mange	il (elle) lance
nous chantons	nous mangeons	nous lançons
vous chantez	vous mangez	vous lancez
ils (elles) chantent	ils (elles) mangent	ils (elles) lancent
Imparfait (de l'indicatif)		
je chantais	je mangeais	je lançais
tu chantais	tu mangeais	tu lançais
il (elle) chantait	il (elle) mangeait	il (elle) lançait
nous chantions	nous mangions	nous lancions
vous chantiez	vous mangiez	vous lanciez
ils (elles) chantaient	ils (elles) mangeaient	ils (elles) lançaient
Futur (de l'indicatif)		
je chanterai	je mangerai	je lancerai
tu chanteras	tu mangeras	tu lanceras
il (elle) chantera	il (elle) mangera	il (elle) lancera
nous chanterons	nous mangerons	nous lancerons
vous chanterez	vous mangerez	vous lancerez
ils (elles) chanteront	ils (elles) mangeront	ils (elles) lanceront
Passé composé (de l'indicatif)		
j'ai chanté	j'ai mangé	j'ai lancé
tu as chanté	tu as mangé	tu as lancé
il (elle) a chanté	il (elle) a mangé	il (elle) a lancé
nous avons chanté	nous avons mangé	nous avons lancé
vous avez chanté	vous avez mangé	vous avez lancé
ils (elles) ont chanté	ils (elles) ont mangé	ils (elles) ont lancé
Présent (de l'impératif)		
chante	mange	lance
chantons	mangeons	lançons
chantez	mangez	lancez

La conjugaison des verbes
du 1ᵉʳ groupe **jeter**, **acheter** et **appeler**

JETER	ACHETER	APPELER
Présent (de l'indicatif)		
je jette tu jettes il (elle) jette nous jetons vous jetez ils (elles) jettent	j'achète tu achètes il (elle) achète nous achetons vous achetez ils (elles) achètent	j'appelle tu appelles il (elle) appelle nous appelons vous appelez ils (elles) appellent
Imparfait (de l'indicatif)		
je jetais tu jetais il (elle) jetait nous jetions vous jetiez ils (elles) jetaient	j'achetais tu achetais il (elle) achetait nous achetions vous achetiez ils (elles) achetaient	j'appelais tu appelais il (elle) appelait nous appelions vous appeliez ils (elles) appelaient
Futur (de l'indicatif)		
je jetterai tu jetteras il (elle) jettera nous jetterons vous jetterez ils (elles) jetteront	j'achèterai tu achèteras il (elle) achètera nous achèterons vous achèterez ils (elles) achèteront	j'appellerai tu appelleras il (elle) appellera nous appellerons vous appellerez ils (elles) appelleront
Passé composé (de l'indicatif)		
j'ai jeté tu as jeté il (elle) a jeté nous avons jeté vous avez jeté ils (elles) ont jeté	j'ai acheté tu as acheté il (elle) a acheté nous avons acheté vous avez acheté ils (elles) ont acheté	j'ai appelé tu as appelé il (elle) a appelé nous avons appelé vous avez appelé ils (elles) ont appelé
Présent (de l'impératif)		
jette jetons jetez	achète achetons achetez	appelle appelons appelez

La conjugaison des verbes du 2ᵉ groupe grandir, et du 3ᵉ groupe partir et venir

GRANDIR	PARTIR	VENIR
Présent (de l'indicatif)		
je grandis tu grandis il (elle) grandit nous grandissons vous grandissez ils (elles) grandissent	je pars tu pars il (elle) part nous partons vous partez ils (elles) partent	je viens tu viens il (elle) vient nous venons vous venez ils (elles) viennent
Imparfait (de l'indicatif)		
je grandissais tu grandissais il (elle) grandissait nous grandissions vous grandissiez ils (elles) grandissaient	je partais tu partais il (elle) partait nous partions vous partiez ils (elles) partaient	je venais tu venais il (elle) venait nous venions vous veniez ils (elles) venaient
Futur (de l'indicatif)		
je grandirai tu grandiras il (elle) grandira nous grandirons vous grandirez ils (elles) grandiront	je partirai tu partiras il (elle) partira nous partirons vous partirez ils (elles) partiront	je viendrai tu viendras il (elle) viendra nous viendrons vous viendrez ils (elles) viendront
Passé composé (de l'indicatif)		
j'ai grandi tu as grandi il (elle) a grandi nous avons grandi vous avez grandi ils (elles) ont grandi	je suis parti (partie) tu es parti (partie) il (elle) est parti (partie) nous sommes partis (parties) vous êtes partis (parties) ils (elles) sont partis (parties)	je suis venu (venue) tu es venu (venue) il (elle) est venu (venue) nous sommes venus (venues) vous êtes venus (venues) ils (elles) sont venus (venues)
Présent (de l'impératif)		
grandis grandissons grandissez	pars partons partez	viens venons venez

La conjugaison des verbes du 3ᵉ groupe **voir**, **aller** et **faire**

VOIR	ALLER	FAIRE
Présent (de l'indicatif)		
je vois tu vois il (elle) voit nous voyons vous voyez ils (elles) voient	je vais tu vas il (elle) va nous allons vous allez ils (elles) vont	je fais tu fais il (elle) fait nous faisons vous faites ils (elles) font
Imparfait (de l'indicatif)		
je voyais tu voyais il (elle) voyait nous voyions vous voyiez ils (elles) voyaient	j'allais tu allais il (elle) allait nous allions vous alliez ils (elles) allaient	je faisais tu faisais il (elle) faisait nous faisions vous faisiez ils (elles) faisaient
Futur (de l'indicatif)		
je verrai tu verras il (elle) verra nous verrons vous verrez ils (elles) verront	j'irai tu iras il (elle) ira nous irons vous irez ils (elles) iront	je ferai tu feras il (elle) fera nous ferons vous ferez ils (elles) feront
Passé composé (de l'indicatif)		
j'ai vu tu as vu il (elle) a vu nous avons vu vous avez vu ils (elles) ont vu	je suis allé (allée) tu es allé (allée) il (elle) est allé (allée) nous sommes allés (allées) vous êtes allés (allées) ils (elles) sont allés (allées)	j'ai fait tu as fait il (elle) a fait nous avons fait vous avez fait ils (elles) ont fait
Présent (de l'impératif)		
vois voyons voyez	va allons allez	fais faisons faites

La conjugaison des verbes
du 3ᵉ groupe **pouvoir**, **vouloir** et **savoir**

POUVOIR	VOULOIR	SAVOIR
Présent (de l'indicatif)		
je peux	je veux	je sais
tu peux	tu veux	tu sais
il (elle) peut	il (elle) veut	il (elle) sait
nous pouvons	nous voulons	nous savons
vous pouvez	vous voulez	vous savez
ils (elles) peuvent	ils (elles) veulent	ils (elles) savent
Imparfait (de l'indicatif)		
je pouvais	je voulais	je savais
tu pouvais	tu voulais	tu savais
il (elle) pouvait	il (elle) voulait	il (elle) savait
nous pouvions	nous voulions	nous savions
vous pouviez	vous vouliez	vous saviez
ils (elles) pouvaient	ils (elles) voulaient	ils (elles) savaient
Futur (de l'indicatif)		
je pourrai	je voudrai	je saurai
tu pourras	tu voudras	tu sauras
il (elle) pourra	il (elle) voudra	il (elle) saura
nous pourrons	nous voudrons	nous saurons
vous pourrez	vous voudrez	vous saurez
ils (elles) pourront	ils (elles) voudront	ils (elles) sauront
Passé composé (de l'indicatif)		
j'ai pu	j'ai voulu	j'ai su
tu as pu	tu as voulu	tu as su
il (elle) a pu	il (elle) a voulu	il (elle) a su
nous avons pu	nous avons voulu	nous avons su
vous avez pu	vous avez voulu	vous avez su
ils (elles) ont pu	ils (elles) ont voulu	ils (elles) ont su
Présent (de l'impératif)		
	veux / veuille	sache
	voulons	sachons
	voulez / veuillez	sachez

La conjugaison des verbes du 3e groupe **devoir, prendre** et **dire**

DEVOIR	PRENDRE	DIRE
Présent (de l'indicatif)		
je dois tu dois il (elle) doit nous devons vous devez ils (elles) doivent	je prends tu prends il (elle) prend nous prenons vous prenez ils (elles) prennent	je dis tu dis il (elle) dit nous disons vous dites ils (elles) disent
Imparfait (de l'indicatif)		
je devais tu devais il (elle) devait nous devions vous deviez ils (elles) devaient	je prenais tu prenais il (elle) prenait nous prenions vous preniez ils (elles) prenaient	je disais tu disais il (elle) disait nous disions vous disiez ils (elles) disaient
Futur (de l'indicatif)		
je devrai tu devras il (elle) devra nous devrons vous devrez ils (elles) devront	je prendrai tu prendras il (elle) prendra nous prendrons vous prendrez ils (elles) prendront	je dirai tu diras il (elle) dira nous dirons vous direz ils (elles) diront
Passé composé (de l'indicatif)		
j'ai dû tu as dû il (elle) a dû nous avons dû vous avez dû ils (elles) ont dû	j'ai pris tu as pris il (elle) a pris nous avons pris vous avez pris ils (elles) ont pris	j'ai dit tu as dit il (elle) a dit nous avons dit vous avez dit ils (elles) ont dit
Présent (de l'impératif)		
	prends prenons prenez	dis disons dites

Lexique d'histoire

A

Alphabet : ensemble de signes qui servent à écrire des sons.

Année bissextile : année qui a 366 jours, c'est-à-dire un jour de plus (le 29 février) qu'une année normale.

Antiquité : période qui va de la fin de la Préhistoire à la chute de l'Empire romain (Ve siècle ap. J.-C.).

Aqueduc : canal permettant de transporter l'eau d'un lieu à un autre.

Archéologue : chercheur qui étudie les vestiges du passé.

Arène (ou amphithéâtre) : bâtiment de forme ovale où ont lieu les combats de gladiateurs.

Autel : table où l'on dépose des offrandes.

B

Barbare : au temps des Romains, personne étrangère à la civilisation romaine.

Biface : pierre taillée sur deux faces pour obtenir un bord tranchant.

Bipède : espèce humaine ou animale qui marche sur deux pieds.

C

Calendrier : tableau où sont inscrits les jours, les semaines et les mois d'une année.

Céramique : matière à base d'argile servant à fabriquer des poteries en terre cuite.

Christianisme

Christianisme : religion chrétienne fondée sur la parole de Jésus-Christ.

Chronologie : suite d'événements qui se succèdent dans le temps.

Coutume : habitude et usage suivis dans un pays ou une région.

Crucifier : attacher quelqu'un sur une croix pour le faire mourir.

Culte : cérémonie donnée en hommage à un dieu.

Cunéiforme : écriture formée de signes en forme de clous, de coins.

D

Date : moment précis (jour, mois, année).

Disciple : personne qui suit l'enseignement d'un maître.

Dolmen : monument en forme de table fait avec d'énormes pierres (du breton *dol*, la table, et *men*, la pierre).

Druide : prêtre gaulois.

E

Empire : vaste territoire dirigé par un empereur.

Empereur : titre donné à certains souverains.

Esclave : personne qui appartient à un maître et qui n'est pas libre.

Espèce : groupe composé d'êtres ayant les mêmes caractéristiques.

Évangile : récit qui raconte la vie de Jésus et son enseignement.

Événement : ce qui arrive (une naissance, une guerre, une invention).

F

Faire le siège : encercler une ville afin d'obliger les habitants à se rendre.

Fossile : débris de plantes, d'animaux ou d'hommes conservés dans des couches anciennes du sol.

Frise chronologique : ligne où sont inscrits les événements dans l'ordre où ils se produisent.

G

Galet aménagé : caillou grossièrement taillé sur un côté et coupant.

Gallo-Romain : personne qui mélange tradition gauloise et mode de vie romain.

Gaule : nom donné, dans l'Antiquité, à la région comprise entre les Pyrénées, la Méditerranée, les Alpes, le Rhin et l'océan Atlantique. C'est l'ancien nom de la France.

H - I

Harpon : instrument en forme de flèche pour pêcher des poissons.

Hiéroglyphe : signe représentant un objet ou un animal dans l'écriture égyptienne.

Houe : pioche.

Humanité : ensemble des hommes qui vivent sur la Terre.

Islam : religion musulmane fondée par Mahomet.

J

Judaïsme : religion juive fondée sur l'alliance de Dieu avec Abraham.

L

Latin : langue parlée par les Romains et à l'origine de la langue française.

Légionnaire : soldat qui appartient à une légion, un groupe d'environ 4 000 hommes, dans l'armée romaine.

M

Maître : personne qui possède des biens (un domaine, des esclaves...).

Mégalithe : grand monument de pierre.

Menhir : grosse pierre de forme allongée et dressée (du breton *men*, la pierre, et *hir*, longue).

Messie : envoyé de Dieu.

Métallurgie : technique de fabrication de métaux.

Millénaire : période de 1 000 ans.

Monothéiste : qui croit en un seul dieu.

Mosaïque : décoration faite de petits morceaux multicolores qui sont assemblés pour faire un dessin.

N

Nécropole : lieu où sont enterrés les morts.

Néolithique : période de la Préhistoire où les hommes ont inventé l'agriculture, l'élevage, la céramique et le tissage.

Nomade : personne qui n'a pas d'habitat fixe.

O

Offrande : cadeau fait à un dieu.

Oppidum : ville fortifiée établie sur une hauteur.

P

Paléolithique : période de la Préhistoire où l'homme apprend à tailler la pierre.

Paléontologue : chercheur qui étudie les fossiles.

Papyrus : feuille pour écrire fabriquée à partir d'une plante.

Persécuter : faire souffrir.

Pictogramme : dessin simplifié représentant un objet, un animal ou un personnage.

Polythéiste : qui croit en plusieurs dieux.

Préhistoire : période de la vie de l'homme avant l'apparition de l'écriture.

Propulseur : baguette utilisée pour augmenter la puissance d'une lance.

R

Racloir : outil servant à couper et à racler les peaux de bêtes.

Religion : pratiques d'un peuple pour célébrer ses dieux.

Romanisation : adoption de la civilisation romaine.

Rupestre : qui est peint sur la paroi d'un rocher.

S

Sagaie : lance courte pour la chasse.

Sédentaire : personne qui vit dans un habitat fixe (contraire de nomade).

Source : document dont se sert l'historien pour étudier et écrire l'histoire.

T

Témoignage : récit d'un événement donné par des personnes vivantes.

Temple : édifice qui sert de lieu de culte.

Théâtre : lieu où se jouent des pièces.

Thermes : bains publics.

Tumulus (des tumuli) : petit tas de terre et de pierres, élevé sur une tombe.

V

Vannerie : fabrication d'objets tressés en rotin ou en osier.

Vestige : ce qui reste des choses du passé (monument, objet, ossement).

Villa (des villae) : grande ferme composée d'une maison pour le maître et sa famille, et de plusieurs bâtiments d'exploitation agricole.

Lexique de géographie

A

Agglomération : une ville et sa banlieue.

Agricole : qui se rapporte à la culture de la terre et à l'élevage.

Alpage : prairie naturelle où l'on fait paître le bétail l'été en haute montagne.

Altitude : hauteur d'un lieu calculée à partir du niveau de la mer.

Aquaculture : élevage de poissons, de coquillages et de plantes.

Artisanat : production d'objets à la main, de façon traditionnelle.

B

Banlieue : ensemble d'habitations qui entourent une grande ville.

Bassin : région qui recouvre un fleuve et ses affluents.

Bidonville : groupe d'habitations misérables construites à l'aide de matériaux de récupération (bidons, tôles…).

Bocage : région de petits champs entourés de haies.

C

Cercle polaire : ligne imaginaire autour des pôles.

Citadin : personne qui habite dans une ville.

Climat

Climat : ensemble des phénomènes météorologiques (températures, ensoleillement, vent, précipitations…) qui caractérisent une zone géographique.

Continent : vaste étendue de terre émergée.

Côte : rivage de la mer.

Cyclone : tourbillon accompagné de vents violents et de fortes pluies.

D

Démuni : qui n'a pas de ressources suffisantes pour manger et se loger.

Densité : nombre moyen d'habitants au km^2.

DOM : département d'Outre-mer.

Dune : colline de sable formée par le vent.

E

Empire colonial : ensemble des territoires conquis par la France autrefois.

Équateur : ligne imaginaire qui partage la Terre en deux hémisphères : Nord et Sud.

Espérance de vie : nombre moyen d'années de vie d'une personne.

F

Falaise : versant abrupt.

Feuillu : arbre qui perd ses feuilles.

Foyer de peuplement : zone où sont concentrés les habitants.

H

Hémisphère : moitié du globe.

Hypermarché : magasin en libre-service de très grande dimension.

I

Industrie : ensemble des entreprises transformant des matières premières en produits fabriqués.

L

Littoral : bord de mer.

M

Massif : ensemble de montagnes.

Métropole :
– État principal (la France) par opposition à ses territoires éloignés (les DOM-TOM).
– Grande agglomération, capitale politique ou économique d'une région.

N

Neiges éternelles : neiges qui ne fondent jamais au sommet des hautes montagnes.

Niveau de vie : conditions d'existence et revenus d'une personne.

O

Océan : immense étendue d'eau salée.

P

Pavillon : petite maison le plus souvent entourée d'un jardin.

Périphérie : zone qui entoure une ville.

Plage : étendue de sable ou de galets au bord de la mer.

Plaine : terrain plat.

Planisphère : carte qui représente « à plat » le globe terrestre dans son ensemble.

Plateau : terrain plat situé en altitude.

Port de plaisance : port qui accueille les bateaux de tourisme.

Prairie : terrain recouvert d'herbe.

Précipitation : chute de pluie, de neige ou de grêle.

R

Relief : aspect plus ou moins accidenté qui marque la surface de la Terre.

Résidentiel : réservé aux habitations.

Revenu : somme d'argent que l'on possède.

Rural : qui est de la campagne.

S

Saison : période de l'année au cours de laquelle les conditions climatiques (température et précipitations) changent.

Sous-nutrition : manque de nourriture.

Sphère : une boule.

Steppe : plaine presque désertique recouverte de petits végétaux.

T

Terre émergée : terre plus haute que la mer.

TOM : territoire d'Outre-mer.

Tourisme : ensemble des activités de loisir.

Tropique : ligne imaginaire parallèle à l'équateur (il y a deux tropiques).

V

Versant : pente de la montagne.

Z

Zone : espace, étendue.

CRÉDITS PHOTOGRAPHIQUES

Imprimé en Italie par Rotolito Lombarda - Dépôt légal n° 73639 - 06/2006 - Collection n° 88 - Edition n° 04 - **11/6469/8**

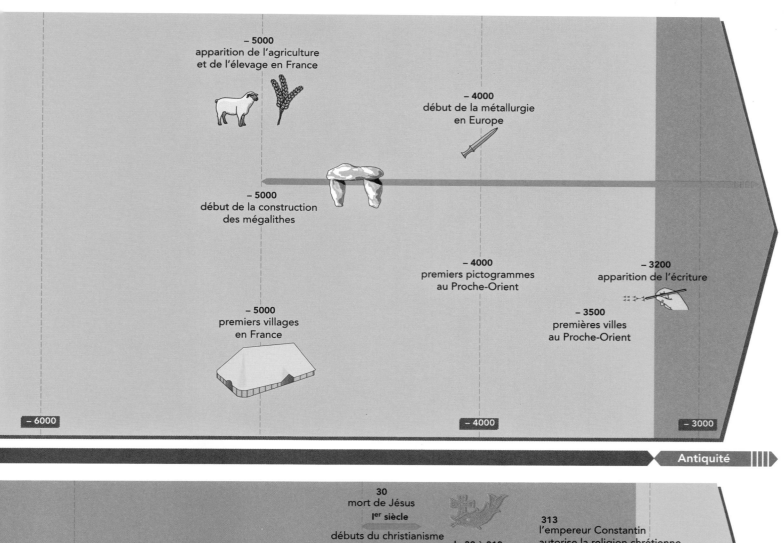

- 5000
apparition de l'agriculture
et de l'élevage en France

- 4000
début de la métallurgie
en Europe

- 5000
début de la construction
des mégalithes

- 4000
premiers pictogrammes
au Proche-Orient

- 3200
apparition de l'écriture

- 5000
premiers villages
en France

- 3500
premières villes
au Proche-Orient

- 6000

- 4000

- 3000

Antiquité

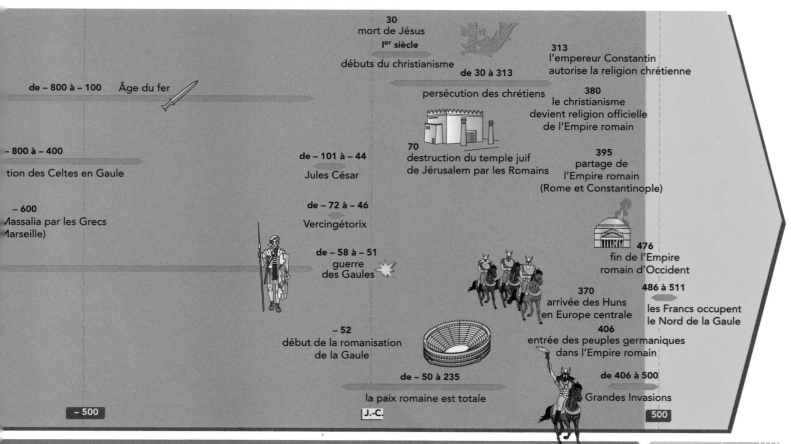

30
mort de Jésus

Ier siècle

débuts du christianisme

313
l'empereur Constantin
autorise la religion chrétienne

de 30 à 313

persécution des chrétiens

380
le christianisme
devient religion officielle
de l'Empire romain

de - 800 à - 100   Âge du fer

- 800 à - 400

tion des Celtes en Gaule

de - 101 à - 44

Jules César

70
destruction du temple juif
de Jérusalem par les Romains

395
partage de
l'Empire romain
(Rome et Constantinople)

- 600
Massalia par les Grecs
(Marseille)

de - 72 à - 46

Vercingétorix

de - 58 à - 51
guerre
des Gaules

476
fin de l'Empire
romain d'Occident

370
arrivée des Huns
en Europe centrale

486 à 511

les Francs occupent
le Nord de la Gaule

- 52

début de la romanisation
de la Gaule

406
entrée des peuples germaniques
dans l'Empire romain

de - 50 à 235

la paix romaine est totale

de 406 à 500

Grandes Invasions

- 500

J.-C.

500

Moyen Âge

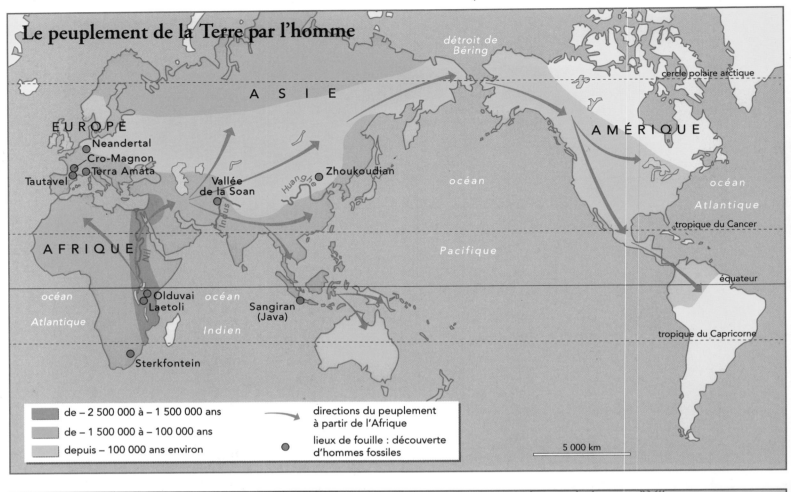

Le peuplement de la Terre par l'homme

EUROPE
Neandertal
Cro-Magnon
Terra Amata
Tautavel

ASIE
Vallée de la Soan
Zhoukoudian
Huanghe
Indus

détroit de Béring
cercle polaire arctique

AMÉRIQUE
océan Atlantique
tropique du Cancer

AFRIQUE
Nil

océan Atlantique
Olduvai
Laetoli
océan Indien
Sangiran (Java)
Sterkfontein

Pacifique
équateur

tropique du Capricorne

	de – 2 500 000 à – 1 500 000 ans	directions du peuplement à partir de l'Afrique
	de – 1 500 000 à – 100 000 ans	lieux de fouille : découverte d'hommes fossiles
	depuis – 100 000 ans environ	

5 000 km

Les principaux sites paléolithiques en Europe

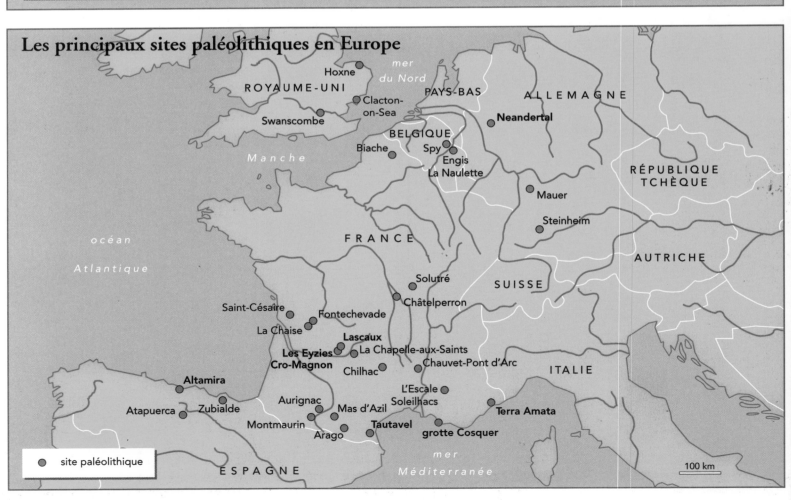

mer du Nord
Hoxne
ROYAUME-UNI
PAYS-BAS
ALLEMAGNE
Clacton-on-Sea
Swanscombe
Neandertal
Biache
BELGIQUE
Spy
Engis
La Naulette
Manche
RÉPUBLIQUE TCHÈQUE
Mauer
Steinheim

FRANCE
AUTRICHE

océan Atlantique
Solutré
SUISSE
Châtelperron
Saint-Césaire
Fontechevade
La Chaise
Lascaux
La Chapelle-aux-Saints
Les Eyzies
Cro-Magnon
Chilhac
Chauvet-Pont d'Arc
ITALIE
Altamira
L'Escale
Soleilhacs
Atapuerca
Zubialde
Aurignac
Mas d'Azil
Terra Amata
Montmaurin
Tautavel
Arago
grotte Cosquer
ESPAGNE
mer Méditerranée

| | site paléolithique |

100 km